HUGO VON HOFMANNSTHAL

GESAMMELTE WERKE

IN

EINZELAUSGABEN

DRAMEN
IV

1970

S. FISCHER VERLAG

HUGO VON HOFMANNSTHAL

DRAMEN

IV

1970

S. FISCHER VERLAG

HERAUSGEGEBEN
VON
HERBERT STEINER

6. bis 7. Tausend
© 1958 S. Fischer Verlag GmbH, Frankfurt am Main
Druck: Gutmann & Co, Heilbronn
Einband: G. Lachenmaier, Reutlingen
Printed in Germany
ISBN 3 10 031512 X

DRAMEN
IV

DER TURM

Ein Trauerspiel in fünf Aufzügen

Personen

Basilius, der König
Sigismund, sein Sohn
Julian, der Gouverneur des Turmes
Anton, dessen Diener
Bruder Ignatius, ein Mönch, ehemals der Grossalmosenier
Olivier, ein Soldat
Der Kinderkönig
Ein Arzt
Ein junger Mönch
Graf Adam, ein königlicher Kämmerer
Der Beichtvater des Königs
Simon, ein Jude
Der Schreiber Jeronim ⎫
Der Tatarische Aron ⎬ Aufrührer
Indrik, der Schmied ⎭
Ein Reiter
Ein Reiterbub
Eine Bauernfrau
Eine junge Zigeunerin

Bannerherren. Herren von Hof. Kämmerer. Pagen. Ein Kastellan. Ein Stallmeister. Soldaten. Ein Stelzbeiniger. Eine alte Frau. Ein Pförtner. Ein Bettler. Mönche. Aufrührer. Feldhauptleute. Knaben

Schauplatz: Ein Königreich Polen, aber mehr der Sage als der Geschichte

Zeit: Ein vergangenes Jahrhundert, in der Atmosphäre dem siebzehnten ähnlich

DER ERSTE AUFZUG

Erster Auftritt

Vor dem Turm. Vorwerke, halb gemauert, halb in Fels gehauen. Zwischen dem Gemäuer dämmerts, indessen der Himmel noch hell ist.

Olivier der Gefreite und ein paar invalide alte Soldaten, unter ihnen Pankraz und Andreas, sind beisammen.

OLIVIER
ruft nach hinten

Rekrut, hierher!
Der Rekrut, ein flachshaariger Bauernsohn, läuft herzu.
Spring Rekrut, und hol mir Feuer zur Pfeife! Ich will Tabak rauchen.

REKRUT

Ja, Herr!

Will weg.

OLIVIER

Zu Befehl, Herr Gefreiter, hast du zu sagen! Verstanden!

REKRUT

Ja, Herr!

OLIVIER

Eselskopf! Dreckschädel! Bougre! Larron! maledetta bestia! Wie hast du zu sagen?
Rekrut glotzt ihn erschrocken an, schweigt.

OLIVIER

Hol 's Feuer! Marsch!

Rekrut
Ja, Herr!
Springt weg.

Olivier
Dir werd ich den Hundshaber ausdreschen!

Andreas
nach einer Pause
Ist das wahr, Gefreiter, daß du ein Student gewesen bist?
Olivier gibt ihm keine Antwort. Pause

Pankraz
So bist du demnach unser neuer Wachkommandant?

Olivier
Unterstehst du dich, mir eine direkte Frag zu stellen? Erfrechst du dich gegen mich dein Maul aufzuwerfen?

Andreas
Du hast ein hartes Mundleder! Solche wie du die bringens weit bei heutiger Zeit.
Man hört zeitweilig ein dumpfes Klopfen von hinten.

Olivier
Welcher Kujon hackt Brennholz im Keller, dieweil ich hier Inspektion abhalt? Er soll aufhören, laß ich befehlen.
Rekrut kommt, bringt Feuer.

Olivier
will sich die Pfeife anzünden
Von wo kommt der Wind?

REKRUT

Weiß nicht, Herr.

OLIVIER

Bestie, so will ich dir die Nasenlöcher voneinandernageln, daß man sie mit zwölf Klafter Bindfaden nicht wieder soll zusammenbringen. Stell dich zwischen die Pfeifen und den Wind.

REKRUT

Ja, Herr.

OLIVIER
zündet seine Pfeife an

Ich kann das verdammte Klopfen nicht leiden. Sie sollen aufhören. Marsch hin, Rekrut. Ich befehls, Holzhacken wird eingestellt. Es alteriert mich.

PANKRAZ

Es hackt niemand Holz, es ist der dahinten: der Gefangene.

OLIVIER

Der Prinz, der nackig geht, mit einem alten Wolfsfell um den Leib?

PANKRAZ
sieht sich um

Sprich: der Gefangene. Nimm das andere Wort nicht auf die Zunge. Es bringt dich vor den Profosen.

OLIVIER

Da gehören zwei dazu. Die Zeitläufte sind nicht danach, daß sie eine Person wie mich schurigeln könnten. – Was treibt die Bestie? Was rumort er in seinem Käfig?

ANDREAS

Er hat einen Pferdeknochen ausgescharrt und wenn ihms die

Kröten und Ratten zu arg treiben, schlägt er unters Geziefer drein, wie ein Hirnschelliger.

PANKRAZ

Sie kujonieren ihn seit er am Leben ist, so kujoniert er was ihm unter die Hände kommt.

OLIVIER

Horcht! Der Dudelsack! Jetzt hört er auf, mitten im Takt! Merkt ihr was?

PANKRAZ

Was ist da dabei?

OLIVIER

Jetzt spielts wieder. Und jetzt still. Signale sinds!

ANDREAS

Wie denn?

OLIVIER

Lehrt ihr mich die Judenschmugglerwitz kennen? Das ist eine ganze Sprache. Jetzt hört der Dudelsack auf: das heißt: schnell hinter den Erlen dahin, der Posten schaut nicht her. Eine einhörnige Kuh: um Neumond könnt ihr hier durch. Eine Schickse die singt: paßt auf, da liegen Fuchseisen.

PANKRAZ

Wie du das weißt!

ANDREAS

Da sollten wir streifen. Da wir einmal auf Grenzbewachung hier sind.

OLIVIER

Laß die. Ist mir gerad recht, was die schmuggeln.

PANKRAZ

Was denn?

OLIVIER

Waffen. Pulver und Blei. Hellebarden, Piken, Morgenstern, Äxt. Aus Ungern herauf, aus Böhmen herüber, aus Littauen herunter.

PANKRAZ

Verfluchte Juden, wo sie es nur auftreiben.

OLIVIER

Die spüren was los ist. Spüren blutige Tag. Riechen den roten Hahn aufm Dach.

REKRUT

geheim, ängstlich

Ein dreibeiniger Has hat sich sehen lassen, ein hageres Schwein ist dahergekommen, ein glühäugiges Kalb rennt durch die Gassen.

OLIVIER

Alle gehen gegen alle. Es bleibt kein Haus. Die Kirchen werden sie mit dem Kehrichtbesen zusammenkehren.

DER STELZBEINIGE

der bisher geschwiegen hat

Sie werden ihn hervorziehen, und das Unterste wird zuoberst kommen, und dieser wird der Armeleut-König sein und auf einem weißen Pferd reiten und vor ihm wird Schwert und Waage getragen werden.

OLIVIER

Halt 's Maul, böhmischer Bruder. Schmeiß einen Stein in den Zwinger, ich will die Remassuri nicht.

DER STELZBEINIGE

Vor ihm wird Schwert und Waage getragen werden!

OLIVIER

Schmeiß einen Stein, Rekrut! – oder der Henker soll dich mit dem breiten Messer barbieren!

Rekrut
zittert

Aus dem Wolfsleib ist ein Menschenkopf gewachsen! er reckt fünffingerige Händ und faltets wie ein Mensch!

Olivier
Sieht das Vieh so kurios aus? Ich steig hinein und zieh ihm 's Fell ab! Das muß stichfest machen.

Pankraz
Geh nicht hin, stinkt auch.

Olivier
Bin in belagerter Stadt nächtlings auf Verwesenden gelegen, als wärs meine Bettstatt. Gebt eine Pike. Ich jag ihn auf. Her die Pike! Wenn ich was will, so geschiehts! Hältst du meinen Blick aus?
Er reißt dem Pankraz seine Pike aus der Hand.

Rekrut
schreit auf

Da fliegt ein Schlangenei! fliegts dir ins Gesicht, bist blind auf ewig! Da fliegts!
Er deutet in die Luft
Wenn eine menschliche Kreatur ins Blutschwitzen kommt, so erbarmen sich die Schlangen, sie werfen sich in die Luft in einem Knäuel und gebären alle zusammen ein Ei, – das macht die Blinden sehend und die Sehenden blind!
Olivier wischt sich die Augen. Rekrut führt ihn sanft beiseite, nimmt ihm die Pike aus der Hand und legt sie weg; dann kniet er nieder, das Gesicht gegen das Gemäuer im Hintergrund.

Andreas
tritt dicht an Olivier heran

Ich warn dich, Gefreiter. Denk an die scharfe Instruktion!

OLIVIER

Weiß von keiner.

ANDREAS

Da sind zehn verbotene Artikel.

OLIVIER

Wo kämen die her? Auf die pfeif ich!

ANDREAS

Auf die wird hier jedermänniglich vereidigt. Nicht auf zehn Schritt dem Gefangenen nahe. Kein Wort mit ihm, kein Wort über ihn, bei Leib und Leben.

OLIVIER

Den möcht ich sehen, der mich vereidigen kommt. Dem möchte ehender der rote Saft auslaufen.

PANKRAZ

ist hinzugetreten

Die hat hier das Gouvernement erlassen, dem wir allesamt untergeben sind.

OLIVIER

Den Kerl hab ich nicht gesehen. Der kann mir den Buckel hinunterrutschen. Das ist eine Hofschranze. Die hängen bald alle. Denen wird der Strick schon eingeseift.

ANDREAS

Das ist ein großer Herr. Der hat das Mandat über den Gefangenen und über uns.

OLIVIER

Ein gesalbter Lauskerl ist das. Er stinkt nach Muskat und Bisam, nach Balsam und Laussalbe und wäscht sich die Händ in einem silbernen Waschbecken.

PANKRAZ
Der hat das schleunige Recht. Dem ist Gewalt gegeben über unsere Hälse wie dem Schiffskapitän über seine Mannschaft.

OLIVIER
Das möchte ich sehen! Der soll an mich herankommen. Hier steh ich!

ANDREAS
Der läßt dir einen im eisigen Winter anbinden an einen Baumstrunk. Solche Gewalt ist ihm gegeben.

OLIVIER
Gewalt gegeben! Gewalt gegeben! über alte Kaschbettler vielleicht, über solche Marodierer die von der Muskete auf den Bettelnapf herabgekommen sind! Nicht über eine Person wie mich!

PANKRAZ
Du wirst es schon sehen, Gefreiter!

OLIVIER
Sehen? Was werd ich sehen?

PANKRAZ
Daß ihm hier die oberste martialische Gewalt gegeben ist, ob er gleich die Händ in einem silbernen Becken wäscht.

OLIVIER
Gegeben, von wem gegeben! Dazu muß einer die oberste martialische Gewalt in Händen haben, daß er sie in andere geben kann! Ist sie ihm leicht von dem da gegeben?
Er zieht eine Münze heraus, hält sie dem Pankraz vors Gesicht
Der wiegt nicht! auf den hust ich! auf den tu ich was!
Er wirft die Münze verächtlich über seine Schulter

Wenn mir hier das Quartier nicht konveniert, wenn hier nicht inner vierzehn Tagen alles nach meiner Pfeifen tanzt, so gibts ein Harnischwaschen zwischen mir und dem Hofkerl – wo ist der Kerl? Ich will ihn sehen!

ANDREAS

Den siehst du nicht. Sobald er uns eine Ordre zu geben hat, läßt er dreimal »habt acht« blasen, dann schickt er seinen Bedienten –

OLIVIER

Seinen Bedienten? an meine martialische Person? seinen rotzigen Bedienten! so will ich doch inner einem Monat dem Hofkerl sein silbernes Waschbecken um die Ohren hauen! Ihn hängen will ich und mit seinem Bauchfett meine Stiefel schmieren.

PANKRAZ

So ist es. Er läßt dreimal »habt acht« blasen. Da! –
Drei Hornsignale hintereinander. Anton erscheint auf einer hölzernen Brücke überm Vorwerk und schickt sich an herunterzukommen. Die Soldaten außer Olivier verziehen sich. Olivier steht da, als bemerkte er Anton nicht.

ANTON

tritt von hinten auf ihn zu
Ist Er der neue Herr Wachkommandant?
Olivier schweigt.

ANTON

In hohem Auftrag!
Olivier gibt keine Antwort.

ANTON

nahe, in seinem Rücken, grüßt
In hohem Auftrag Seiner Exzellenz!

Grüßt abermals.
Olivier dreht sich halb um, mißt ihn mit einem verächtlichen Blick von oben nach unten.

ANTON
grüßt abermals, sehr freundlich
Dem Herrn Wachkommandanten einen guten Tag.
Olivier klopft seine Pfeife aus, ohne ihn zu beachten.

ANTON
grüßt wiederum
In hohem Auftrag: der Herr zieh Seine Wach hier ab und besetz die Zugäng. Aber Seine Wachposten sollen den Rücken kehren und dabei alles im Aug behalten. Sie sollen auf alles aufpassen und nicht hören. Es bekümmert Ihn nicht, was hier vorgehen wird, aber ich sags Ihm: der Gefangene wird zur ärztlichen Visite vorgeführt.
Olivier pfeift was.

ANTON
Hat der Herr verstanden? Ich bitt den Herrn, daß Er den Befehl ausführ!
Olivier spuckt aus und geht weg.

ANTON
ihm nachsehend, grüßt
Ein artlicher Herr! sehr ein artlicher junger Herr! Er will mir danken, aber mich nicht in Verlegenheit setzen. Ein freimütig soldatischer junger Herr! Mit dem einen Moment beisammenstehen ist wie mit einem anderen eine Stund diskurieren. Er muß eine aparte Sympathie für mich haben, aber er läßts nicht überfließen, damit der soldatische Appell nicht darunter leidet!

OLIVIERS STIMME
außerhalb
Wache antreten! Wache rechtsum!
Kurzer Trommelwirbel.

ARZT
kommt den gleichen Weg wie Anton auf die Bühne
Wo find ich den Kranken?

ANTON
Der Herr will sagen: den Gefangenen. Gedulde sich der Herr. Ich führ ihm die Kreatur heraus.

ARZT
Wo ist das Zimmer?

ANTON
Was für ein Zimmer?

ARZT
Nun, das Verlies, der Gewahrsam?

ANTON
deutet nach hinten
Dort!

ARZT
Wie, dort?
Wendet sich hin.

ANTON
Vor dem Herrn seiner Nasen, mit Respekt zu sagen.

ARZT
Ich sehe einen kleinen offenen Käfig, zu schlecht für einen Hundezwinger. – Du willst mir nicht sagen, daß er dort – oder hier ist ein Verbrechen begangen, das zum Himmel schreit!
Anton zuckt die Achseln.

ARZT

Dort? Tag und Nacht?

ANTON

Winter und Sommer. Im Winter wird eine halbe Fuhr Stroh zugeschmissen.

ARZT

Seit wie lange?

ANTON

Seit vier Jahren.

Arzt steht sprachlos.

ANTON

Vor vier Jahren ist alles verschärft worden. Einmal nachts sind große Herren geritten gekommen, haben mit dem Gouverneur konferiert. Von da ab schläft er auch nachts im Zwinger da, hat keinen freien Ausgang, die Füß an der Kette, eine schwere Kugel dran, die stinkende Wildschur am Leib, ob Sommer ob Winter, sieht die Sonn nicht mehr als im hohen Sommer zwei Stunden lang.

Man hört wieder die dumpfen Schläge, wie am Anfang.

ARZT
verdeckt sich mit der Hand die Augen

Wie verbringt er den Tag?

ANTON
zuckt die Achseln

Mit Nichtstun. Wie ein Herr oder wie ein Hund. Schieb ich ihm die Nahrung hinein, so freut er sich. Ich red immer mit ihm!

Ängstlich schnell

Nur das Unumgängliche natürlich!

ARZT

Ich will hintreten. Ich will ihn sehen.

ANTON

Je nachdem der Herr die Ausdünstung vertragen wird.

ARZT

tritt näher hin

Mein Auge gewöhnt sich. Ich sehe ein Tier, das an der Erde kauert.

Tritt zurück.

ANTON

Das ist schon das Betreffende.

ARZT

Das! – Ruf ihn. Führ ihn her vor mich.

ANTON

sieht sich um

Ich darf vor keiner fremden Person mit ihm reden.

ARZT

Vor dem berufenen Arzt wird dirs erlaubt sein. Ich trage die Verantwortung.

ANTON

Sigismund! – Er gibt keine Antwort. Da ist er bös. Da muß man ihn nicht reizen. Wütig wird er sonst, ganz hirnschellig; ich kenn ihn gut. – Er hört mich schon. Das seh ich an seinen Augen. Sieht der Herr die herglühen? – Achtung! Er leidet nicht, daß man ihn angeht. Er hat sich einmal mit einem Fuchs verbissen, den die Wächter ihm zur Kurzweil übers Gitter werfen taten.

ARZT

Kannst du ihn nicht rufen? nicht zureden? Ist er denn ohne Vernunft?

ANTON

Der? Kann Latein und wird mit einem dicken Buch fertig, wie wenns eine Speckseiten wär. – Aber manchmal krampft sich ihm 's Wort im Mund und er bringts nicht heraus. Andere Zeiten ist er wie der Herr und ich.

Nähert sich dem Zwinger, sanft anrufend

Komm der Sigismund! Wer wird denn da sein? Der gute Anton ist da. Der Anton macht die Tür auf.

Er öffnet die Tür mit der Pike, die an der Mauer gelegen hat

Da, jetzt leg ich meinen Stecken weg.

Er legt die Pike auf die Erde

Jetzt sitz ich aufm Boden. Jetzt schlaf ich.

Leise zum Arzt

Geb der Herr Achtung. Erschrecken darf er nicht, sonst wirds bös.

ARZT

Hat er denn eine Waffe?

ANTON

Immer einen Roßknochen. Sie müssen früher in dem Winkel das Vieh verscharrt haben. – Es ist innerst eine gute Kreatur, geb ihm der Herr was ein, daß er wieder sanft wird.

ARZT

Wo die ganze Welt auf ihm liegt. Es ist alles zusammenhängend.

ANTON

Pst! er rührt sich. Er schaut die offene Tür an. Das ist nichts Gewohntes! –

Gegen den Zwinger hin

Soll ich mich legen? dann legst dich zu mir? Gemütlich!

Sigismund tritt aus dem Zwinger hervor, in einer Hand einen großen Stein.

ANTON
winkt ihm

Geh, da setz dich zu mir.

SIGISMUND
redet nach

Setz dich zu mir!

ANTON
auf der Erde sitzend

Ist ein Herr kommen.

Sigismund gewahrt den Arzt, zuckt zusammen.

ANTON

Nicht fürchten. Ein guter Herr. Ein feiner Herr. Was denkt der Herr von dir? Leg den Stein weg. Er denkt, du bist ein Kind. Bist aber zwanzig Jahr.
Steht auf, geht langsam hin, windet ihm sanft den Stein aus der Hand
Mußt dich zusammennehmen. Ich hab ihm gesagt, du bist mein Freund. – Denk, er weiß wie du heißt.

ARZT

Sigismund, komm zu mir!

Sigismund schaut hin.

ANTON

Siehst dus? ein guter Herr! –

Leise

Seh der Herr seine Augen. –

Laut

Der Herr wird dir helfen. Besseres Essen! eine Decken! Aber du mußt dein Gutes herzeigen. Ein Kind nimmt sich zusammen, ein Hund nimmt sich auch zusammen. Weißt noch: der Hund Tyras!

Zum Arzt, aber Sigismund hört zu
Er war als Kind bei bäurischen Leuten, recht guten Leuten, bis zum vierzehnten Jahr. Herumgelaufen, gesprungen, geschossen mit der Armbrust! Das war ein gutes Leben!
Leise
Seht nicht starr hin, er verträgt nicht den scharfen Blick, da wird er wie Eisen.
Halblaut, ohne hinzusehen
Jetzt wird der Sigismund auch sprechen. Alle werden wir miteinander diskurieren. Mit Reden kommen die Leut zusammen. Hund reden auch. Schaf auch: machen bäh!

Sigismund
– auch sprechen!

Anton
Zum Toni wird der Sigismund sprechen. Denn heut ist einmal 's Sprechen erlaubt.

Sigismund
– is Sprechen erlaubt?

Anton
Und obs erlaubt ist! Befohlen ists! Vorwärts jetzt, wer diskurieren will!
Haut sich auf die Knie
Haccus, Maccus, Baccus, das sind drei heilige Wort! bewähren sich an jedem Ort! die heiligen sieben Planeten, die trösten uns in allen Nöten! – Wird dir auch schon besser gehen.

Arzt
ohne den Blick von Sigismund zu verwenden
Ein ungeheurer Frevel! Nicht auszudenken ist das.

Anton
Gib Antwort! oder was soll der Herr denken? Der Herr ist weit her kommen.

ARZT

tritt näher

Möchtest du anderswo wohnen, Sigismund?

SIGISMUND

schaut zu ihm auf, dann wieder weg; spricht dann schnell vor sich hin, wie ein Kind

Vieher sind vielerlei, wollen alle los auf mich. Ich schrei: Nicht zu nah! Asseln, Würmer, Kröten, Feldteufeln, Vipern! Sie wollen alle auf mich. Ich schlag sie tot, sinds erlöst, kommen harte schwarze Käfer, vergrabens.

ARZT

Rührende Stimme, noch halb kindisch. – Hol ein Licht, ich muß ihm ins Auge sehen.

ANTON

Ich laß den Herren nicht allein mit ihm, darfs nicht!
Ruft nach hinten

Ein Kienspan daher!
Arzt geht hin, legt Sigismund die Hand auf die Stirn. Hornsignal draußen.

ARZT

Was ist das?

ANTON

Es heißt, daß niemand herandarf oder es wird scharf geschossen.

SIGISMUND

sehr schnell

Deine Hand ist gut, hilf mir jetzt da! Wo haben sie mich hingetan? Bin ich jetzt in der Welt? wo ist die Welt?

ARZT

Die Grenze ist verwirrt zwischen innen und außen.

SIGISMUND
sieht ihn an mit verstehendem Ausdruck
Ist alles durcheinander, blast ein Engel, bringt alles in Reih und Glied. – Schöne Hand, geschickte Hand! greift in Kotter hinein, greift untern Stein, zieht den Krebs hervor! schmeißt ihn in Topf, zündet 's Feuer an, wird der Krebs schön rot und die Fische schön blau!

ANTON
Sag 's Sprüchel von den Fischen!

SIGISMUND
schnell
So sagen die sieben Siegel: daß alle Fisch werden brüllen, die Engel werden weinen, und werfen sich mit Steinen, die Gräslein werden zahnen und alle hohen Tannen –

ANTON
Was er einmal gehört hat, geht ihm nach. Vergißt nichts.

ARZT
Die ganze Welt ist gerade genug, unser Gemüt auszufüllen, wenn wir sie aus sicherem Haus durchs kleine Guckfenster ansehen! Aber wehe, wenn die Scheidewand zusammenfällt!
Ein Soldat kommt und bringt einen brennenden Kienspan.

ANTON
Da ist die Kienfackel!
Reichts dem Arzt.

ARZT
Ich muß sein Auge sehen.
Drückt Sigismund, der an seinen Knien lehnt, sanft gegen sich und leuchtet ihm von oben ins Gesicht

Nichts von der Starrheit des Wahnsinns. Bei Gott, kein mörderisches Auge, nur ein unermeßlicher Abgrund. Seele und Qual ohne Ende.
Er gibt die Kienfackel zurück, Anton tritt sie aus.

SIGISMUND

Licht ist gut. Geht herein, macht 's Blut rein. Sterne sind solches Licht. In mir drin ist ein Stern. Meine Seele ist heilig.

ARZT

Es muß einmal ein Strahl in ihn gefallen sein, der das Tiefste geweckt hat. So hat man doppelt an ihm gefrevelt.

Julian, der Gouverneur, von einem Soldaten begleitet, der eine Laterne trägt, erscheint droben auf der hölzernen Brücke, sieht herab.

ANTON

Seine Exzellenz sind selbst hier. Es wird gewinkt von oben. Da soll die Untersuchung zu Ende sein.

ARZT

Das bestimme ich.
Er fühlt Sigismund den Puls
Was gebt ihr ihm zu essen?

ANTON
leise
Da täte der Herr nicht zufrieden sein. Leg der Herr ein Wort ein. Es ist für einen räudigen Hund zu gering.

ARZT

Ich bin zu Ende.

ANTON

Jetzt geht der Sigismund schön hinein.

Sigismund zuckt, kniet am Boden. Anton nimmt die Pike auf, öffnet ganz die Tür zum Zwinger. Sigismund bleibt auf den Knien, streckt die Hand aus.

ARZT
verhält sich die Augen

O Mensch! o Mensch!
Sigismund stößt einen klagenden Laut aus.

ANTON
Sollen sie mit Stangen kommen, dich eintreiben?

ARZT
Ich bitte dich, geh für heute an deine Stätte. Ich verspreche dir, daß ich tun werde, was ich vermag.
Sigismund steht auf, verneigt sich gegen den Arzt.

ARZT
vor sich

O mehr als Würde in solcher Erniedrigung! das ist eine fürstliche Kreatur, wenn je eine den Erdboden trat.
Sigismund ist in den Zwinger zurückgegangen.

ANTON
hat den Zwinger von außen verschlossen

Der Herr erlaubt, daß ich vorangeh. Der Herr ist sogleich droben im Turm erwartet.
Sie gehen hinauf.

Zweiter Auftritt

Gemach im Turm, eine größere, eine kleinere Tür.

Julian, Anton.

JULIAN
Ist der Simon herein? Er soll gesehen worden sein. Sobald er sich blicken läßt, wirds mir gemeldet.

ANTON
deutet hinter sich

Der Herr Doktor.

JULIAN
Eintreten.

Anton öffnet die kleine Tür. Der Arzt tritt ein, verneigt sich. Anton tritt ab.

JULIAN
Ich bin dem Herren für die beschwerliche Herreise sehr verbunden.

ARZT
Eure Exzellenz hatten zu befehlen.

JULIAN
nach einer kleinen Pause

Ihr habt die Person in Augenschein genommen?

ARZT
Mit Schrecken und Staunen.

JULIAN
Wie beurteilt Ihr den Fall?

ARZT

Als ein grausiges Verbrechen.

JULIAN

Ich frage nach dem ärztlichen Befund.

ARZT

Der Ausgang wird ergeben, ob man, unter anderem, den Arzt nicht zu spät gerufen hat.

JULIAN

Ich will nicht hoffen! Der Herr gebrauche seine gepriesene Überlegenheit. Es sollen keine Kosten gescheut werden.

ARZT

Vom Leib aus allein kann nur Pfuscherei den Leib heilen wollen. Es geht um mehr. Der ungeheure Frevel ist an der ganzen Menschheit begangen worden.

JULIAN

Hoh!

ARZT
fest

Hier ist Adam, des obersten Königs erstgeborener Sohn, geschändet.

JULIAN

Darf ich um sachlichen Rat bitten?

ARZT

Hier wird mit Drogen und Pulvern nichts erzielt werden. Was die Medikamente nicht heilen, sagt Hippokrates, heilt das Eisen. Was das Eisen nicht heilt, heilt das Feuer.

JULIAN

Wie soll ich die Rede verstehen?

ARZT

So: daß ich auf das scharfe Eisen obziele, wodurch die Menschen hingemäht werden wie Schwaden, und auf das Feuer, durch welches ein Königreich aufgefressen wird wie eine Scheune.

JULIAN

Wie kommt der Herr zu solchen Divagationen? Es ist von einer einzelnen privaten Person die Rede, die unter meiner Obhut steht.

ARZT

Mitnichten. Hier wird, woferne Gott nicht Einhalt tut, die Majestät gemordet. An der Stelle, wo dieses Leben aus den Wurzeln gerissen wird, entsteht ein Wirbel, der uns alle mit sich reißt.

JULIAN
sieht ihn an

Ihr nehmt Euch viel heraus. – Ihr seid eine berühmte Persönlichkeit. Die Fakultät feindet Euch an, aber das hat Euch nur noch mehr in Evidenz gebracht. Ihr habt ein großes Gefühl von Euch selbst.

ARZT

Eure Exzellenz ermangeln der Möglichkeit, sich die Vorstellung zu bilden ,wie gering ich von mir selbst denke. Mein Ruhm ist vielfach Mißverständnis. Denen, die im Bodendunst gehen, scheint jede Fackel groß wie ein Kirchentor. Wäre mein Leib gewaltiger, so wollte ich umso gewaltigere Wirkungen ausüben. Wie Leib und Seele eins des anderen immer wieder übermächtig wird, das ist mein unnachlässiges Studium. Wer erahnen könnte, vermöge welcher Kraft die Übergänge bewirkt sind, der stünde groß da. Aber wer es nicht nur zu ahnen, wer es zu packen wüßte: das wäre ein Magier.

JULIAN

Das ist jeder Mensch, der einen starken Willen hat.

ARZT

Oder einen starken Glauben: die beiden sind eins.

JULIAN

Setzt Ihr die gleich?

ARZT

Aus Erkenntnis.

JULIAN

Ihr seid ein Sektierer? Ein Schwenkfeldianer?

ARZT

Ich bin ein katholischer Christ, wie Euer Gnaden.

JULIAN

geht auf und ab, dann plötzlich vor dem Arzt stehenbleibend
Gerad heraus! wen vermutet Ihr in dem Gefangenen? Antwortet ohne Scheu. Ich frage als Privatperson.

ARZT

Ihr möget als was immer fragen. Ich habe nur einerlei Rede: hier ist das höchste Geblüt in der erbärmlichsten Erniedrigung gehalten.

JULIAN

Da gibt der Herr Träumereien nach.

ARZT

Eure hochadelige Person allein, die sich hergibt zum Hüter und Kerkermeister eines Unbekannten –

JULIAN

Wir lassen mich aus dem Spiel. – Ich sehe, Ihr seid hergekommen in einer sonderbaren vorgefaßten Meinung.

ARZT

Nein, nicht so. Die Person die ich gesehen habe, ist erlaucht und zum Größten auserlesen. Nie bin ich in gewisserer Ehrfurcht vor einer erlauchten Gegenwart gestanden. Die Knie wollten sich beugen; ich habe mich hart überwinden müssen.

JULIAN

Ihr seid selbstgewiß und liebt nicht, Euch von einem phantastischen Irrtum abbringen zu lassen.

ARZT

Ich schließe nichts aus der Nachricht, alles aus dem Eindruck. Dieses Wesen, vor dem ich da unten stand, bis an die Knöchel im Unrat, ist eine quinta essentia aus den höchsten irdischen Kräften. Diese Seele wird Euch dereinst zur Last gelegt, und Eure Schultern sind nicht stark genug um eine diamantene Last zu tragen.

JULIAN

Ihr beliebt mit Phantasie zu reden, ohne Einblick in die Umstände. Ich bleibe in der Wirklichkeit, soweit das Staatsgeheimnis mir nicht den Mund verschließt. Das in Rede stehende junge Mannsbild war ein Opfer von Koinzidenzien. Ich habe gesänftigt, was an mir lag. Ohne mich wäre es kaum am Leben.

ARZT

Es wäre am Leben, so ohne Euch als ohne mich, und wenn seine Stunde kommt wird er hervorgehen und unser Herr sein. Das ist der Sinn der Koinzidenzia.

Es klopft.

JULIAN

Ihr habt Euch einen großen Enthusiasmus bewahrt. Ich verstehe die Wirkung, die Eure Person ausübt. Ich wünsche mich mit Euch noch zu unterhalten. Vor allem über das, was zu tun ist. Der Gefangene, ich gebe es zu, war vernachlässigt. Ihr werdet mir einschneidende Maßregeln vorschlagen.
Arzt neigt sich. Anton ist eingetreten, mit Bechern auf einer silbernen Platte.

JULIAN

Im Augenblick bin ich behindert. – Man hat für Euch im Nebenzimmer einen kleinen Imbiß aufgetragen; ein Happen Fleisch, eh Ihr in Sattel steigt. Es ist angeordnet, daß zwei von meinen Leuten mit Euch reiten, und Euch vor Nacht aus dem Gebirg auf die königliche Straße bringen.
Anton auf einen Wink tritt heran, mit den Bechern.

JULIAN
ergreift einen Becher
Einen Satteltrunk, darf ich bitten. Meinen Dank nochmals, für die Hingabe kostbarer Zeit. Ich tue Bescheid.

ARZT
nachdem er getrunken
Aber nur mit dem Rand der Lippen.

JULIAN

Es nimmt mir neuerdings den Schlaf. Es muß so gut ein Gift in dem edlen Getränk liegen, als ein –
Er wendet sich zu Anton, sie reden heimlich.

ARZT

Al-kohol: das Edelste. Im Innern unserer Muskulatur auftre-

tend im gleichen Augenblick wo, vierundzwanzig Stunden
nach dem Tod, Verwesung ihren ersten Hauch tut. Aus dem
Heillosen die Kräfte der Heilung. Das ist encheiresin naturae.

ANTON
meldet halblaut

Der Getaufte Simon ist herein, mit einem Brief für Euer
Gnaden.

JULIAN

Her mit ihm.

ANTON

Ist schon da.

Läßt Simon zur größeren Tür eintreten, Arzt ist mit einer Verneigung zur kleinen abgetreten.
Simon überreicht Julian einen Brief.

JULIAN

Auf welchem Weg empfangen?

SIMON

Auf meiner Geschäftsreise Rückweg in der bewußten Weise
durch die bewußte Person. Es ist hinzugefügt worden, ich soll
mich beeilen: es ist wichtig für Seine Gnaden. Ich hab meinem Schwager übergeben die Geschäfte, die waren wichtig
nur für mich, hab mich auf mein Pferd gesetzt, und bin gefahren im Sattel die ganze Nacht, den gnädigen Herrn Burggrafen prompt zu bedienen.

Julian erbricht hastig den Brief, winkt Simon abzutreten.
Simon geht ab.

JULIAN
liest den Brief

– Des Königs Neffe auf der Jagd gestorben! Mit dem Pferd in

eine Wolfsgrube gestürzt! – Das ist ungeheuer. Der zwanzigjährige baumstarke junge Fürst. Das ist Gottes sichtbarliche Fügung!

Tritt hin und her, liest dann weiter

Der König allein, zum ersten Mal allein, zum ersten Mal seit dreißig Jahren verlassen vom allgewaltigen Berater.

Liest

Der Großalmosenier, dein mächtiger unbeugsamer Feind, ist ins Kloster, ohne Abschied vom König – er hat seine Hand aus den Geschäften gezogen, für immer – –

Spricht

Ich träume! es kann nicht möglich sein, daß so viel auf dem kleinen Fetzen Papier steht!

Tritt ans Fenster ins Helle, liest wieder

– in eine Wolfsgrube gestürzt – – der Großalmosenier ist in ein Kloster – alle Würden abgetan – unter dem Namen: Bruder Ignatius – –

Er läutet mit einer Handglocke.
Simon herein.

JULIAN

Ich habe da überraschende Nachrichten. Es sind große Dinge vorgegangen. – Was gibts in der Welt? Was reden die Leute?

SIMON

Die Welt, gnädigster Herr Burggraf Exzellenz, die Welt ist ein einziger Jammer. Sobald man mit Geld nix mehr kaufen kann – nu, kauft das Geld was? Was is Geld? Geld is Zutrauen zum vollen Gewicht. Wo is ein lötiger Taler? Hat einer an lötigen Taler gesehen, hat er gemußt machen ä große Reis.

JULIAN
zu Anton

Den Schlüssel!

ANTON

Die Exzellenz hat ihn in der Hand. –

JULIAN

Den andern!

ANTON

Da liegt er vor Augen.

SIMON

Hat der Krieg angefangen, is gezahlt worden mit silberne Taler der Soldat, der Lieferant. Is der Krieg ins zweite Jahr gegangen, war der Taler ä Mischung, im dritten Jahr war das Silber ä versilbertes Kupfer. Aber genommen habens die Leut. Hat der König erkennt, man kann machen Geld, wenn man sein Gesicht und Wappen prägt auf Zinn, auf Blech, auf Dreck. Haben die großen Herren erkennt, haben die Stadtbürger erkennt, haben die kleinen Herren erkennt. Macht der König Geld, machen die Grafen Geld, wer macht nicht Geld? Bis alles geschwommen is in Geld.

Julian hat wieder die Augen auf dem Brief.

SIMON

Aber wer hergegeben hat schweres Geld, soll der nehmen leichtes? Wie denn nicht! Steht doch dem König

Er nimmt die Kappe ab

sein landesherrliches Bildnis darauf. Aber für Abgab und Steuern wird das neue Geld verboten! Und die Soldaten und die Bergleut sollen nehmen das leichte Geld? Was tut sich? Die Bergleut fahren nicht mehr in Berg, die Bäcker backen nicht mehr; der Arzt lauft vom Krankenbett, der Student von der Schul, der Soldat von der Fahn. Dem König sein Zutrauen is dahin. Dann is in der ganzen Welt nix geheuer.

Auf einen Blick Julians

Was die Leut reden? Von ä großen Strick reden sie, so lang wie

von da bis Krakau, der wird, sagen sie, schon eingeseift jede
Nacht, und an dem sollen hängen die großen Herren und die
kleinen Herren, und die reichen Leut und unsere Leut alles
durcheinander, Gott soll beschützen. – Es müssen große Sachen vorgegangen sein bei Hof, aber was brauch ich Seiner
Gnaden Exzellenz zu erzählen? Wenn heut am Abend einer
der größten Herren vom Hof wird hierher zu reiten gekommen sein, wird er bereden mit Euer Gnaden Exzellenz die Staats-
und politischen Sachen –

JULIAN
stutzt
Wer wird gekommen sein zu reiten hierher? Was ist das?

SIMON
Der gnädige Herr Großwoiwod von Lublin, mit einer Gesellschaft von mindestens fünfzig, darunter Edelpagen und Hartschier, den ich hab hinter mir gelassen um zwei drei Stunden, weil ich hab riskiert mein Leben und bin gefahren auf
mein huzulischen Pferdl, durch die Sumpfwege, zu bringen
den Brief mit der Ankündigung, weil ich mir hab das ausklären können, daß die Nachricht wird wichtig sein zu wissen, bevor die Herrschaft eintrifft selber, und wertlos nachher, wenn
er schon steht vor der Herrschaft ihrem Gesicht dahier in der
Stub. – Euer Gnaden Exzellenz schaut auf mich, als wenn ich
aus dem Mund brächt eine Überraschung, wo doch Euer Gnaden halten in Händen die Briefschaft, wo es muß geschrieben
stehen schwarz auf weiß.

JULIAN
Es ist gut. Hinauslassen.

Simon ab. Anton zurück.

JULIAN
Anton! Hast du gehört? Nichts von dem Besuch steht in dem
Brief. Anton, kann es die Wahrheit sein?

ANTON

Der Simon ist sonst kein Lügner. Das wär auch eine kurzatmige Lügnerei. – Es wird schon nichts helfen. Es wird sich schon so verhalten.

JULIAN

Ja? Dann – Anton! Der stolzeste größte Woiwod am ganzen Hof! Geschickt an mich! Vom Herren selber geschickt an mich! Ja geht das in deinen Schädel, was sich da begeben hat? Was da wird! Du! sie machen die Leiche lebendig! Das Unglaubliche wird wahr! Ich – ich – hörst du? was schneidest du für ein Gesicht?

ANTON

Kann ich mir vielleicht nicht denken, was da in Ihnen vorgeht! Das bedeutet doch nicht mehr und nicht weniger, als daß man Sie zurückholt an den Hof, daß man Ihnen aufdrängt die Ehren, soll heißen die Beschweren, die Würden, soll heißen die Bürden, die Vertrauensstellen, die Sinekuren und Sekkaturen, alles das, wovor Ihnen graust, wie dem Kind vor der bitteren Medizin!

JULIAN

Es wird nicht wahr sein. – Mein Gott, wenn es wahr wäre!

ANTON

O du mein Heiland! wie echappieren wir jetzt! wie kommen wir aus? Da ist guter Rat teuer. Wenn sich Euer Gnaden krankstellen täten? Ich mach das Bett auf!

JULIAN

Was redest du da?

ANTON

Weiß ich denn nicht, was Ihnen bevorsteht? und weiß ich denn nicht, wie Sie darüber gesonnen sind? Wiederum ein großer Herr sein am Hof! Wie Ihnen die Haut schaudert wenn Sie bloß denken! Wie Sie das durch und durchschauen, den Lug und Trug, die Gemeinheit und das Scherwenzeln, und die Speichellecker und die Ohrenbläserei und das Verleumden hinterm Rücken und die Kabale und die Kamarilla und wie sie alle heißen! – Pfui Welt! Pfui Zeitung! Pfui, pfui, pfui! – Wenn Euer Gnaden in Wald verreiten täten?

JULIAN
Schweig das Gewäsch ohne Sinn und Verstand, oder ich schlag dir übers Maul. Das getäfelte Zimmer wird eingerichtet für Seine Erlaucht den Woiwoden. Mein eigenes Bett hinein.

ANTON
Alles, alles, daß wir ihn nur geschwind wieder loswerden!

JULIAN
Aus meinem besten Reitpelz die Marderfelle heraustrennen und einen Fußpelz daraus machen.

ANTON
Aus dem grünsamtenen?

JULIAN
Eine Fußdecke daraus vors Bett für Seine Erlaucht.

ANTON
Daß er nur in Gottesnamen die Füß bald wieder woanders hinsetzt!

JULIAN
Die schöne venezianische Spitze von meiner Mutter her, wo ist die?

ANTON
In der Kapellen doch, aufm Altar.

JULIAN

Abnehmen von dort. Dem Herrn Woiwoden auf den Nachttisch, zur Unterlag für den Becher mit dem Abendtrunk.

ANTON

Recht! Alles daß wir nur recht bald Valet trinken mit ihm. Daß wir ihn nur bald wieder los sind! Die aufgeblasene Schranze, die daherkommt, Euer Gnaden in Euer Gnaden eigenem Zimmer zuzumuten, was auf Euer Gnaden Natur die Wirkung tut wie Brechweinstein und Stinkwurz!

Julian ringt nach Fassung.

ANTON
sieht ihn von der Seite an

Muß ein glorioses Gefühl sein, wenn man weiß: meiner bin ich sicher! Komm her, Satanas, breits aus vor mir, die Herrlichkeit, wie einen Teppich – und jetzt hebs schnell wieder weg, sonst spuck ich dir drauf, denn das hab ich überwunden.

JULIAN

Das Maul halten mit der Fastenpredigt, der unpassenden! – Den Hostiniuk hinauf aufs Vorwerk!

ANTON

Den Trompeter?

JULIAN

Aufs Vorwerk, von wo man den Reitsteg übersieht. Sobald er die Kavalkade gewahr wird, ein Signal! eines! ihm einschärfen: sobald es gewöhnliche Reiter sind. Ists aber eine fürstliche Kavalkade, – führen die Reiter die gelbroten Fähnlein des Palatins von Lublin – oder gar den Silbernen Leuen im amarantenen Feld –

Er muß sich vor Erregung an den Tisch halten.

ANTON
Dann?

JULIAN
Dann drei Stöße nacheinander wie vor dem König! – Was glotzt du so auf mich? Soll ich –

ANTON
Ich sag schon nichts. Aber es klopft an der Tür.
Geht hin
Der Herr Doktor haben abgegessen und bitten aufwarten zu dürfen. – Soll er?

JULIAN
Laß eintreten. Und dann fort, alles ausführen.
Arzt ist eingetreten, er trägt einen Zettel in der Hand.
Anton geht ab.

ARZT
vor Julian stehenbleibend, der in Gedanken verloren dasteht
Ich finde Eure Exzellenz verwandelt.

JULIAN
Ihr seid ein scharfer Physiognomiker. – Was seht Ihr in meinem Gesicht?

ARZT
Eine gewaltige hoffnungsvolle Erregung. Weite Anstalten! Große Anstalten! ein ganzes Reich umspannend. Flectere si nequeo superos, Acheronta movebo! nie habe ich diese Zeile so verstanden, als in Dero Gegenwart. Euer Gnaden sind aus einem heroischen Stoff gebildet.
Julian muß lächeln, unterdrückt aber das Lächeln sogleich.

ARZT
Aber – ich muß es in einem Atem aussprechen: die Quelle sel-

ber ist getrübt. Die tiefste Wurzel ist angenagt. In furchtbarem Schlangenkampf ringen Gut und Bös in diesen gebieterischen Mienen.

JULIAN

Gebt meinem Puls mehr Stetigkeit, das ist alles was ich brauche. Verordnet mir, was den Herzschlag herabsetzt. Mir stehen große Aufregungen bevor. – Ich brauche andere Nächte.

ARZT

Von irgendwo steigt Ohnmacht und Beschämung herauf, gegen Morgen, gräßlich, aus einem nie zu erschöpfenden Abgrund. – Die Stunde zwischen Nacht und Tag ist es, wo die Gottheit, den Schein von Wirklichkeit gräßlich scheidend, an uns herantritt.

Julian schließt die Augen, schlägt sie schnell wieder auf.

ARZT
den Blick auf ihm

Euer Puls geht nicht gut, und doch – ich verbürge es – ist der Herzmuskel kraftvoll. Aber Ihr verleugnet Euer Herz. Herz und Hirn müßten eins sein. Ihr aber habt in die satanische Trennung gewilligt, die edlen Eingeweide unterdrückt. Davon diese bitter gekräuselten Lippen, diese Hände, die sich Weib und Kind zu berühren versagen.

JULIAN
nickt

Furchtbar einsam waren meine Jahre.

ARZT

Furchtbar, aber gewollt. Was Ihr suchet, ist schärfere Wollust: Herrschaft, unbedingte Gewalt des Befehlens.

Julian sieht ihn an.

ARZT
Der Gang zeigt mir heroischen Ehrgeiz, in den Hüften verhalten von ohnmächtigem, gigantisch mit sich zerfallenem Willen. Erhaben gewölbt ist diese Brust und doch gewürgt der Atem. Die Augen gebietend und doch ein gräßlich fliehender Blick. Der letzte Mut fehlt, die glorreiche und doch demütige Selbstliebe fehlt, die herrliche Tugend, von der ewige Jugend sich ergießt in jede Faser. Eure Nächte sind wütendes Begehren, ohnmächtiges Trachten. Eure Tage sind Langeweile, Selbstverzehrung, Zweifel am Höchsten – die Flügel der Seele eingeschnürt in Ketten, und Fremde halten die Kette und sind gewaltig in Euch über Euch. Wehe! schafft Euch Raum in der Brust vor Eurem Drängen, und die Welt wird Euch Raum geben!

JULIAN
Ihr kommt einem nahe! zu nahe!

ARZT
Auf das Übel hinzuweisen, dort wo ich es gewahre, ist mir gegeben. Die Verschuldung an diesem Jüngling, das ungeheure Verbrechen, die Komplizität, die Miteinwilligung: alles steht in Eurem Gesicht geschrieben.

JULIAN
Genug von diesem Burschen, den Ihr obstinat in die Mitte des Weltgeschehens stellt!

ARZT
Ihr habt ihn eingemauert in die Fundamente! den Sklaven aus ihm gemacht, der im Finstern Euch die Mühle tritt: und er ist dem Blut nach Euer Herr!

JULIAN
Genug. Der Herr redet ohne die Dinge zu kennen.

Geht an die Wand, läßt ein Fach aufspringen, nimmt ein Blatt heraus, daran ein Siegel hängt
Ich habe ihm das Leben gerettet, mehr als einmal. Die größte Härte war anbefohlen, ohne Erbarmen. Er sollte verschwinden, ausgetilgt sein. Man mißtraute mir. Ich hatte ihn zu gutherzigen Bauern gegeben. Es wurde imputiert, ich hätte ehrgeizige Pläne auf das Weiterleben des Gefangenen gesetzt.

ARZT

Ich verstehe.

JULIAN

Eine Kommission wurde geschickt, zu visitieren. Ich ließ den Herren reichlich auftragen. Dann führte ich sie vor den Hundezwinger und zeigte ihnen den Unglücklichen.

ARZT

Der Herr hat gehandelt wie Pontius Pilatus.

JULIAN

Ich beließ ihn in einem menschenwürdigen Kerker mit Fenstern. – Durch das Fenster fiel ein Schuß in der ersten Nacht und streifte ihn am Hals, ein zweiter gegen Morgen und ging ihm zwischen Arm und Brust hindurch. – Ohne mich wäre er erwürgt. – Ich wünsche nicht von Euch verkannt zu werden.

Er hält ihm das Blatt hin

Der Herr sieht! das allerhöchste Siegel. Die eigenhändige Unterschrift der höchsten Person. – Ich gehe sehr weit mit Euch.

ARZT

liest aus dem Blatt

– »überführt eines geplanten Attentates auf die geheiligte Majestät –« – darunter das Signum Seiner Eminenz des Siegelbewahrers. – Dieser Knabe! – Die Schrift ist neun Jahre alt. Damals war er ein Kind!

JULIAN
Ein Dämon ist alterslos.

ARZT
Ein Dämon! das Lamm mit gebundenen Füßen!

JULIAN
Sterne haben bevor er geboren war auf ihn gewiesen, wie mit blutigem Finger. Das Verkündete traf ein, punktweise, ihn gräßlich zu bestätigen, als den der außerhalb der menschlichen Gemeinschaft steht. Er war überführt, ehe seine Lippen ein Wort bilden konnten.

ARZT
hebt die Hände zum Himmel

Überführt!

JULIAN
Des Majestätsverbrechens. – Was vermag ich!
Schließt das Blatt ein.

ARZT
nimmt einen Zettel aus dem Gürtel

Ich hatte im währenden Essen aufgeschrieben, was ich fürs Unerläßlichste hielt. Ein menschenwürdiger Gewahrsam, der Sonne zu, eine reine Nahrung, der Zuspruch eines Priesters.

JULIAN
Gebt her.

ARZT
Nein, es ist zu wenig, ich zerreiße es.
Er tuts
Nur Wiedergeburt heilt einen so Zerrütteten. Man führe ihn in seines Vaters Haus zurück, nicht übers Jahr, nicht über einen Monat, sondern morgen zu Nacht!

JULIAN
Ihr wißt nicht was Ihr sagt.

ARZT
Ich kann, ich vermag, ich bin, – diese Medizin flößt ihm ein; dann ladet die Welt auf seine Schultern: er wird sie tragen!

JULIAN
Ich müßte einen Tag lang mit Euch sprechen und mir ist die Lippe versiegelt wie die Hand gebunden. Ich hab Euch schon mehr vertraut als irgendwem!

ARZT
Eure Rettung geht durch seine, oder Ihr versinket in dem Wirbel; es hängt alles an einer Kette.

JULIAN
Ihr kennt die Welt als ein Philosoph, nicht als ein Handelnder.

ARZT
Niedertracht – dies eine Wort ist über ihrem Handeln geschrieben.

JULIAN
Nennt es so: so ist sie das Allmächtige.

ARZT
Das Pfandrecht der dumpfen Erde auf den lebendigen Leib der aus ihr gekommen ist.

JULIAN
Ihr sagt es.

ARZT
Aber die Entscheidung steht bei der Kraft und dem freien Willen.

JULIAN

Wie denn!

ARZT

Der Leib allein macht Euch dem höllischen Gespinst untertan. Dies aber
Er zeigt hinter sich nach abwärts
ist Euer Werk, das Zeugnis ablegen wird gegen Euch.

JULIAN

Ich bin ein Instrument, weiter nichts.

ARZT

So spricht der Leib: aber der Geist kennt seine Schuld.
Julian hebt die Hände überm Kopf zum Himmel.

ARZT

Dies ist Ihr Werk. Alles woran Sie sonst die Hände gelegt haben ist nichts. Dieses allein zählt.

JULIAN

Ich wollte von Euch richtiger gekannt sein.

ARZT

Es steht geschrieben: an ihren Werken werdet ihr sie erkennen. Denn das Werk ist die Frucht die wir bringen.

JULIAN

Ihr imputiert mir!

ARZT

So und nicht anders redet Euer Gewissen zu Euch zwischen Tag und Nacht. Das sagen die gelben Flecken im Weiß Eures Augensterns.

Julian auf und nieder.

ARZT

Sie haben geschaltet mit Gottes Geschöpf. Sie haben sich an Gott unmittelbar vergangen.

JULIAN

Und wenn es ein Dämon und Teufel ist, vorwitziger Mann? Ein Aufrührer gegen Gott und die Welt!

ARZT

Nemo contra Deum, nisi Deus ipse.

JULIAN
bleibt vor ihm stehen

Der Herr vermißt sich einer großen Autorität. Wo sieht der Herr die Bürgschaft für solchen alles aufwiegenden Wert der Kreatur von der wir uns unterhalten.

ARZT

Die Frage ist im innerlichen Herzen schon beantwortet, und nur mit dem Mund zum Schein gestellt. Aber ich beantworte sie aus dem Herzen und nicht zum Schein.

JULIAN

Ich wäre begierig.

ARZT

Das erste ist eines Menschen Stimme. Dieser sagt ein Wort, und es ist als gäbe er uns die Seele hin, damit wir sie essen wie Brot und trinken wie Wein. Das Zweite ist eines Menschen Blick. Dieses in Ketten liegenden Geschöpfes Blick geht durch die Seele stärker als der Schall einer Posaune. Dieser ist weder Mann und Weib, sondern über beiden. Sein Herz ist geduldig, so wie es gewaltig ist. Seine Natur ist einfach. Es sind keine fremden Elemente in ihm. Er ist heilig und unberührt. Er ist auserlesen als ein Gefäß, dessen Gebrauch niemand wissen kann.

Trompeten in der Ferne.

JULIAN
schließt erblassend die Augen
Der Herr ist zu auskultieren gewohnt und hat ein scharfes Ohr. Darf ich fragen, ob ich richtig gehört habe?

ARZT
Drei Trompetenstöße in großer Entfernung.
Julian schlägt die Augen wieder auf, atmet tief auf.

ARZT
Jetzt habt Ihr im Nu einen kühnen und furchtbaren Gedanken ausgeboren. – Euer Gesicht flackert. Verratet ihn nicht! Lasset diese Trompeter nicht sein wie das dreimalige Krähen des Hahnes. Verratet nicht um der Heiden willen den, der in Eure Hand gegeben ist.

JULIAN
Ich sehe wie durch plötzliche Erleuchtung die Möglichkeit einer Probe.

ARZT
Wodurch man den Unglücklichen retten könnte?

JULIAN
Ich halte für möglich, daß vieles wird in meine Hand gegeben werden. Der Herr ist imstande, einen sicher wirkenden gewaltigen Schlaftrunk –?

ARZT
Ich habe ein Theriak in Besitz, das die Kräfte der Seele in tausendfachen Schlaf legt.

JULIAN

Und könntet mir dasselbe durch eine vertraute Person zusenden?

ARZT

Darf ich fragen –

JULIAN

Ich würde einen Reitenden darum schicken.

ARZT

Ich errate: Ihr wollt den Bewußtlosen in eine andere Umgebung schaffen. Ihm gewisse Personen vor Augen bringen?

JULIAN

Wir wollen kein Wort zu viel aussprechen. Ich spiele noch in diesem Augenblick um meinen Kopf, wofern ich zu weit gehe.

ARZT

Und wenn er die Probe nicht besteht? – Euer Blick sagt etwas Gräßliches und Eure herabgezogene Lippe, die den Eckzahn entblößt, setzt das Siegel darunter. Und dazu soll ich beistehen?

JULIAN

Große Geschicke werden durch große Proben entschieden.

ARZT

Wenn er mißfällt – wenn die Begegnung – mich schauderts. Was wird aus ihm?

JULIAN

Dann wird es – vielleicht – gelingen, ihm das gleiche Leben zu fristen, das er bisher geführt hat.

ARZT

Wie? Was sprecht Ihr aus?

JULIAN
Gewahrsam auf ewig, in dem Turm den der Herr kennt, im günstigen Falle.
ARZT
Dazu biete ich nicht die Hand.

JULIAN
Dann ist es, wohlverstanden, der Herr, der die Kreatur ihrem Schicksal überläßt. Der Schlaftrunk, der vor und nach der Probe das Bewußtsein völlig auslöscht, so daß die getane Reise dem halbverstörten Sinn als nicht gewesen, als eine bloße Wahnspiegelung seines Hirns bewiesen werden kann, das ist unabgängliche Bedingung.
ARZT
tritt zurück
Es hieße ein Geschöpf Gottes in den Wahnsinn treiben.

JULIAN
Einen andern Ausweg gibt es nicht. Ich gebe Euch eine halbe Minute Bedenkzeit. Überlegt Euchs.

ARZT
nach einigen Sekunden
Der Reitende kann den Schlaftrunk morgen nacht bei mir abholen. – Die Dosis ist streng bemessen. Euer Exzellenz schwöre mir, daß der Gefangene den Schlaftrunk aus keiner anderen Hand –
JULIAN
Aus meiner eigenen Hand. Wofern ich die Zulassung zur Probe bewirken kann. Das steht bei höheren Personen.

ARZT
Der Schlaftrunk wirkt auf eine erschreckende Weise. – Es

kommt zuerst über den, der getrunken hat, eine große Angst und Unruhe. Die elementarischen Lebenskräfte fühlen, daß sie gebunden werden sollen, und empören in ihrer ganzen Stärke sich gegen die Überwältigung. Sodann –

JULIAN
ist ans Fenster getreten, horcht hinaus; wendet sich
Sodann?

ARZT
– wird dem Herrn ein Anblick zuteil werden, wie er dem Priester am Sterbebett eines Gerechten zuteil wird. Wie ein vom Feuer durchwebter Himmel wird sich vor dem Herrn der Geist dieses Auserwählten enthüllen. Die wahre Glorie der menschlichen Seele wird zutage treten, für eine unmeßbare Frist: Minuten, halbe Minuten nach der Uhr. Dies währt, bis der Leib das Übergewaltige nicht mehr aushält, in einem Schrei sich der Bedrängnis entlädt, und dumpf hinabstürzt in todähnlichen Schlaf.
Trompeten.
Julian zittert, läutet mit der Handglocke.

ARZT
Ich bin entlassen?

JULIAN
Mit der Bitte, diese geringfügige Entlohnung anzunehmen
Reicht ihm eine Börse
und dazu diesen Ring als ein Andenken.
Zieht den Ring vom Finger, reicht ihn hin, die Hand zittert ihm dabei heftig.

ARZT
Euer Gnaden belohnen fürstlich.
Neigt sich, zieht sich zurück.

Anton zur andern Tür herein, einen schönen Überrock auf dem Arm und Schuhe. Er hilft Julian das Hausgewand ausziehen, den schönen Rock anziehen.

JULIAN
Wie nahe sind sie?

ANTON
Die Kosaken, die vorausreiten, traben über die zweite Brücke.

JULIAN
Ich habe einen einzelnen Reiter heransprengen sehen.

ANTON
Ja, ja.
Nestelt das Gewand zu.

JULIAN
Ein Vorreiter, ein Kurier? was?

ANTON
Ich sags nicht, es täte Sie ärgern. Ein aufgeblasener Kerl!

JULIAN
Es handelt sich um mich? Was will man von mir?

ANTON
Daß sie ein königliches Handschreiben bringen, das steigt so einem Stallputzer in die Nase. Soll der König nicht auch einmal einen Brief schreiben? Hat er keine Hände?

JULIAN
Gerichtet an mich? An meine Person?

ANTON
zieht ihm die Schuhe an
Ich hab ja gewußt, es wird Ihnen unangenehm sein. – Aber daß es Sie so grausam angreift –
Julian sagt nichts.

ANTON
Wie wird man sich jetzt herauswinden? Wo die obendrein ein Reitpferd für Sie mitgebracht haben! Was soll man da vorschützen?

JULIAN
Ein Reitpferd?

ANTON
Ein russischer Goldfuchs, mit Schabracken aus Silberstück und silbernen Zäumen. Damit Sie morgen mit dem Frühesten aufsetzen und an Hof reiten. Der Herr Woiwod soll sozusagen die ehrenvolle Begleitung bilden, alles zur mehreren Repräsentation und Auszeichnung.

JULIAN
atmet fliegend
Sind meine Leute aufgestellt?

ANTON
Spalier.
Bindet ihm die Schuhe.

JULIAN
Du voraus ans Tor mit dem Leuchter.

ANTON
Sind ja die Kienfackeln an der Treppe. Wer wird sich strapazieren für Leute, die einem nur Unerwünschtes ins Haus bringen!

JULIAN
Angezündet! Kniest nieder am untersten Treppenabsatz. Wenn Seine Erlaucht der Woiwod an dir vorbei ist, springst ihm vor, leuchtest die Treppe hinan. Ich geh ihm entgegen, vom obersten Absatz drei Stufen, keinen Schritt mehr.

ANTON
zündet an

So recht. Er soll verstehen, daß wir auf ihn nicht gewartet haben, die neunzehn Jahr lang.

DER ZWEITE AUFZUG

Erster Auftritt

Kreuzgang im Kloster. Im Hintergrund die Eingangspforte. Zur Rechten Eingang ins Klosterinnere.

Pförtner schließt hinten auf. König Basilius und Höflinge treten ein. Ein Bettler kommt hinter ihnen herein.

KÖNIG
Ist dies der Ort, wo der Bruder Ignatius die empfängt, die mit einem Anliegen zu ihm kommen?

PFÖRTNER
Hier stellt euch hin und wartet alle.

JUNGER KÄMMERER
Vorwärts du, und melde wie ich dir sagen werde.

PFÖRTNER
Ich darf nicht melden. Das ist nicht meines Amtes. Meines Amtes ist Aufschließen, Zuschließen.

JUNGER KÄMMERER
Weißt du, wer vor dir steht?

PFÖRTNER
Weiß nicht. Darfs nicht wissen. Ist nicht meines Amtes. Diesen kenne ich.
Weist auf den Bettler, tritt zu diesem
Stell dich daher. Daß er dich sieht. Er wird sich freuen, daß du wiedergekommen bist.
Bettler stellt sich schweigend abseits.

Junger Kämmerer
Hier steht die Majestät von Polen, unser aller König und Herr! Hörst du mich, Torwart?

König
Laß. – Dies ist ein schwerer Gang. Ich will die Vettern, die ihn mit mir getan haben, über alle Woiwoden, Palatine und Ordinaten erhöhen.

Die Höflinge neigen sich.
Junger Bruder tritt von rechts heraus; schön, leise, mit einem beständigen Lächeln. Kämmerer tritt hin, redet leise mit ihm.

Junger Bruder
sieht auf den König, tritt dann auf den König und die Höflinge zu, neigt sich ein wenig

Mir geziemt nicht, die Namen zu kennen. Ich habe ihm zu melden: es ist ein Mann da, in großer Not – oder: es ist ein Weib mit ihren Söhnen von dort und dort – oder: es ist ein Kranker da und bittet um deinen Segen.

Neigt sich, tritt nach der andern Seite.

Höflinge
unter sich, halblaut

Ist das erhört! der hochmütige, satanische Gleisner! ist solches erlebt worden!

Junger Bruder
lächelt

Seiet leise!

König
Schläft er so früh am Tag, daß man ihn nicht stören darf?

Junger Bruder
Gegen Morgen, wenn die Sterne bleich werden, erst dann schläft er ein, in seinem hölzernen Sarg, und wenn die Vögel sich rühren, ist er wieder wach.

Tritt zum Bettler, der betet, das Gesicht in den Händen
Was begehrst du?

Bettler regt sich nicht.

Pförtner
Es ist der ohne Namen, der herumzieht von einer heiligen Stätte zur andern und Winter und Sommer übernachtet auf den steinernen Stufen der Kirchen. Er hat schon einmal mit ihm gesprochen. Er hat zu ihm gesagt: bist du denn der wiedererstandene heilige Hilarius, oder der auf die Welt zurückgekehrte selige Abt Makarion?

Bettler
nimmt die Hand von den Augen und man sieht, daß eines seiner Augen ausgestochen ist
Unwert!

Pförtner
Jetzt kommt er von der Heiligen Jungfrau auf dem Weißen Berge. Verlaufene Soldaten, wie es jetzt überall gibt, wollten in die Kirche einbrechen und das schwarze Bild stehlen, das leuchtet von Edelsteinen stärker als eine Lampe. Er lag auf der Schwelle, sie stießen an ihn, da schrie er und die Mönche konnten die Kirche verrammeln und es abwehren. Dafür schlugen ihn die Soldaten so lange, bis sie ihn für tot hielten. Ein Auge haben sie ihm auch ausgeschlagen. Er aber hat ihnen vergeben und betet für sie.

Bettler
Unwert!

Stellt sich hinter die Höflinge.

Pförtner
Die Hellebarde ist aus der Hand des Wächters genommen und in die Hand des Räubers gegeben. Was soll da aus uns werden?

Junger Bruder
lächelt

Das schützende Kleid ist hinweggenommen, so sind wir nackend, wie es sich geziemt zur Züchtigung.

König

Melde! melde, es ist einer da, Basilius, und in großer Not und sein Anliegen ist dringend.

Junger Bruder
neigt sich

Er wird bald kommen. Gedulde sich die Herrschaft.
Geht rechts hinein.

Ein dumpfer Gesang
wird hörbar

Tu reliquisti me — et extendam manum meam et interficiam te!

König
tut einen Schritt vor, sieht nach oben

Heut ist St. Aegydi Tag: da geht der Hirsch in die Brunft. – Ein schöner, heller Abend: die Elstern fliegen paarweise vom Nest ohne Furcht für ihre Jungen und der Fischer freut sich: sie laichen bald, aber sie sind noch begierig und springen im frühen nebligen Mondschein, ehe es noch Nacht ist. Es bleibt lange noch schußlicht, zwischen dem Fluß und dem Wald, und groß und fürstlich tritt der Hirsch aus dem Holz, und löst die Lippen, daß es scheint als ob er lache, und schreit machtvoll, daß die Tiere im Jungholz ihre zitternden Flanken aneinanderdrücken vor Schreck und Verlangen. – Wir waren wie er und haben majestätische Tage genossen ehe das Wetter umschlug, und den schönen Weibern lösten sich die Knie beim Laut Unseres Kommens, und wo Wir beliebten einzutreten, da beschien der silberne Leuchter oder der rosige Kienspan die Vermählung Jupiters mit der Nymphe.

Er stützt sich auf den jungen Kämmerer
Und diesem schien kein Ende gesetzt, denn Unsere Kräfte waren fürstlich. — Nun aber ist seit Jahr und Tag die Hölle los gegen Uns, und es lauert eine Verschwörung gegen Unser Glück unter Unseren Füßen und über Unseren Haaren, die sich sträuben, und Wir können die Rädelsführer nicht greifen. Wir wollen dahin und dorthin, und Unsere Gewalt befestigen, und es ist wie wenn der Boden weich würde und Unsere marmornen Schenkel ins Leere sänken. Die Mauern wanken von den Grundfesten aus und Unser Weg ist ins Nicht-mehr-gangbare geraten.

EINER DER HÖFLINGE
ein Greis, tritt neben ihn

Es ist ein Ding, das kauft die anderen Dinge und so ist es der König über die Dinge: darum ist ihm dein Gesicht aufgeprägt und dein königliches Wappen und die Leute lieben es und nennen es: das gute Geld. Aber wo ist das gute Geld hin? Wie ist es aus dem Land hinausgelaufen und mit ihm der Gehorsam? Denn wo kein Lohn ist, da ist keine Ehrfurcht; und wo keine Ehrfurcht ist, da ist kein Gehorsam.

EIN ANDERER

Das haben die feisten Bürger in den Städten verschuldet, die Pfeffersäcke und Wollkratzer und Leimsieder, die aus dem Krieg Nutzen gezogen haben, nicht zehn für hundert, nein hundert für zehn, und über alles die Juden, diese stinkenden Vampire: sie haben dem Land das Mark aus den Knochen geschlürft. Sie haben aus dem Geld das Silber herausgesogen, und in unseren Händen das rote stinkige Kupfer gelassen, dessengleichen sie als Haar auf den Köpfen tragen, die Judasse!

Ein Dritter
tritt von hinten hinzu

Sie liegen auf königlichen Schuldverschreibungen, wie auf Gansdaunen, ihr stinkender Fuchsbau ist tapeziert mit Pfandscheinen von Grafen und Bannerherren – und wenn du ihrer zehntausend in deine Hände nimmst, über die du einen eisernen Handschuh gezogen hast, und pressest sie in deiner Hand, bis sie ausgepreßt sind, so wird Blut und Schweiß auf die Erde fließen und die Äcker werden wieder fruchtbar werden und aus den Ähren wird das Gold und Silber fallen auf die polnische Erde.

Der Zweite

Lasse die Königliche Majestät uns reiten mit unseren getreuen adeligen Vasallen gegen die Juden und Judenknecht, die hinter Pfählen sitzen, gegen Aufrührer, entlaufene Mönch, entsprungene Schullehrer, und in sie arbeiten mit soviel Schwertern, Piken, Kolben, als uns noch in unseren fürstlichen Händen verblieben sind – ehe es zu spät wird.

König

Ich kann das Geschmeiß nicht greifen. Ich reite an: sie sind Bettler. Aus abgedeckten Hütten kriechen sie mir entgegen und recken abgezehrte Arme gegen mich. Die Wälder, in denen ich jage, sind voller Bettler: sie fressen die Rinde von den Bäumen und stopfen sich die Bäuche mit Klumpen Erde.
Er schaut vor sich, der Kopf fällt ihm nachdenklich auf die Brust

Auch dies war in der Prophezeiung: es waren Dinge in der Prophezeiung, die kein Mensch für möglich gehalten hätte, und sie fangen an, möglich zu erscheinen! Es waren Greuel darin, von denen jeder gesagt hätte, daß sie nur könnten bildlich gemeint sein, und sie fangen an im wörtlichen Verstande einzutreffen.

Der Hunger ist in der Prophezeiung; die Seuche ist in der Prophezeiung; die Finsternis, erleuchtet von brennenden Dörfern – der Soldat, der die Fahn abreißt und seinem Oberen die Pferdehalfter ums Maul schlägt, der Bauer, der vom Pflug läuft und seine Sense umnagelt zur blutigen Pike, die Kometen, die Erde, die sich spaltet, die Haufen herrenloser Hunde, die Raben, kreisend Tag und Nacht überm blachen Feld – es ist alles in der Prophezeiung.

Leise für sich

Ich habe das Pergamen mit eigenen Händen verbrannt bei verriegelten Türen, aber die Zeilen, wie ich sie habe sich abkräuseln sehen in Zunder, so brennen sie auf in meiner Brust unter der Herzgrube, ob ich lieg oder geh oder stehe.

Er seufzt tief auf, der andern vergessend

Nun kommen die Hauptstück: daß die Sonn ausgeht am hellen Tag über einer großen Stadt – nein! zuvor geschieht, daß die Rebellion ihre Fahne bekommt: das ist ein Bündel klirrender, zerrissener Ketten an einer blutigen Stange, und der dem sie vorangetragen wird, das ist mein leiblicher Sohn, mein einziges Kind, den ich gewonnen habe in rechtmäßiger Ehe – und sein Gesicht ist wie eines Teufels Gesicht wiedergeboren aus dem höllischen Feuer, und er ruht nicht bis er mich findet und seinen Fuß auf mein Genick setzt. Ich höre meinen Kopf, der auf die Erde aufschlägt! und er tritt auf mein Gesicht und drückt mich hinein, bis ich Erde fresse und die Erde mich frißt – so geschiehts am hellichten Tage und die Sonne geht aus vor Grausen – So prophezeit! wortwörtlich! da! punktweise geschrieben, wie ich es spreche!

Er stöhnt und besinnt sich dann, blickt zurück auf sein Gefolge

Ich bin sehr krank, meine Getreuen! Ich hoffe, ihr habt mich zu einem Arzt begleitet, der mir helfen kann.

Der alte Höfling
dicht bei seinem Ohr
Entsinne sich mein gnädiger Herr der Schärfe des Blickes, dem im Staatsrat der verschlungenste Knoten sich löste –

König
Ich will nicht an seinen Blick denken! Seine Augen gehen wie die Augen des Greifen durch und durch und das Eingeweide hält ihnen nicht stand.

Er richtet sich auf, seine Stimme verändert sich

Wir sind noch König in Polen! Wir wollen jetzt, wo nicht sogleich Unserem Wunsch willfahrt wird – so werden Wir diesem Mönchsloch den Rücken kehren und reiten, wohin Unserem Adlerblick zu reiten gelüstet!

Der Großalmosenier wird von rechts herausgeführt. Zwei Mönche stützen ihn. Der junge Mönch von früher schreitet daneben, ein aufgeschlagenes Buch in der Hand; ein Laienbruder folgt, der einen Faltstuhl trägt. Sie stellen den Faltstuhl hin und lassen den Großalmosenier drauf nieder. Er ist ein neunzigjähriger Greis; seine Hände und sein Gesicht sind gelblich weiß, wie Elfenbein. Die Augen hält er meist geschlossen, doch wenn er sie öffnet, so vermag ihr Blick noch Schreck und Ehrfurcht zu verbreiten. Er trägt das Habit der einfachen Mönche. Alle sind von seinem Eintreten an still.

Der Gesang
wird deutlich hörbar, eine einzige drohende Stimme
Ecce ego suscitabo super Babylonem quasi ventum pestilentem. Et mittam in Babyloniam ventilatores et ventilabunt eam et demolientur terram eius.

Grossalmosenier
mit halbgeöffneten Augen
Hier ist, was sie das Licht des Tages nennen. Eine fahle Fin-

sternis. Lies aus dem Guevara. Hier ist ein Blumengarten –
ein Gallert, bunt und stinkig.

Er schließt die Augen.

CHOR

Et demolientur terram eius! Et cadent interfecti in terra Chaldaeorum.

JUNGER BRUDER
liest aus dem Buch

Fahr hin, Welt, denn auf dich ist kein Verlaß, dir ist nicht zu trauen; in deinem Haus weset das Vergangene nur mehr als ein Gespenst, das Gegenwärtige zergeht uns als ein morscher und giftiger Pilz unter den Händen, das Zukünftige pocht immer an als eine Räuberfaust um Mitternacht, und in hundert Jahren schenkst du uns kaum eine Stunde wahrhaftigen Lebens.

GROSSALMOSENIER

Nicht eine Stunde wahrhaftigen Lebens!
Er schlägt die Augen auf, gewahrt den Bettler, winkt ihm lebhaft
Sieh da, welch ein Gast ist über unsere Schwelle getreten!
König beziehts auf sich, will vortreten. Großalmosenier ohne ihn anzusehen winkt ihm verächtlich ab, wie einer eine Fliege scheucht.

HÖFLINGE
fahren auf

Ha!

König winkt ihnen sich zu bezähmen.

GROSSALMOSENIER
zu dem Bettler in gespannter Teilnahme

Wie geht es dir, mein Teurer? und woher lenkt sich dein Schritt? und wirst du nun bei uns bleiben, zumindest einen Tag und eine Nacht?

BETTLER

Sorget nicht für den Tag, den ihr den morgenden nennt, denn vor dem Herren ist kein solcher, sondern alles steht vor ihm als ein Augenblick, unteilbar.

GROSSALMOSENIER
zu den Mönchen

Horchet auf ihn!

Bettler schweigt.

GROSSALMOSENIER

Führet mich zu ihm, wenn er nicht zu mir kommt, daß ich ihn küsse und seinen Segen empfange.
Will auf, von den Mönchen unterstützt.

BETTLER

Unwert!

Entspringt.

CHOR

Et demolientur terram eius! Et cadent interfecti in terra Chaldaeorum.

GROSSALMOSENIER

Lies im Guevara, solange Licht ist. In der Finsternis sehe ich Gesichte: Wahrheit.

JUNGER BRUDER
hebt das Buch um zu lesen

Fahr hin, Welt, in deinen Palästen dient man ohne Bezahlung –

KÖNIG
tritt an den Großalmosenier heran

Herr Kardinal, der König von Polen wünscht Euch einen guten Abend.

GROSSALMOSENIER

Ich höre eine lästige Stimme, die dazwischenfährt von irgendwo. Lies weiter im Guevara.
König tritt zwei Schritte zurück.

JUNGER BRUDER
liest

Fahr hin, Welt – in deinem Palast dient man ohne Bezahlung, man liebkost, um zu töten, man erlöst, um zu stürzen, man ehrt, um zu schänden, man entlehnt, um nicht wiederzugeben, man straft ohne Verzeihen. In deinem Prunksaal ist eine Bühne aufgeschlagen, darauf spielst du vier oder fünf wüste Szenen, die sind langweilig zu schauen: da wird um Macht geschachert und um Gunst gebuhlt; da werden die Klugen gestürzt, die Unwürdigen werden hervorgezogen, der Verräter mit Gnade angesehen, die Redlichen werden in den Winkel gestellt –
König tritt abermals heran.

GROSSALMOSENIER
mit geschlossenen Augen
Wer bist du, der sich vordrängt ungerufen?

KÖNIG

Ich bins!

GROSSALMOSENIER
Ich höre: Ich. Ich höre das scheußliche Wort des Hochmuts!
Sehr stark
Lies laut weiter, Knabe.
Junger Bruder hebt das Buch, um zu lesen.

KÖNIG
schlägt ihm gebietend aufs Buch
Ich, der König, trete vor meinen alten Ratgeber und klage,

klage, klage die Not des Landes. Die Witwen und Waisen ringen die Hände, im Backofen ist das Feuer gelöscht, aber die Flecken und Städtlein brennen lichterloh; die Straßen kann niemand befahren vor Räubern und Mordbrennern, und die Friedhöf haben allbereits die Dörfer aufgefressen.
Großalmosenier fährt mit der Hand durch die Luft,
als scheuchte er eine Fliege.

Höflinge
murren, wenden sich als wollten sie gehen
Unerhört! Unwürdiges Schauspiel!

König
tritt auf sie zu
Bleibet, meine Getreuen! Gehet nicht von mir!

Ein Höfling
in Wut, aber mit gedämpfter Stimme
Man sollte ihn aus dem Sessel reißen und das Maul an die Erde drucken!

König
Ich will den Städten ihre Freiheiten nehmen! ich will die Juden aus meinem Schutz stoßen, und alles soll in eure Hände gegeben werden, wie es zu Zeiten Unserer Vorfahren war.
Höflinge beugen ihre Knie, küssen ihm Hände und Saum des
Gewandes.

König
lächelt
Ah, meine Getreuen! so ist doch die befruchtende Wärme noch nicht ganz von diesen Händen gewichen!

Grossalmosenier
Lies im Guevara. Ich bin müde, daß noch immer Tag ist.

JUNGER BRUDER
liest
– da wird der Aufrichtige in den Winkel gestellt und der Unschuldige verurteilt. Da ist für den Herrschsüchtigen Kredit und für den Redlichen ist kein Kredit. –

GROSSALMOSENIER
Schales Zeug! wie laues Wasser! Da ist – und da ist – und da ist!
Mit gewaltiger Stimme, indem er sich hebt und die Arme in die Luft wirft
Nichts ist! nichts ist! nichts ist als das unerbittliche Gericht und die Sonderung der Spreu von dem Weizen.
Stille, der Gesang hat aufgehört.
Großalmosenier sinkt von der Anstrengung erschöpft im Stuhl zusammen, mit geschlossenen Augen.

KÖNIG
zu den Höflingen
Tretet alle hinweg. Wendet euch ab. Es muß sein.
Geht hin, fällt vor dem Großalmosenier auf die Knie
Du mußt mich hören!

GROSSALMOSENIER
sieht ihn lange durchdringend an
Ich kenne den Herrn nicht!
Lacht lautlos.

KÖNIG
Kardinal Großalmosenier! Großkanzler der Krone! Großsiegelbewahrer des Reiches! das erhabene Königreich liegt vor dir.

GROSSALMOSENIER
lacht noch stärker, aber lautlos
Ah! sags noch einmal! Ah, was ist denn das: das erhabene Königreich?

König

Hast du Unser Siegel geführt? Hast du Unser Richtschwert geführt? Jetzt brauchen Wir dich!

Grossalmosenier

Schrei nicht eitel! Das Wort eitel hat zweierlei Sinn; einmal heißt es: prahlen vor sich selber, Zuschauer sein sich selber, geistige Buhlerei treiben mit sich selber, – zum zweiten heißt es: nichtig, für nichts, im Mutterleib verloren. – Eitel war dein Getanes, dein Gedachtes, dein Gezeugtes – von dir selber im Mutterleib vereitelt.

König
Vater straf mich, aber verlaß mich nicht!

Grossalmosenier

Vater? Das ist ein furchtbares Wort. Nimmst du wirklich das Wort in den Mund? Vergeht dir nicht die Zunge, indem sie den unausdenklichen Geschmack davon schmeckt?

König
sich halb aufrichtend, leise

Ich habe meinen einzigen Sohn von mir getan, – dahin wo ihn die Sonne nicht bescheint! – Diese Tat und alle Taten habe ich getan unter deiner Gewalt. Du hast mir gezeigt: eine heilige Ordnung, gesetzt von Gott. Die hießest du mich schützen, und in ihrem Dienst waren wir verbunden.

Grossalmosenier

Wo war deine Menschheit, die sich hätte verbinden können mit der meinigen? Denn ein Mensch fängt dort an, wo ein viehisch gelüstender Leib überwältigt ist und unter die Füße gebracht von Wesenheit. Das war nicht deine Sache. Dein Wollen sitzt unter dem Nabel und dein Unvermögen in der

Herzgrube; unter deinen Haaren war die Bosheit, und der stinkende Hochmut ist dir durch die Nase gegangen: so warst du ein Leib und hast gewuchert mit deinem Leib, und an deinem Leib wirst du gepackt werden. Du hast ins Fruchtfleisch gebissen, das duftend war und weich: jetzt aber beißest du in Holz: dazu ist die Stunde gekommen.

KÖNIG
stark, aber mit gedämpfter Stimme

Ist die böse Stunde gekommen? und ist es darum, daß du mich verlassen hast mit einer Umarmung und mich ausgeliefert hast mit einem Seitensprung, du Judas? So komme mein königliches Blut über dich, und alles Blut, das fließen wird und darin sie waten werden bis an ihre Knie!

GROSSALMOSENIER
lächelt

Es steht geschrieben: der verdorbene Mensch liebt nicht den, der ihn strafet!

KÖNIG
sieht ihn scharf an

Du Basilisk, daß ich aus dir herausreißen könnte die Wahrheit! denn immer hast du das Letzte vor mir verborgen, wie die boshafte Stiefmutter vor der armen Waise.

GROSSALMOSENIER
Die Wahrheit, die da ist hinter allem Scheine, wohnt bei Gott.

KÖNIG
So ist es Gott oder der Satan, der durch die Sterne redet? Antworte mir!

Großalmosenier sieht ihn an.

König
Oder lügen die Sterne?

Grossalmosenier
Wer sind wir, daß sie uns lügen sollten?

König
Aber es ist prophezeit: er wird seinen Fuß auf meinen Nacken setzen, bei hellichtem Tag und im Angesichte meines Volkes.

Grossalmosenier
Aber du wirst wackeln mit dem Steiß vor ihm, wie ein Hund vor seinem Herren, und wirst begehren das Schlachtermesser zu küssen mit dem er dich abtut!

König
Verhöhnst du mich? Glaubst du nicht an die Prophezeiung? Antworte mir! Wie können sie gesehen haben, was nicht ist? wo ist der Spiegel, der auffängt, was noch nirgend gewesen ist?

Grossalmosenier
Recht so! Halte dich an das, was deine Augen sehen, und ergetze dich mit Ehebrecherinnen und Jagdhunden! – Aber ich sage dir: es gibt ein Auge, vor dem ist heute wie gestern und morgen wie heute. Darum kann die Zukunft erforscht werden und es steht die Sibylle neben Salomo und der Sterndeuter neben dem Propheten.

König
vor sich

Ich war unfruchtbar, so viele Jungfrauen und Weiber ich erkannte, und es wurde gesagt: fruchtbar im Brachmond an der Königin, und meine Königin wurde guter Hoffnung im Brachmond. Es wurde gesagt: er kommt, wie einer, der die Türen

einrennt, denn er ist ein Gewalttäter von Anbeginn, und das
Kind wurde geboren und es zerriß der Mutter den Leib, widerstrebend der weisen Frau und dem Arzte. – Er wollte da sein,
nackt aus dem Nackten, blutig aus dem Blutigen, tödlich aus
dem Tödlichen, und wahrmachen die Prophezeiung vom ersten
Schrei an. –

GROSSALMOSENIER

Aber es ist dein Kind, gewonnen in heiliger Ehe!

KÖNIG

Fleisch von meinem Fleisch, du sagst es!

GROSSALMOSENIER

In der Ehe, vergleichbar dem Geheimnis der Kirche zu ihrem
Herrn und Meister.

KÖNIG

Und ich habe ihn nie gesehen und muß mich gegen ihn verbergen, mit Riegeln und Ketten und Spießen und Stangen!

GROSSALMOSENIER

mit einem undurchdringlichen Ausdruck

Es entflieht keiner der großen Zeremonie, der König aber und
der Vater ist in die Mitte gesetzt!

KÖNIG

fällt abermals vor ihm nieder

Gib Uns Unser Kind zurück! Wir schreien mit gewundenen
Händen: gib Uns Unser Kind zurück!

GROSSALMOSENIER

In Rom hab ich Theaterspielen sehen, in einem großen Saale,
aber schlecht. Was sie nicht anging agierten sie mit gespreizten
Leibern und schleppten gebauschtes Zeug hinter sich drein, wie
Schlangenschweife. Jetzt sehe ich einen großen Schauspieler.

KÖNIG
steht aufrecht, beugt sich zu dem Greis, drohend
Berate mich! Verwende dich bei Gott für mich! Gib mir das Kind wieder – oder nimm sein Blut auf dich. – Ich will Ruhe haben in meinem Gewissen – oder Ruhe in meinem Reich für den Rest meiner Tage. Eines von beiden! eines von beiden!

GROSSALMOSENIER
Wunderbar gefügt aus zweien Enden ist die Zange und sie arbeiten gegeneinander!

KÖNIG
leiser
Ich habe befohlen, den Mann herzubringen, der ihn bewacht. Ich will das Kind nicht so leben wissen. Aber meine Hände sollen rein bleiben von seinem Blut. – Ich kann nicht mehr! Tritt du für mich vor Gott! Ich trete hin und her wie ein gefangenes Tier! Ich winde mich!

GROSSALMOSENIER
über ihn hinweg
Auch die schlaffe Frucht unter der Zange gibt einen Tropfen Öl!

KÖNIG
Redet Gott mit zwei Zungen? Antworte mir! Lügt Gott? – Wenn ich das Geschöpf unschädlich gemacht habe in einem Turm mit Mauern, zehn Schuh dick, – und der Aufruhr soll zu keinem Haupte gelangen – zu welchem Ende ist dann der Aufruhr gekommen? Sind das Spiegelfechtereien? ist Gott wie der Herzog von Littauen, der sich aufs Blüffen legt und mit falschen Würfeln um Länder spielt? Schaff mir, daß Gott eine deutliche Sprache führt, und ich will handeln nach seinem Willen, als ein christlicher Souverän!

GROSSALMOSENIER

Gott! Gott! nimmst du das Wort in deinen nassen Mund? Ich werde dich lehren, was das ist: Gott! Du kommst zu mir um Hilfe und Erquickung – und findest, was dich nicht freut. Statt eines vertrauten Wesens, worein du wie in einen Spiegel dich hineintust, als in die Gesichter der vor dir wedelnden Menschen, findest du eine unberührte Miene, vor der dich graust. Ein Etwas spricht mit meinem Mund, aber wie aus dir selbst heraus, auf dich selber zielend; es nimmt dich nicht und es läßt dich nicht los; statt daß du von einem zum andern kommst, buhlend, kommt eines ums andere zu dir: nichts Neues, nichts Altes, abgelebt, doch nicht abgelebt, – öd, lahm, doch wirbelnd. In der Mitte aber mußt du stehen, wie an einen Pfahl gebunden. – Du willst aus deiner Haut, bietest und bietest, Mord sogar bietest du an, aber vergeblich. Ganz leise ist die Hölle in dich hineingewachsen, die da heißt: Verlassen von Gott. – Da ist nichts mehr als dein Leib, den kein Leben mehr lockt. Du kannst nichts mehr, ermachst nichts mehr, bedeckt mit schwächendem Schweiß, zergehend und zugleich Stein; in nackter Not – doch nicht frei. Aber da ist noch etwas: das geht auf vor dir, als wollte es dich verschlingen – du hängst ihm überm Rachen – es verschmäht dich und läßt dich liegen. Du schreist: es ist hinter deinem Schrei und zwingt dich und heißt dich deinen Schrei hören, deinen Leib spüren, deines Leibes Schwere wiegen, deines Leibes Gebärde wahrnehmen, wie Wälzen von Schlangen mit schlagendem End, dein Zergehen einatmen, deinen Gestank riechen: Ohr hinterm Ohr, Nase hinter der Nase. Es verzweifelt hinter deiner Verzweiflung, durchgraust dich hinter deinem Grausen, und entläßt dich nicht dir selber, denn es kennt dich und will dich strafen: Das ist Gott!

Er sinkt zusammen, mit geschlossenen Augen.

König
Deinen Rat will ich! deinen Rat!
Großalmosenier öffnet ein Auge, lacht lautlos.

König
Ihr, meine Vasallen! Hilft mir niemand gegen diesen Satan und Verräter!
Höflinge wenden sich, tun einen Schritt gegen den Großalmosenier. Großalmosenier richtet sich auf, starrt sie an.

König
Heran meine Getreuen, faßt ihn an! Mein Herr Minister ist Uns Rat schuldig und will Uns sein Schuldiges veruntreuen. Ihr habt gehört, daß er noch einen gewaltigen Atem hat. Traget ihn, wenn er nicht gehen kann, in Unsere Burg! er soll im Staatsrat präsidieren! Ich will aus ihm herausholen, was zu holen ist, denn es ist Not an Mann und Wir sind der anschlägigen Köpfe bedürftig! Auf und fasset!
Höflinge mit einem Sprung heran. Mönche heben abwehrend die Hände. Großalmosenier liegt wie ein Toter.

Gesang
Ecce ego suscitabo super Babylonem quasi ventum pestilentem.

Einer der Höflinge
dem Großalmosenier am nächsten
Es wäre mir eine auserlesene Lust, ihn mit dem Messer in der Seite zu kitzeln bis er Eurer Majestät willfährig wäre, aber ich sehe, es ist eine halbe Leiche, und da geht mich ein Grausen an.

König
kehrt sich weg
Hebet ihn weg.

*Mönche nehmen den Großalmosenier auf und tragen ihn ins
Haus. Es pocht draußen.*
*Pförtner schließt auf, läßt den Woiwoden von Lublin eintreten
und Julian, hinter ihnen Anton.*

JUNGER KÄMMERER
tritt auf den König zu, beugt sein Knie und meldet
Der Woiwod von Lublin.

WOIWOD
tritt vor den König, beugt sein Knie
Vergebe Deine Hoheit die Verspätung. Die Straßen sind verlegt von Rebellen. Zamosk brennt. Sie haben mir ein Drittel meiner Leute vom Pferd gerissen. Wir haben uns durch die Wälder ziehen müssen. Hier bringe ich den Edelmann, der den einsamen Turm befehligt.
Julian tritt vor, kniet vor dem König hin.

KÖNIG
Dieser? sein Wächter?
Er tritt argwöhnisch zurück.
Julian bleibt knien.

KÖNIG
Wir erinnern uns gnädig früherer Begegnung.
Reicht die Hand zum Kuß, winkt aufzustehen
Wir sind gewärtig, dich klagen zu hören. Es ist ein tobender Simson, den wir dich bewachen hießen! Wir werden zu belohnen wissen. – Aber wir fürchten, in deinem Aug das Spiegelbild eines unnatürlich wütenden Dämons zu gewahren.

JULIAN
aufstehend, aber mit gebogenem Knie
Es ist ein sanfter, schöner, wohlgeschaffener Jüngling.

KÖNIG
Voll Haß im Innern? wie ein Schwamm vollgesogen mit Gift?

JULIAN
Arglos. Ein weißes unbeschriebenes Blatt.

KÖNIG
Menschlich? ein Mensch? Ah!

JULIAN
Oh! gefiele es dem undurchdringlichen Ratschluß –
König runzelt die Stirn, tritt zurück.

JULIAN
– den Jüngling einer Prüfung zu unterziehen –
König tritt noch einen Schritt zurück.

JULIAN
Man ließe ihn, bestünde er sie nicht, in ewiger Kerkernacht wiederum verschwinden. Für den Unglücklichen wäre es wie ein kurzer Traum mitten im dumpfen Schlaf.

KÖNIG
Der Traum einer Nacht? Kühn – und zu kühn!

JULIAN
schnell
Nicht zu kühn – durch Handeln wird uns die Welt zur Welt. Er hat nie gehandelt: er kennt nur Schatten und Bilder, nur Träume!

KÖNIG
Zu kühn! Wer könnte sich verbürgen –

JULIAN

Ich! Euer Majestät für alles! mit diesem Kopf!

KÖNIG

lächelt

Ein offenherziger, mannhafter Edelmann! und ein Berater!
solch ein Berater! – es ist vielleicht der Ariadnefaden in der
Dunkelheit des Labyrinths, den deine Hand Uns reicht – noch
wissen Wir nicht, ob ihn zu ergreifen die Umstände Uns gestatten werden. Wir werden Uns bedenken. Du gibst Uns die
Regsamkeit der Gedanken wieder. Ein großes Geschenk! –
Er winkt ihn ganz nahe zu sich
– Wie viele Jahre waltest du des schweren Amtes?

JULIAN

Zweiundzwanzig Jahre weniger einen Monat. Sein Alter.

KÖNIG

Beispiellos! lernet, meine Großen, lernet was Hingabe ist. Dieser gute Edelmann dient Uns seit zweiundzwanzig Jahren fern
Unseren Augen an einem abgelegenen und wüsten Ort mit
jedem Tropfen seines Blutes. Es rührt mich.
Er wischt sich die Augen mit einem Tüchlein
Mein Herz ist schlicht und jedem Guten offen, wie eines Kindes. – Zweiundzwanzig Jahre. Wir waren vierunddreißig und
Unsere Königin eine Fürstin von zwanzig Jahren, schöner und
erhabener als Worte es malen können. Zweiundzwanzig Jahre!

JULIAN

*beugt sich über die dargereichte Hand, er hat gleichfalls die
Tränen in den Augen*
Sie sind in diesem Augenblick ausgelöscht.
Anton nähert sich von hinten, unmerklich, spitzt seine Ohren.

KÖNIG
Das Wiedersehen hat Uns sehr bewegt. Es sind deine Arme, die
Unseren Verwandten betreuen.

Er zieht ihn an sich, mit der Gebärde einer Umarmung
Wie würden Wir es ertragen, ihn selbst –

Sein Gesicht verändert sich, aber nur für einen Moment
Wir wollen an ein teures Grab hier nahebei.

Zu Julian

Unsere hochselige Königin liegt hier. – Der Pförtner soll Uns
begleiten, niemand sonst. Nach einem inbrünstigen Gebet treten Wir wieder unter euch.

Höflinge verneigen sich.

KÖNIG
schon im Gehen, tritt noch einmal auf Julian zu
Die Nähe eines treuen Mannes, welch ein Schatz! Berater!
Tröster! Du hast mir das Leben wiedergegeben.

Winkt Julian vertraulich zu

Er folgt Uns an Hof. Wir haben viel mit Ihm vertraulich zu
beraten.

*Julian neigt sich tief. König winkt dem Pförtner und verschwin-
det hinten zur Linken. Höflinge treten zu Julian heran. Anton
trachtet unauffällig seinem Herrn immer näher zu kommen.*

EINER DER HÖFLINGE
unter einer leichten Verneigung
Wir sind nahe Verwandtschaft. Euer Gnaden Großmutter war
meines Herrn Großvaters Schwester. Ich wollte nicht hoffen,
daß Euer Gnaden dessen wäre uneingedenk worden in den
Jahren, da man Sie nicht bei Hofe gesehen hat.

Anton spitzt die Ohren.

JULIAN
neigt sich leicht
Wie wäre ich so großer Verwandtschaft uneingedenk worden?

Ich hatte alle Zeit Muße, über meinen Stammbaum Betrachtungen anzustellen.
Anton lächelt.

EIN ZWEITER
ebenso
Trete der Herr mit mir in mein Haus, in welchem Er über alle zu gebieten!

ZWEI ANDERE
ebenso
Gebe der Herr uns Seine Protektion. Wir ersterben des Herrn bereitwilligste und verpflichtetste Diener!

JUNGER KÄMMERER
an Julian herantretend, mit einer tiefen Verneigung
Bacio le ginocchia di Vostra Eccellenza!
König kommt zurück, steht rückwärts. Höflinge rangieren sich; bitten mit Gebärden Julian, einen vorzüglichen Platz in ihrer Mitte zu nehmen. Julian, indem er unter sie tritt, wirft über die Schulter einen Blick auf Anton. Anton bekreuzigt sich, wie zu Tode erschrocken.
Alle gehen.

Zweiter Auftritt

Im Turm. Fünfeckiges Gemach mit engem vergitterten Fenster. Hinten in einer Ecke eine kleine eiserne Tür. An der Wand ein großes Kruzifix. Eine hölzerne Bank, ein Eimer, ein Waschbecken.

Im Hintergrund auf halbverbranntem Stroh sitzt Sigismund. Er trägt einen reinlichen Anzug aus Zwilch und hat nackte Füße, aber ohne Ketten. Man hört von draußen aufsperren.

ANTON
tritt herein
Aufgeschaut, Sigismund, der Toni ist zurück. Ja, wo war denn der Toni? das möchtest gern wissen. Ist keine Zeit zum Erzählen. Gründlich gemacht wird.
Er nimmt einen Besen, der nächst der Tür lehnt, sprengt aus dem Eimer Wasser auf den Boden und fängt an auszukehren.
Sigismund sieht auf ihn, schweigt.

ANTON
im Kehren
Kriegst einen Besuch oder gar ihrer mehr.
Er schnuppert in die Luft
Was ist das? hast gezündelt im Stroh? Bist leicht zwei Jahr alt, oder zweimal zehn und zwei dazu? Versteckst deine Händ? Da schau! Brandstifter! Sollen wir dir die Händ in eine hölzerne Geigen sperren? Mächtig viel Stroh verbrannt, Reiser, alles! – Gnad dir Gott, wenns ein Wächter bemerkt hätt. – Was hast getrieben und zu welchem End?
Sigismund antwortet nicht.

ANTON
sanfter
War dir, du wärst ein Köhler? Köhlers Kunst ist Feuer niederhalten, nicht anfachen! Gib Antwort!
Sigismund schüttelt den Kopf.

ANTON
hat wieder zu kehren angefangen
Hast gemeint, du wärst ein Schmied? Blasbalg treten, Eisen schlagen? willst so hoch hinaus?
Sigismund schüttelt wieder den Kopf.

ANTON
hält inne mit dem Kehren
Bald dus nicht sagst, wird der Toni schiech. Freut dich das Böse? Bist ein Teufel? Ein Sotek bist! Ein Spirifankerl. Fledermauskrallen werden dir wachsen!
Sigismund hebt stumm flehend die Hände.

ANTON
Also sags. Du sollst reden mit mir. Reden ist Menschheit. Wenn die Viehheit reden könnt, wären Wolf und Bär die Herren, täten kommandieren auf der Welt. An der Red erkennt man den Mann. – Hast wollen schlafen gehen, Licht auslöschen? – du hast vergessen wie man tut, hast den Kien ins Stroh gesteckt, hast gemeint, so löscht man ihn aus? Darauf hast dir einen Schippel Haar ausgerissen, haben gebrannt lichterloh und gestunken wie dem Teufel sein Huf? Ja?

SIGISMUND
Groß war mein Feuer!

ANTON
O du gspaßiger Vogel! wie deine Haar verbrannt waren, hast das Gewand ausgezogen, dem Lohfeuer nachgeschmissen, hast geschrien: Feuer, zieh die Hosen an, damit dich niemand glanzen sieht!

SIGISMUND
schnell
Mein Vater war im Feuer.

ANTON
Wie hat er denn ausgschaut? Ein Feuergesicht, ein rauchiger Mantel, ein blaulodernder Bauch und glühende Schuh?

SIGISMUND
sieht weg
Mein Vater hat kein Gesicht!

ANTON

Feuernärrischer Lapp, einen Tunker hast gmacht am Stroh, und die Glut hat dir die Haar versengt: geträumt hat dir das Übrige.

SIGISMUND

Mir hat nicht geträumt! Das Feuer war da und ich war da, so hab ich das Feuer gesehen und das Feuer hat mich gesehen!

ANTON

Du Fledermaus!
Sprengt geweihtes Wasser über ihn aus einem kleinen bleiernen Becken, das unterm Kruzifix an der Mauer hängt
Aufräumen jetzt! Bist ein Mensch? der grauste sich, wenn ein Zimmer ausschaut wie dem Teufel seine Bettstatt.

SIGISMUND
angstvoll
Anton, was ist denn das: ein Mensch – wie ich ein Mensch bin?

ANTON
gießt ihm Wasser ins Becken
Da, wasch dir dein Gesicht, so kommst auf andere Gedanken.
Man hört die Tür von außen aufsperren.
Da hast ein Tüchel.
Wirft ihm ein bunt baumwollenes Tuch zu, Sigismund wischt sich ab.
Und jetzt! da schau hin! heimgsucht wirst! das ist jetzt ein fideles Gefängnis. Geht bald zu wie in einem Taubenschlag.
Von außen ist die eiserne Tür geöffnet worden. Eine Bauernfrau, Sigismunds Ziehmutter, ist eingetreten, bleibt unweit der Tür stehen. Sigismund kehrt sein Gesicht gegen die Wand.

BÄUERIN

tritt näher, zu Anton

Ist derselbige krank? weiß er nichts von sich?
Sigismund verbirgt Kopf und Hände im Stroh.

BÄUERIN

Sieben Jahr hab ich ihn nicht gesehen. Ists wahr, daß ihm Krallen gewachsen sind? glühende Augen, wie bei einem bösen Nachtvogel?

ANTON

Gelogen! zeig deine Händ, Sigismund. – Dort ist er, schau Sie!

SIGISMUND

faßt sich

Mutter, bist du zu mir gekommen?

BÄUERIN

tritt zu ihm

Dein Haar ist wirr. Wo hast du deinen Kamm? Gib ihn mir, daß ich dich kämme.
Anton reicht ihr aus einer Wandnische einen bleiernen Kamm.

BÄUERIN

kämmt Sigismund das Haar

Ebenbild Gottes, halt auf dich. Weißt nicht mehr, wie die Bäuerinnen durch den Zaun gespäht, wegen deiner weißen Wangen, rabenschwarzen Haare? Milch und Honig vor die Tür gestellt, ich dich hab verstecken müssen, Fensterladen zurammeln! Streng war das Verbot!

SIGISMUND

Wo ist der Mann?

BÄUERIN
Der Ziehvater ist tot seit vier Jahren. Bet mit mir für seine Seele: Gegrüßt seist du Maria, voll der Gnaden. – Hast mich verstanden. Bet mit mir. Siehst ihn nie wieder.

SIGISMUND
Ich seh ihn recht oft. Erst vorige Nacht. Er liegt hinterm Ofen in einer ganz finsteren Kammer. Ist das die Hölle wo sie liegen, auf feurigen Betten, ihnen mit Angelhaken die Zunge aus dem Mund gerissen wird? – oder sind wir schon hier in der Hölle?

BÄUERIN
greift nach ihrem Rosenkranz
Bet mit. Bet um Erleuchtung.

SIGISMUND
Ich möchte wohl, aber es läßt mich nicht. – Ich brings nicht auseinander, mich und das andere. Es wächst mit mir zusammen. Unken und Asseln, Mauern und Türm. Es ist alles bald groß bald klein, daß mir schwindelt. Ein Strohhalm wie ein Balken legt sich auf meine Seel, zerquetscht sie. Einen Turm, einen Berg blas ich vor mir hin wie Staub, so – ist meine Seele so stark?

BÄUERIN
Deine Seele ist ein Web aus reinem unverlöschlichem Licht, so wie das Linnen, das gebunden war an seinen vier Zipfeln, darin das Gewürm war und die Tiere der Erde. Bind es auf, fällt das Getier heraus, das weiße Tuch aber bleibt rein und fährt leuchtend wieder hinauf zum Himmel, von da es heruntergehalten worden ist.

SIGISMUND
Wo ist aber meine Seele?

BÄUERIN
Wie denn, wie fragst du da?

SIGISMUND

Ich frag recht. – Weißt du noch das Schwein, das der Vater geschlachtet hat, und es schrie so stark und ich schrie mit – und wie ich dann kein Fleisch hab anrühren können, und hättet ihr mir mit Gewalt die Zähn aufgebrochen, auch nicht. Dann ist es an einem Kreuzholz gehangen, im Flur an meiner Kammertür; das Innere so finster, ich verlor mich darin. – War das die Seele, die aus ihm geflohen war in dem letzten schrecklichen Schrei? und ist meine Seele dafür hinein in das tote Tier?

BÄUERIN

Du sprichst nicht recht. Bet mit mir: Vater unser, der du bist in dem Himmel –

SIGISMUND

Mutter, nimm mich zu dir! dein Gesicht ist wie ein Apfel und auch wieder erdig, deine Augen wasserhell wie Ewiges. Nimm mich zu dir hinüber: denn wo bist du und wo bin ich?

BÄUERIN

Wir sind vereinigt an einem leiblichen Ort, und wenn du mit mir betest, dann sind wir auch geistlich an einem Ort.

SIGISMUND

Du bist nicht meine Mutter dem Fleisch nach, so hörst du nicht meine Stimme, die zu dir ruft!

BÄUERIN

Ich höre deine Stimme.

SIGISMUND

Nicht die wahre, die wird nicht gehört mit diesen Ohren, sondern die wird gehört von der Mutter zum Kind mit Ohren, die unter dem Herzen sind. Wo ist meine Mutter dem Fleische nach? warum hilft sie mir nicht? wo ist mein leiblicher Vater, daß er mich im Stich läßt! da er mich doch gemacht hat! Ich recke die Hände und schreie nach ihm: Vater!

BÄUERIN
zeigt aufs Kruzifix
Da ist dein Vater und dein Erlöser! Sieh hin auf den! – drück dir sein Bild ins Herz, das Herz ist weich, das Bild ist hart, drücks ein, wie einen Stempel und Prägestock!

SIGISMUND
sieht lange hin, ahmt die Stellung nach, mit ausgebreiteten Armen; dann läßt er die Arme sinken
Ich brings nicht auseinander, mich mit dem und aber mich mit dem Tier, das aufgehangen war an einem queren Holz und ausgenommen und innen voller blutiger Finsternis. Mutter, wo ist mein End und wo ist dem Tier sein End?

BÄUERIN
Hab dein Leiden lieb! reiß' heraus aus dir und opfers Ihm auf unter seine blutigen Füß!

SIGISMUND
Ich kann mein Leiden nicht ausreißen aus mir! ist alles eins mit mir! bleibt dann nichts drin!

BÄUERIN
Du mußt können! Schau an seine brechenden liebevollen Augen –

SIGISMUND
schließt die Augen
Kanns nicht sehen. In mir ist rotes Feuer und Finsternis. Er soll mir helfen!

BÄUERIN

Auf die Augen! Schau hin! verlassen vom Vater im Himmel! Mit Dornen gekrönt, mit Ruten geschlagen, ins Gesicht gespien die Kriegsleut! erschau das!

SIGISMUND

Umgekehrt! hat frei herumgehen dürfen! auf einem Schiff fahren! Hochzeit mitessen! Burg einreiten aufm Palmesel und alle gejubelt um ihn!

BÄUERIN

Schau hin, Bock du, widerspenstiger! Dahin hat ihn 's Schiff gefahren! dahin hat ihn die Eselin getragen! Nägel durch die Händ! die Knöchel durchschlagen! den Leib angestochen! Auf die Augen! Fest die Augen auf ihn! an ihn denken bei Tag und Nacht oder du gehst verloren!

Sigismund verhält sich die Augen mit der Hand.
Bäuerin tritt hart an ihn.

SIGISMUND
schreit auf
Mutter, erzürne mich nicht! Ah!
Bäuerin tritt zurück.

SIGISMUND

Keinen Leib an meinen Leib! Messer und Ketten, Prügel und Stein, aber keinen Leib.

BÄUERIN
faltet ihre Hände, betet
Ihr heiligen vierzehn Nothelfer, ihr starken Kämpfer und Diener Gottes, wunderbar in der Kraft, fest in der Beständigkeit des Glaubens, stehend vor Gottes Thron, verherrlicht und gekrönt mit goldenen Kronen, fahret herbei, diesem zu Hilfe, tuet ab von ihm gefletschte Zähne, geballte Fäuste, lieber lasset

die Hände abfallen, die Füße lahmen, die Augen erblinden, die Ohren ertauben und bewahret seine Seele vor der Gewalttat und dem Übel. Amen.

SIGISMUND
still wie zuvor
Mutter, du bist nicht meine Mutter, aber ich war dir anvertraut und du hast mir Essen gegeben anstatt meiner Mutter – du wendest dich und gehst von mir fort? Weißt du denn, was geschehen wird mit mir?

Hinten ist die Tür abermals aufgesperrt worden und Julian ist eingetreten. An der Tür wird eine andere Person sichtbar, die wartet. Bäuerin neigt sich, küßt Julian den Rock. Julian bleibt stehen.

SIGISMUND
flüchtet auf sein Strohlager
Anton! schau hin! da ist mein Mörder über die Schwelle getreten!

JULIAN
In der Art ist er gesänftiget? Hat das Weib nichts Besseres vermocht? und du –

ANTON
halblaut zu Sigismund
Meinen Herrn darfst nicht schelten! Das wär halt keine Manier. So was darf man sich nicht einmal im Stillen denken, geschweig denn herausschreien.

JULIAN
tritt näher
Sigismund, ich bin zu dir gekommen.
Winkt, Anton gibt ihm einen niedrigen Holzstuhl ohne Lehne, auf den er sich setzt

Ich komme, um dir Freude zu bringen, Sigismund. Achte gut auf das, was mein Mund jetzt spricht: du hast eine schwere, lange Prüfung überstanden. Fassest du meine Rede?
Sigismund zittert, sagt nichts.

JULIAN
Du hast viel ausgestanden. Dein Leben war hart und einsam. Zuzeiten hat Angst und Kummer dein Gemüt verstört. Aber die Prüfung, habe ich mir sagen lassen, hat dich nicht töricht gemacht, sondern weise.
Sigismund verbirgt seine Hände unter den Zwilchärmeln.

JULIAN
Achtest du auf mich?

SIGISMUND
Du bist oberste Gewalt über mir, vor dir zittere ich. Ich weiß, daß ich dir nicht entrinnen kann.
Er verbirgt unwillkürlich seine Hände
Ich sehe auf deine Hände und deinen Mund, damit ich wohl verstehe, was du willst.

JULIAN
Gewalt ist von oben verliehen. Von einem Höheren als ich bin, merke wohl. Ich war aber dein Retter. Heimlich goß ich Öl deiner Lebenslampe zu; durch mich allein ist noch Licht in dir. Das merke dir. Dünke ich dir so fremd, Sigismund? Hab ich dich nicht einen Winter lang neben mir an einem hölzernen Tische sitzen lassen und vor dir das große Buch aufgeschlagen und darin dir Bild für Bild die Dinge der Welt gewiesen, und sie dir mit Namen genannt und dich dadurch ausgesondert unter deinesgleichen?
Sigismund schweigt.

JULIAN
Hab ich dir nicht erzählt, von Moses mit den Tafeln und Noah mit der Arche und Gideon mit dem Schwert und David mit der Harfe, von Rom, der großen, mächtigen Stadt und ihren Kaisern, und daß von ihnen unsere erlauchten Könige abstammen? Hab ich dir nicht Begriff gegeben, von Herr und Knecht, von Fern und Nah, von Himmlisch und Irdisch? Antworte mir!
Sigismund starrt zu Boden.

JULIAN
Hab ich dich nicht erzogen, will sagen: gezogen nach oben, heraus gezogen aus der Tiernatur, die auf die Erde starrt, weil sie gebacken ist aus Leim und Asche und dein Angesicht nach oben gerissen zum Gewölb des Himmels, dahinter Gott wohnt? – Blick auf, gib Antwort auf der Stelle! Oder leugne, wenn du kannst!
Sigismund nickt.

JULIAN
Ungeheure Wohltat hab ich dir demnach erwiesen. Hineingetreten bin ich in deine Finsternis, wie der Mond, die silberne, gekrümmte Lampe, zu der die Heiden beten. Anbeten solltest du mich dafür nach Recht, niederfallen vor mir und den Zipfel meines Rockes fassen!

SIGISMUND
Ungleich dem Tier hab ich Begriff von meiner Unkenntnis. Ich kenne, was ich nicht sehe, weiß, was fern von mir ist. Dadurch leide ich Qual wie kein Geschöpf.

JULIAN
Wunderbarer Vorzug! Danke mir! Preise mich noch mit dem letzten Atemzug! Zum Betrachter der Gestirne hab ich dich

gemacht, zum Genossen der Engel! Einen gewaltigen Magier habe ich aus dir gemacht, gleich Adam und Moses! denn ich habe das Wunder der Sprache in deinen Mund gelegt.
Sigismund birgt sich leise stöhnend im Stroh.

JULIAN
Ha! so liebe ich dich, Sigismund: denn dadurch wird der Mund des Menschen gewaltig, daß er in die Buchstaben seinen Geist eingießt, rufend und befehlend! – Warum stöhnst du?

SIGISMUND
Ein furchtbares Wort aber ist: das wiegt alle anderen auf!

JULIAN
Was ist das für ein Wort? wie heißt das Wort? Ich bin begierig, was das für ein Zauberwort ist!

SIGISMUND
Sigismund!
Er fährt sich mit den Fingern über die Wangen und den Leib hinab
Wer ist das: ich? Wo hats ein End? Wer hat mich zuerst so gerufen? Vater? Mutter? Zeig mir sie!

JULIAN
Deine Eltern haben dich von sich getan. Du warst schuldig vor ihnen.

SIGISMUND
Grausig ist das Tier. Es frißt die eigenen Jungen, noch feucht aus dem Mutterleib. Meine Augen habens gesehen. Und doch ist es unschuldig.

JULIAN
Forsche nicht, bis der Vorhang zerreißt. Steh auf dir selber!

allein! So hab ich dich ausgestattet! Kriechende und reißende
Getiere, an denen dein kindischer Sinn hängt, sind aus der
Erde gewirkt, Bäume und Fische aus Wasser, Vögel aus Luft,
Sterne aus Feuer, du aus noch reinerem Feuer. Lichtgeist, vor
dem Engel knien! Feuersohn, oberster! Erstgeborener!

SIGISMUND

Warum redest du so groß zu mir? was schwingst du in der
Hand, das funkelt und glüht?

JULIAN

Wonach Hirsch und Adler und Schlange lechzen: daß sie durch
Pflanzen und Steine, durch Tränke und Bäder ihr Leben erneuern: denn zweimal geboren wird der Auserwählte. Feuerluft schwinge ich in der Hand, Elixier des neuen Lebens, balsamische Freiheit!

Sigismund schaudert vor dem Fläschchen in Julians Hand zurück.

JULIAN

leise zu Anton

Sprich ihm zu! Sag ihm von einer Reise!

ANTON

Hurra! Sigismund! wir machen eine Reis! groß ist die Welt!
schön ist die Welt! auf ausm Stroh!

SIGISMUND

Weh! muß ich für immer ganz ins Dunkle zurück!

JULIAN

Ans Licht! So nah ans Licht, daß nur ein junger Adler nicht
blind wird. – Trink dies.

SIGISMUND

Du hast mich gelehrt, daß sie Gefangene in einem Trunk vergeben. Sag mir zuvor, wer ich bin, und ich folge dir wie ein Lamm.

Julian ist zur Tür getreten und hat gewinkt. Ein vermummter Diener, der einen Becher trägt, ist eingetreten. Julian nimmt den Becher, gießt aus dem Fläschchen ein, birgt das Fläschchen wieder in seiner Gürteltasche. Der Diener verschwindet.

JULIAN

hält Sigismund den Trank hin

Du bist du. Dir fehlt die schimmernde Ahnung, was das heißt: Leben. Höre: durch Taten ist die Welt bedingt. Hast du Begriff, was Taten sind? Trink und sieh zu.

SIGISMUND

fällt nieder

Sag mir, wer ich bin?

ANTON

Sie werdens dir schon sagen, bald du wo eingetroffen bist! Nur nicht im voraus viel fragen, das macht die Leut aufsässig! Bürst ihn weg, den Trank!

SIGISMUND

weicht zurück

Ich hab Angst! Ich kenne es seinen Blicken an, daß ich sterben muß, Anton!

JULIAN

Genug geredet. Es ist Zeit, daß wir unsere Reise antreten.

SIGISMUND

Hilf mir, Anton!

ANTON
kniet neben Sigismund nieder

Nur leben lassen, Euer Gnaden! nur nicht umbringen! ist so ein junges Blut! Man kann ihm einen Maulkorb vors Gesicht hängen, daß er mit niemandem mehr reden kann, nur am Leben lassen, Euer Gnaden!

JULIAN

Sollen dich die Knechte mit Fäusten packen, dich zwingen zu deinem Heil?

SIGISMUND

Kommst du mir so?
Er steht auf, und verharrt einen Augenblick in tiefem Sinnen, dann –
Ich trinke.
Nimmt den Becher und trinkt aus, indem er Julian dabei unausgesetzt ansieht; dann gibt er ihm den Becher zurück
Und ich zieh dich nach, vor Gottes Gericht.
  Er sieht Julian unverwandt an, sein Gesicht verändert sich
Ah! du! ich zieh dich nach!
Nach diesem Aufschrei taumelt er und schließt die Augen. Er geht ein paar Schritte nach hinten und setzt sich auf den Boden.

JULIAN
indem er auf Sigismund hinsieht

Zieh mich nach auf den Thron!
Anton schneuzt sich. Julian winkt ihn heran, gibt ihm den Becher. Sigismund sitzt auf dem Boden, sein Kopf sinkt gegen die Mauer.

ANTON
läßt den Becher fallen, will hin

Ich muß ihm den Kopf halten! er soll nicht sterbender am harten Stein lehnen.

JULIAN
hält ihn

Schweig, Narr! wer redet vom Sterben! der fängt jetzt erst zu leben an.

ANTON

Schaun doch Euer Gnaden, wie sanft er ausschaut!
Kniet bei Sigismund, streichelt ihm die Füße
Sieht denn Euer Gnaden nicht, er hat einen Heiligenschein überm Gesicht! o du heiliger verklärter Marterer du!

JULIAN

Nichts sehe ich, als die angekündigte Wirkung des Elixiers. Der Trank ist das Honorar wert.
Sigismund schlägt die Augen auf.

ANTON
bei ihm knieend

Da schaust her! jetzt hat sich der Heiligenschein in ihn hineingezogen, wie die Fetten in einen Krapfen! – Das muß ein Gutes sein, der Elixier. Ich möcht wohl das Becherl ausschlecken.

JULIAN
setzt den Fuß darauf

Untersteh dich!

SIGISMUND
richtet sich auf, geht gegen vorne

Welche Versammlung von Gedanken in mir. Mächtig stehen sie in meiner Brust, wie gekrönte Könige.

ANTON

Jetzt hat der so martialische Gedanken!

Sigismund
mit einem lächelnden Ausdruck

Es glaubt der Mensch, er tue übel an seinesgleichen oder gut: aber wer berührt das Innere? Das ist unberührbar. – Ich habe geklagt, daß mein Vater verborgen sei.

Er lacht leise

Mein Vater ist ja bei mir. Der Mensch erkennt schwer, was ihm nahe ist: er sieht die Mauern, aber er sieht nicht, wer mit im Zimmer ist. Hier innen

Er kreuzt die Arme über der Brust

sind die vier Enden der Welt; schneller als der Adler flieg ich von einem zum andern, und doch bin ich aus einem Stück und dicht wie Ebenholz: das ist das Geheimnis.

Anton
Jetzt redt der Bub so schön, wie ausm Büchl!

Julian
Schweig und ruf die Knechte!

Anton
geht gegen die Eisentür, die angelehnt ist

Sind schon da!

Sigismund nähert sich den beiden freundlich, aber nicht als ob er sie erkennte. Zwei vermummte Knechte sind leise eingetreten, halten sich nahe der Türe.

Sigismund
zu Julian und Anton, aber wie zu Fremden

Fürchtet euch nicht in unserer Versammlung, ihr Nichtgestorbenen! und sehet ihr auch Engel, die hinter mir stehen? Engel und Teufel sind eins: sie haben den gleichen heimlichen Gedanken.

Er tritt noch einen Schritt vor

Seht ihr auf meinen Mund, daß ich ihn euch sage? Eines Menschen Mund ist wie eine Blume, aber unverwelklich! Aus ihm steigt die Lobpreisung. Der Mensch ist eine einzige Herrlichkeit, und er hat nicht zuviel Leiden und Schmerzen, sondern ihrer zu wenig. Das sage ich euch!
Mit veränderter Stimme
Es hebt mich auf. Ganz weg ist alle Furcht. Nur die Füße werden auf einmal so kalt. Wärm sie mir, Anton.

ANTON
bei ihm
Erkennst mich denn?

SIGISMUND
Heb sie mir in den feurigen Ofen, darin wandeln singend die Jünglinge, meine Brüder: Herr Gott, dich loben wir! Von Angesicht zu Angesicht! Auserlesen!
Er wirft die Hände nach oben
Vater – in deine Hände –
Fällt zusammen.
Die zwei vermummten Knechte treten vor.

JULIAN
Das fürstliche Gewand bereitgelegt? die Schuh, der Gürtel, alles? Ihn einkleiden, ehrerbietig!
Die Knechte nehmen Sigismund auf.

JULIAN
hat seinen Mantel über ihn gebreitet, dann zu Anton
Den Reisewagen anschirren lassen! Die Eskorte soll bereit sein zum Aufsitzen. Die Wache ins Gewehr treten. Wink draußen aus dem Fenster.
Anton zieht sein Tüchel heraus, läuft hinaus. Die Knechte tragen Sigismund hinaus. Julian folgt. Trompetensignal draußen.

DER DRITTE AUFZUG

Das Sterbegemach der Königin, in der Königsburg. Im Hintergrund ein hohes Fenster. In der rechten Wand ein Alkoven mit dem Bett, durch einen Vorhang verschließbar. Links vorne ein Oratorium, von welchem man in die Kirche hinabsieht. In der Mitte der linken Wand der Eingangstür gegenüber ein Kamin. Aus dem Oratorium führt eine geheime Tür in einen schmalen Gang, von dem der Anfang noch in der linken Kulisse sichtbar ist. Hier kann man sich aufhalten und durch ein Fenster des Oratoriums unbemerkt in das Hauptgemach sehen. Das Gemach ist karmesinrot ausgeschlagen, desgleichen der Alkoven und das Oratorium. Die Fensterladen sind zu. Im Alkoven brennt ein ewiges Licht.

Der Kastellan sperrt von draußen auf und tritt mit zwei Dienern ein, indem sie nur einen Flügel der Haupttür öffnen. Die Diener öffnen die Holzladen an dem hohen Fenster im Hintergrund: draußen ist heller Tag.

KASTELLAN
mit dem großen Schlüsselbund klirrend
Das Sterbegemach der hochseligen Königin! Unbetreten durch diesen Haupteingang seit einundzwanzig Jahren. Die ehrwürdigen Schwestern von der Heimsuchung, deren zwei hier von Mitternacht bis Morgengrauen im Gebete verharren, betreten es durch diese kleine Tür, welche durch eine Wendeltreppe, die im Pfeiler verborgen ist, zur Sakristei hinabführt.
Man hört von unten die Orgel und den Gesang der Nonnen. Der Kastellan tritt an den Alkoven, besprengt das Bett mit Weihwasser aus einem silbernen Becken am Eingang des Alkovens, schließt dann ehrerbietig den Vorhang. Man hört draußen die Annäherung von Menschen. Dann das dreimalige Stoßen einer

Hellebarde auf den Steinboden. Auf einen Wink des Kastellans eilen die Diener hin und öffnen die Flügeltür sperrangelweit. Der Hof tritt ein; Trabanten, Stabträger, Pagen mit Wachslichtern. Dann der Träger des Reichsbanners mit dem Silbernen Adler, sodann ein Page, der auf karmesinrotem Kissen des Königs Gebetbuch und Handschuhe trägt. Der König, den krummen Säbel umgehängt, seinen polnischen Hut in der Hand. Dicht hinter ihm sein Beichtiger. Hofherren paarweise, zuvorderst Julian allein; hinter den Hofherren vier Kämmerer. Zuletzt der Arzt, mit ihm sein Gehilfe – ein junger Mensch mit einer Brille –, hinter diesem Anton, der ein verdecktes silbernes Becken trägt. – Der König bleibt in der Mitte des Gemaches stehen, hält seinen Hut hin. Ein Page springt vor, nimmt den Hut mit gebogenem Knie. Der König nimmt seine Handschuhe von dem knieend dargereichten Kissen, zieht den linken an, steckt den rechten in den Gürtel. Die Trabanten und die Stabträger sind rund ums Gemach und wieder zur Flügeltür hinausgegangen, ebenso der Kastellan und die Diener. Die Flügeltür wird geschlossen. Zwei Stabträger nehmen an der Tür innen Stellung. Die Herren stellen sich links, Julian am äußersten rechten Flügel, vor dem Oratorium auf. Der Arzt und der Gehilfe stehen nächst der Tür. Der König tritt auf den Alkoven zu. Ein Kämmerer eilt hin, zieht den Vorhang auf. Ein anderer Kämmerer reicht dem König den Weihwasserwedel. Der König besprengt das Bett, kniet dann nieder, verharrt einen Augenblick im Gebet. Der Beichtiger kniet mit ihm. Der König steht auf, tritt in die Mitte, Beichtiger seitlich etwas hinter ihm. Der Gesang und die Orgel haben aufgehört.

KÖNIG
zum Beichtiger

Ich habe vor dem Sterbebette meiner seligen Gemahlin für mich gebetet und für ihn. Das kurze Gebet hat meine Seele wunderbar erfrischt.

Er winkt den Arzt zu sich
Ihr beharrt drauf, Euch zurückzuziehen?

ARZT

Eure Majestät hat mir diese einzige Bedingung bewilligt: daß es mir erlassen bleibe, selbst vor das Angesicht des Prinzen zu treten, wenn sich die Nötigung ergeben sollte, nochmals eine Betäubung vorzunehmen. Mein Gehilfe ist von allem unterrichtet, das heißt von den Handgriffen, die nötig werden könnten – nicht von dem Tatbestand.

Leiser

Er sieht in dem Prinzen einen geistig Kranken, an dem Eure Majestät um entfernter Verwandtschaft willen Anteil nehmen. Möge alles – – Ich habe einen Schwamm getaucht in Essenzen von unfehlbarer Wirkung. Die Betäubung tritt augenblicklich ein, wenn der Duft der Essenzen eingeatmet wird, sei es mit Willen, sei es gezwungener Weise. Der Diener dort trägt ihn in einer verdeckten Schüssel. Er war dem Gefangenen vertraut, er kann, wenn es notwendig ist, Beistand leisten. – Mögen diese Vorbereitungen sich als überflüssig erweisen, darum bete ich zu Gott.

KÖNIG

So beten wir unablässig seit neun Tagen und Nächten. – Ihr seid uns in diesen Tagen sehr nahegekommen. Wir betrachten Eure illustre Person von Stund an als die unseres zugeschworenen Leibarztes.

Reicht die Rechte zum Kuß, der Arzt beugt sich über die Hand.
Der Arzt schreitet zur Tür, Stabträger öffnet ihm, der Arzt
geht hinaus, an der Tür verneigt er sich nochmals.

KÖNIG

Stärke mich unaufhörlich mit deinem Rat, ehrwürdiger Vater. – Ich habe mich von meinen Ratgebern überreden lassen. –

Ich habe meine weiche menschliche Natur der höheren Einsicht unterworfen.

BEICHTIGER

Auch die Heilige Schrift –

KÖNIG

Ich weiß. Auch die Heiden. Selber die Heiden. Es waren die höchsten Beamten in Rom, Königen vergleichbar. Sie standen nicht an, den eigenen Sohn –

BEICHTIGER

Zweien Söhnen ließ der Konsul das Haupt an einem Tag vor die Füße legen.

KÖNIG

Zweien! An einem Tag! Was waren seine Argumente? Gegenwart der Argumente ist alles.

BEICHTIGER

Damit dem beleidigten Gesetz Genugtuung werde.

KÖNIG

Wie, dem Gesetz? Das Gesetz? Ja – –

BEICHTIGER

Das Gesetz und der Souverän sind eins.

KÖNIG

Vatersgewalt – der Vater ist der Schöpfer – die Gewalt abgeleitet unmittelbar –

BEICHTIGER

Von der Gewalt des schaffenden Gottes, dem Quell alles Daseins.

König
tritt einen Schritt von den Höflingen weg, zieht den Beichtiger nach sich
Und die Absolution, wenn ich mich genötigt sehe, ihn dorthin bringen zu lassen wiederum – meinen leiblichen Sohn – wiederum hin, wo die Sonne ihn nicht bescheint –?

Beichtiger
Du zweifelst? Zur Verhütung unabsehbaren Übels!
Es hat von draußen an der Tür gescharrt.

Kämmerer
ist hingegangen, spricht mit jemandem durch die halboffene Tür. Tritt dann zum König, mit gebeugtem Knie
Der Stallmeister ist vor der Tür, der den fremden Prinzen auf seinem Ausritt begleitet hat. Er ist auf kürzerem Wege vorausgeeilt. Der Prinz wird in wenigen Augenblicken in den Burghof einreiten.
König winkt. Stabträger öffnet, läßt den Stallmeister eintreten. Stallmeister eilt zum König, beugt die Knie. König winkt ihm zu sprechen.

Stallmeister
Euer Majestät zu melden: Dieser fremde Prinz ist ein schlechter Redner, denn er tut beinahe den Mund nicht auf, aber das kann ich beschwören, ein geborener Reiter.

König
Ei!

Stallmeister
Er kam vor das für ihn herausgeführte Pferd – und stellte sich zuerst an, als hätte er noch nie den Fuß in einen Bügel gesetzt. Er ließ sich von mir die Zügel in die Hand legen – dann wollte

er aufsteigen und setzte den rechten Fuß vorauf, – die Stallburschen lachten – der Fuchs wurde unruhig – da gab uns der Prinz einen Blick wie kaltes Eisen – und dann schwang er sich ohne Bügel hinauf und saß im Sattel und hielt die Sprünge des ungebärdigen Fuchsen aus, wie der fürstlichste Kavalier unter der Sonne.
König sieht Julian an.

JULIAN

Er ist im Leben nie auf einem Pferde gesessen! Ich war des strengen Verbotes immer eingedenk.

KÖNIG

Eine Herrschaft über sich selber ohnegleichen! Muß ich nicht die ungeheure Gewalt der Verstellung fürchten?

JULIAN

Wie, mein gnädiger König?

KÖNIG

Er würdigt die Personen, die Wir ihm zum Gefolge gegeben haben, kaum eines Blickes, – welche Sprache ist von ihm zu erwarten, wenn er vor Uns tritt?

JULIAN

Die ehrerbietigste, aber freilich nicht wie sie an einem Hofe gesprochen wird.

KÖNIG

Sondern?

JULIAN

Wie vielleicht die Engel sprechen. Seine Sprache ist Zutagetreten des inwärts Quellenden – wie beim angehauenen Baum, der durch eben seine Wunde einen balsamischen Saft entläßt.
Der Stallmeister zieht sich mit gebeugtem Knie zurück.

KÖNIG
winkt einen der älteren Höflinge zu sich
Ist der junge Kavalier, der dem Prinzen als Dienstkämmerer beigegeben ist –
HÖFLING
Graf Adam vom Weißen Berge –

KÖNIG
Ist ihm eingeschärft, daß er den Fremden durch geschickte Fragen und Anmutungen aller Art, wie zwischen jungen Leuten üblich – dazu verleitet, unvermerkt seine Beschaffenheit zu enthüllen?
HÖFLING
Der Graf weiß, daß Eure Majestät von verborgener Stelle aus das Gespräch anzuhören geruhen werden, das er scheinbar unter vier Augen mit dem jungen Fürsten führen wird.

KÖNIG
zu Julian, leise
Der oberste Begriff der Autorität ist diesem Knaben eingeprägt? der Begriff unbedingten Gehorsams?
Er sieht ihn scharf an.

JULIAN
hält den Blick aus
Mein König bedenke, daß der Jüngling diese Welt nicht kennt, so wenig als seine Stellung in ihr. Er kennt ein Höchstes: er hebt seine Augen zu den Sternen und seine Seele zu Gott.

KÖNIG
Wir wollen hoffen, daß dies genüge.
Sehr hörbar
Denn die Welt ist außer Rand und Band und Wir sind ent-

schlossen, das um sich greifende Feuer zu ersticken, – und wenn nötig, in Strömen Blutes.
Die Höflinge, die zuhinterst, dem Fenster zunächst stehen, spähen hinab. Die Pagen drängen sich in der Nähe des Fensters zusammen und suchen unter einiger Unruhe hinunterzusehen. König bemerkt es, sieht hin.

KÄMMERER

Der Prinz steigt vom Pferde. Graf Adam will ihm den Bügel halten, aber er kommt ihm zuvor. Er wendet sich gegen das Portal und tritt in die Burg.

KÖNIG
zu Julian, sich mit Mühe beherrschend
Ich will ihn noch nicht sehen.
Er führt Julian von den Höflingen weg, nach vorne
Ein großer Augenblick, ein furchtbar entscheidender Augenblick.

JULIAN
fällt auf die Knie
Seine Worte klingen zuweilen heftig und jäh – bedenke Eure Majestät in ihrer Weisheit und Langmut: das Wesen hat nie einen Freund gehabt.

KÖNIG
Auch ich habe nie einen Freund um mich gehabt.

JULIAN
auf den Knien
Sein junger Fuß hat nie einen Schritt getan, ohne eine schwere hündische Fessel!

KÖNIG
Auch ich, Graf Julian, habe nie einen freien Schritt getan.

Julian
auf den Knien
Sei langmütig, großer Fürst, mit dem Geprüften!

König
sieht ihn an
Sei du für immer sein Berater, mein weiser Julian, milder ihm, als der meine mir!
Er nimmt eine goldene Kette mit dem Weißen Adler in Edelsteinen vom Hals und hängt sie ihm um, und spricht dazu
Sic nobis placuit.
Reicht Julian die Hand zum Kusse, hebt ihn auf. Man hört nun wieder die Orgel, aber ohne Gesang. Auf ein Geräusch an der Tür ist der eine Kämmerer hingegangen und hat währenddem mit dem Draußenstehenden gesprochen. Dann steht er und sieht auf den König. König winkt ihn heran.

Kämmerer
Der Prinz begehrt in ein inneres Gemach und zu ruhen.

König
Was spricht er?

Kämmerer
Kaum ein Wort, keine Frage. Nur dies sagte er, was ich melde.
König nickt.

Beichtiger
Er begehrt in seines Vaters Haus. Ducunt fata volentem.
Die Orgel schwillt etwas an, ohne sehr laut zu werden.

König
wirds gewahr
Was ist dies? Aus der Kirche herauf? Man heiße dies einstellen —

Julian

Lasse mein König dies gewähren. – Seine Seele ist für Töne empfänglich und – bedenken in Gnaden! – er hat nie eine andere Musik gehört als die rauhe Trommel oder die schneidende Trompete!

König
winkt einen der Höflinge zu sich

Versammle den Hof – außen.

Die Stabträger öffnen die Tür, die Pagen laufen ab, die Stabträger treten ab. Die beiden jungen Kämmerer und einige Höflinge treten ab. – Der König zu der Gruppe, die geblieben. Der Kastellan ist eingetreten mit den Schlüsseln und übergibt sie dem Ältesten unter Verneigen, geht wieder ab.

König

Ihr meine Vertrautesten, durch heilige Eide gebunden – wartet hier innen. Die anticamera, woselbst der Kleine Dienst der Königin sich vor der Messe zu versammeln pflegte – dort haltet euch auf. Was ich mit dem Prinzen zu sprechen habe, verträgt keine Zeugen. Trete ich aber mit meinem jungen Gast auf den Altan und lege ihm als Zeichen des Einvernehmens väterlich den Arm um seine Schulter, dann lasset Posaunen erschallen: denn dann ist für dieses Königreich eine große Stunde herangekommen.

Die Höflinge verneigen sich und gehen. Man sieht sie durch die geheime Tür des Oratoriums in den kleinen Korridor links treten und sich nach links entfernen: ausser dem Beichtvater. Ihnen folgt der Gehilfe des Arztes, hinter ihm Anton.

Anton
im Vorübergehen zu Julian

Mir hat von schmutzigem Wasser geträumt und von ausgefallene Zähn! es geht schlecht aus.

KÖNIG

winkt dem Beichtvater zu warten, ruft dann Julian durch einen Wink des Auges

Jene Worte meines hochseligen Großoheims, Kaiser Karls des Fünften, treten mir vor die Seele, mit denen er seine Krone und Länder seinem einzigen Sohne, Don Philipp, übergab. Wenn Euch mein Tod, sprach er, in den Besitz dieser Länder gesetzt hätte, so würde mir ein so kostbares Vermächtnis schon großen Anspruch auf Eure Dankbarkeit gegeben haben. Aber jetzt, da ich sie Euch aus freier Wahl überlasse, da ich zu sterben eile, um Euch den Genuß derselben zu beschleunigen, jetzt verlange ich von Euch, daß Ihr diesen Völkern bezahlet, was Ihr mir dafür schuldig zu sein glaubt. –

Er hat die Augen voller Tränen.

JULIAN

kniet nieder und küßt ihm die Hand

Möge sich seine Seele dir offenbaren. Erringt nicht der Kristall unter gräßlichem Druck seine edle Gestalt? So ist er, wenn ihn dein Auge recht gewahrt.

KÖNIG

Vielleicht werde auch ich mich für den Rest meiner Tage in ein Kloster zurückziehen – möge ein würdiger Sohn meinen Untertanen bezahlen, was er an Dank mir schuldig zu sein glaubt.

Sein Gesicht verändert sich, er winkt den Beichtiger zu sich, Julian tritt zurück.

KÖNIG

zum Beichtiger

Wo aber läuft der schmale Grenzrain, dessen Überschreitung – vor Gott und der Welt – die äußerste Strenge rechtfertigen würde? wo? mein Vater? – du schweigst. Wenn er seine Hand gegen mich erhübe?

BEICHTIGER

Das verhüte Gott!

KÖNIG

Welche werden auch dann noch sagen: das Opfer der Staatsräson sei seiner verstörten Sinne nicht mächtig gewesen.

BEICHTIGER

Weise Richter, mein König, haben die Erkenntnis gefällt: ein fünfjähriges Kind wird straffällig und kann durch das Schwert vom Leben zum Tod gebracht werden, wofern es zu wählen versteht zwischen einem vorgehaltenen Apfel und einem kupfernen Pfennig.

KÖNIG
lächelt

Ein fünfjähriges Kind! Höchst weise ersonnen! Ein wunderbares Paradigma! Ein Prinz, der zu Pferde sitzt wie ein geborener König und ein fürstliches Gefolge vor Stolz keiner Anrede würdigt, ist jedenfalls kein fünfjähriges Kind.

DER EINE KÄMMERER
kommt eilig durch die Tür rechts, meldet knieend

Sie kommen!

KÖNIG

Wer ist mit ihm?

KÄMMERER

Der Prinz hieß mit einer gebietenden Gebärde die Diensttuenden zurückbleiben. Graf Adam allein ist pflichtschuldig gefolgt und führt ihn die Treppe herauf hierher.

KÖNIG

Fort! Dort hinein. Zu den Übrigen. Auch du, ehrwürdiger Vater.

Beichtiger und Kämmerer ab. Zu Julian

Du bleibst!

Man sieht den Beichtiger, hinter ihm den Kämmerer, durch den Korridor abgehen. Dann treten der König und Julian in den Korridor und bleiben sichtbar stehen, indem sie durchs Fenster in das Gemach spähen.

Das Gemach bleibt eine Sekunde leer, dann wird der junge Kämmerer, Graf Adam, an der Tür, die aufgeht, sichtbar: er öffnet von außen. Läßt Sigismund eintreten, tritt hinter ihm ein, und schließt die Tür. Sigismund ist fürstlich gekleidet, trägt aber keine Waffe im Gürtel. Er tritt herein, sieht sich um. Dann ans Fenster, sieht hinaus; dann wieder in die Mitte des Zimmers.

GRAF ADAM

Sie haben ruhen wollen, gnädiger Herr. – Dieses Zimmer ist Ihnen zugewiesen vom fürstlichen Gebieter dieses Palastes, dessen Gast Sie sind.

Er zieht den Vorhang am Alkoven auf und deutet mit ehrerbietiger Gebärde auf das Bett.

Sigismund tritt hin, sieht das Bett, den Alkoven, das ewige Licht an; ein Schauder überfällt ihn, er tritt zurück.

GRAF ADAM
mit gespielter Unbefangenheit

Dies ist nicht das Bett, allerdings, auf dem Sie heute morgen erwacht sind. Sie kamen zu unerwartet früher Stunde. Sie waren im Reisewagen fest eingeschlafen – man trug Sie in das nächste beste Gemach. Indessen wurde dieses würdigere vorbereitet.

Sigismund sieht alles an; erblickt sich im Spiegel, der überm Kamin hängt; erschrickt etwas, verbirgt seine Hände unter den Ärmeln. Seine Miene drückt Mißtrauen aus und eine angespannte Wachheit. – Plötzlich läßt er den Kopf sinken. Der

*Kämmerer springt hin, stellt ihm einen Stuhl hin, der neben dem
Kamin stand. Sigismund dankt mit einem schwachen Lächeln
und einer kleinen Gebärde, läßt sich auf den Stuhl hin.*

König
mit Julian außerhalb des Gemaches als Zuschauer sichtbar
Höchst edel! Fürstlich in jeder Gebärde!
Er stützt sich auf Julian.

Sigismund
vor sich, leise

Mich hungert!

Graf Adam
Ich befehle einen Imbiß hierher und reiche Ihnen knieend
Brot und einen Becher Weins, aber nicht mehr als dies, zur
Stillung des ersten hitzigen Hungers, –
Klatscht gegen die Tür in die Hände
he, Diener! – denn die Mahlzeit selber, die Freude des festlichen Tages, muß mein erhabener Gebieter mit Ihnen zu teilen das Glück haben – er will Sie zu seiner Rechten sitzen
sehen und um Sie stehend die Großen, die seine Diener sind –
er als erster will den Blick auffangen,
Kniet
mit dem Sie zu erkennen geben, daß Ihre Seele einem ungeheuren Umschwung des Glücks gewachsen ist.
*Sigismund mustert ihn von oben bis unten, als wollte er fragen:
wer bist du, daß du mir so nahekommst?*

König
Meine Frau, wie sie leibt und lebt! Gegen jedes Zunahetreten
gewappnet mit schierer stummer Unmöglichkeit!
Zu Julian
Hinein! und bereite ihn vor! ganz! sag ihm Alles!

JULIAN
leise

Alles, auch das Letzte?

KÖNIG
von Tränen übermannt

Auch das Letzte! sag ihm, daß sein Vater hier wartet, ihn an seine Brust zu drücken. Und dann öffne mir die Tür und laß mich allein mit ihm. Geh!

Julian tritt durch die geheime Tür ins Oratorium und von dort ins Gemach. Die Orgel war einen Augenblick stärker hörbar, weiterhin ist sie hie und da sehr leise vernehmlich. Der Kämmerer wird ihn zuerst gewahr, tritt zurück, verneigt sich. Auf einen Wink Julians geht er an die Tür, verneigt sich nochmals tief gegen Sigismund hin und geht hinaus. Sigismund wendet den Kopf, erblickt Julian, steht jäh auf, kehrt Julian den Rücken. Er zittert heftig.

JULIAN
läßt sich hinter Sigismund, drei Schritte von ihm, auf ein Knie nieder. Auch er kann seine Erregung kaum bemeistern. Leise
Prinz Sigismund!
Sigismund hebt die Hände wie flehend abwehrend vor sich hin, aber ohne sich Julian zuzuwenden, mit einem leisen, kaum hörbaren Laut des Schreckens.

JULIAN
Ja, ich.
Eine Stille
Dies war die Reise, die ich dir versprach. Dies Haus ist ihr Ziel.
Sigismund sieht sich hastig um, wendet ihm sogleich wieder den Rücken.

JULIAN
Habe ich dir je gelogen?
Sigismund schüttelt den Kopf, noch ohne sich ihm zuzuwenden.

JULIAN
Hier ist Alles! Was dieses Wort bedeutet, kannst du nicht ermessen – aber indem du es vernimmst, ahndet dir viel. – Du bist weise: du willst die Welt nicht anders als sie ist. Jeden Augenblick nimmst du, wie er ist, möchtest nichts verändern – weil du gelernt hast: zu wissen.
  Sigismund kehrt sich allmählich ihm zu.

JULIAN
erhebt sich und spricht aus der gleichen Entfernung
Du willst nicht fort, da man dich hergebracht hat. Du verlangst nichts; was man dir gibt, nimmst du – denn du weißt: es ist deines Vaters Haus.
  Sigismund zuckt zusammen.

JULIAN
Du hast dir gesagt, daß es dein Vater ist, der so über dich gebietet, und daß, nun du hier bist, er dir auch nahe ist: das hast du dir gesagt, Sigismund, denn dein Sinn ist stark und geht auf den Kern der Dinge. Du begreifst, daß deines Vaters Wege dir unerforschlich sein mußten, wie dem Getier deine Wege übers Getier. Du möchtest nicht leben, wenn nicht Höheres über dir wäre, so ist dein Sinn. – Du fragst nicht: Was ist mir geschehen? –
  Sigismund schüttelt den Kopf.

JULIAN
– Noch: Warum ist es mir geschehen? –
  Sigismund schüttelt den Kopf.

JULIAN

Denn dein Herz ist uneitel. Du verehrest Gewalt, die über dir ist. Dir ahnt immer das Höhere, weil du selbst von Hohem bist. Und nun bist du bereit?

SIGISMUND

Wohin führst du mich?

JULIAN

Bleibe. Verbirg nicht deine Hände. Zeige sie ohne Scheu. Dies halte fest: ich bin deines Vaters Diener. Ein Mann ist bei jedem Atemzug des Höheren eingedenk.

Sigismund steht in unsäglicher Spannung.

JULIAN

nachdem er sich umgesehen hat

Sigismund, Kronprinz von Polen, Herzog von Gothland, ich habe dir den Besuch deines königlichen Vaters anzukündigen.
Die Orgel tönt nun stärker, schwillt mächtig an, die vox humana tritt gewaltig hervor.

Sigismund steht entgeistert. Dann sucht er mit den Augen wo dieser Klang herkomme, er sieht nach oben, zittert heftig. Tränen schießen ihm in die Augen.

JULIAN

So recht. Laß die Orgel dir den Namen: Vater – in die Seele dröhnen. Vater, Schöpfer Himmels und der Erde! Von Angesicht! Fall nieder!

KÖNIG

außerhalb, aber sichtbar, kniet nieder und betet

Tu ein Wunder, Herr im Himmel! und versöhne ihn mit seinem Schicksal, dessen unschuldiges Werkzeug ich war. Amen.
Sein Gesicht, wie er wieder aufsteht, ist von Tränen überströmt. Sigismund fällt auf die Knie, birgt sein Gesicht in den Händen. Julian eilt hin, öffnet die Tür, läßt den König eintreten. Die

Orgel wird leiser. Der König steht im Gemach. Sigismund liegt noch auf den Knien, das Gesicht in den Händen, wie sein Vater schon vor ihm steht. Julian tritt auf den Korridor hinaus, verschwindet nach links.

KÖNIG
nach einer Pause
Sprich, mein Sohn. Laß mich deine Stimme hören.
Sigismund auf den Knien, den Kopf zur Erde.

KÖNIG
Sohn, Wir haben dir verziehen. Du bist Uns heimgekehrt. Unsere Arme sind offen. Laß Uns dein Antlitz sehen!
Sigismund zittert, zuckt; wendet sein Gesicht gegen die Wand; kniet dort nieder, abgewandt. Drückt das Gesicht gegen die Mauer.

KÖNIG
Nein, es ist an Uns. Wir demütigen Uns vor dem, der gelitten hat. Wir neigen Uns.
Er neigt sich ein wenig.
Sigismund zittert stärker, birgt den Kopf hinterm Sessel.

KÖNIG
Wie Sankt Martin, da er den Bettler fand, den nackenden, vor Kälte zitternden – Wir schneiden Uns einen Teil Unseres Mantels ab!
Er greift ans Schwert
Sieh auf! Sollen Wir Unseren königlichen Mantel mit dir teilen? Oder –
Er stößt das Schwert wieder in die Scheide
kommst du an Unser Herz in seine ungeteilte Wärme?
Er öffnet seine Arme. Sigismund sieht auf.

KÖNIG

Steh auf, mein Sohn, und tritt getrost auf deinen Vater zu.
Sigismund steht auf.

KÖNIG

Laß Uns deine Stimme hören, junger Fürst! Wir sind begierig nach ihr. Wir haben ihren Klang zu lange entbehrt.
Sigismund redet, aber es dringt kein Laut über seine Lippen.

KÖNIG

Was flüsterst du in dir? Möge es ein guter Geist sein, der aus dir flüstert!

Sigismund kann nicht reden.

KÖNIG

Rede laut das Wort der gerührten Anerkenntnis. Du vermagst nicht zu wissen, was du gegen Uns verschuldet hast.
Sigismund qualvoll ringend, stumm.

KÖNIG
einen Schritt näher

Wir bedürfen eines weisen Sohnes. Wir wollen einen jungen Fürsten sehen, der großen Dingen gewachsen ist. Wir wollen Uns selber wiedererkennen im Saft und Glast Unserer Jugend. Wir warten.

Sigismund geht zurück.

KÖNIG

Scheue nicht zurück vor Unserem Anblick, auch nicht aus Ehrfurcht. Dein Auge in Unseres! vernimm einmal für alle Male, Kronprinz von Polen! Wir vermögen nicht mißzuhandeln als König an dem Untertan, als Vater an dem Sohn; und hätten Wir dir ohne Gericht das Haupt auf den Block gelegt: so war

Uns heilige Gewalt verliehen, und da ist niemand, der wider
Uns klagete. Denn Wir waren vor dir – so bist du in Unsere Hand
gegeben von Gott selber.
Sigismund deutet durch Zeichen, er habe Furcht vor Gewalt,
Furcht vor des Königs Händen.

KÖNIG

versteht ihn

Die Hände? Furcht vor Unseren königlichen Händen? Sie sind
milde, fruchtspendend, heilen den Kranken, dem ich sie auf-
lege. Aber Ehrfurcht gebührt ihnen: recht so, mein kluger
Sohn. Eines Königs Hand ist beredter als die Zunge des Weisen. Ihr Wink ist Befehl und im Befehl ist die Welt einge-
schlossen: denn in ihm liegt die Vorwegnahme des Gehorsams. Indem er befiehlt, gleicht der König seinem Schöpfer. –
Wie Gott befahl: es werde Licht! so befehle ich dir: es werde
Licht in deinem Haupt und Gehorsam in deinem Herzen! Und
dies wird dir leicht sein: denn rege dich, tritt hierher und dahin, und Alles, worauf dein Auge fällt, kommt von mir!
Sigismund berührt angstvoll den eigenen Leib.

KÖNIG

Alles! Auch dein Leib, auf den du deutest. Wir zeugten dich
hier – in diesem selben Gemach – dort auf diesem fürstlichen
Lager.
Sigismund stöhnt auf.

KÖNIG

tritt wieder vor ihn hin

Ist dein Herz überwältigt? will es dich vor Unsere Füße werfen? zuckst du vor Ehrfurcht? – Ja, du empfängst viel in einer
Stunde.

SIGISMUND

Woher – so viel Gewalt?

KÖNIG

lächelt

Nur die Fülle der Gewalt frommt: in der Wir sitzen, als der Einzige, einsam. So ist Gewalt des Königs. Alle andere ist von ihm geliehen und ein Schein.

SIGISMUND

sehr stark

Woher?

KÖNIG

Von Gott unmittelbar. Vom Vater her, den du kennst. – Am Tage, da es Gott gefiel, sind Wir in Unser Recht getreten als Erbe. Ein Heroldsruf erscholl in die vier Winde. Die Krone berührte das gesalbte Haupt. Dieser Mantel wurde Uns umgetan. So war wieder ein König in Polen. Denn es stirbt Basilius oder Sigismund, es stirbt nicht der König. Ahndet dir, wer vor dir steht?

SIGISMUND

Gib schon dein Geheimnis preis! Laß schon dein Gesicht vor mir aufgehen! Offenbar dich mir! – Ich habe nie einen Menschen geküßt. Gib mir den Friedenskuß, mein Vater! Aber zuvor erhöhe mich über dich selber zu dir! Gib dich mir so, wie du mich genommen hast! Laß aufgehen dein Gesicht! Zeige mir, wie du mitgebunden bist worden! mitgeschlagen bist worden! Laß deine Wunden aufgehen! Mutter, Vater! Nimm mich zu dir!

KÖNIG

Genug. Ich liebe diese Maske nicht. Komm zu dir, Prinz von Polen. Besinne dich, von wo ich, dein König, dich gerufen habe und wohin ich dich erhöht habe.

Sigismund steht ratlos.

KÖNIG

Setz dich hier zu meinen Füßen, mein Sohn.

Er setzt sich auf den hohen Stuhl, Sigismund zu seinen Füßen auf den niedrigen. Der König sieht ihm lange ins Gesicht
Du bist ehrgeizig und begierig nach Macht: das lese ich in deinen Zügen. – Man hat dich gelehrt mit gefühlvollen Worten die Herzen zu gewinnen. – Mögen solche Gaben dir nach meinem Tode zugute kommen. –
Er nimmt seine Hand
Mir vertraue und keinem sonst. Eines ist Königen not: daß sie sich ihrer bösen Ratgeber zu erwehren lernen. Sie sind die Schlangen an unserem Busen. Hörst du mich, mein Sohn? Antworte mir.

SIGISMUND

Ich höre, mein Vater.

KÖNIG

Du bist verschlossen, mein Sohn. Du bist schlau und geschickt. Ich sehe, du bist jedem Geschäft gewachsen. Ich übertrage dir das erste und größte.
Er steht auf, Sigismund gleichfalls
Entledige mich dieses arglistigen Dieners. Mache uns frei von der Schlange Julian, die uns beide umstrickt hat.

SIGISMUND
sieht ihn an

Wie, mein Vater?

KÖNIG

Wie, mein Vater? Wie? in Ketten dich? unter seiner Peitsche den Erben dreier Kronen? Und mir deine Wildheit vorgespiegelt! meine Tage vergiftet, meine Nächte ausgehöhlt mit dem Schauermärchen von einem tobenden Knaben mit mörderischen Augen! mit dem Gespenst eines geborenen Aufrührers! – Begreifst du die Anstalten der satanischen Bosheit? Begreifst du, wie er den Keil treibt mit rastlosen Schlägen zwanzig Jahre lang zwischen Vater und Sohn? – Was ist das für ein allgemeiner Aufruhr, mit dessen Androhung er nun wieder mein argloses Herz bestürmt? In wessen Hand, wenn nicht in der seinen, laufen die Fäden zusammen? – Und zu welchem Ende verknüpft er deinen Namen mit diesen Anstalten? Schwant dirs, mein armer Sohn, zu welchem Ende? Dich an ihn zu ketten durch die Gemeinsamkeit des an mir begangenen Frevels – ihn dir unentbehrlich zu machen für immer – dich zu erniedern zum Werkzeug deines Werkzeugs – einen zweiten Basilius aus dir zu machen – einen zweiten Ignatius aus ihm!

SIGISMUND

Das ist eines Königs Großheit! die ich mir zu ahnen vermeinte, wenn ich einen Roßknochen schwang überm Getier!
Er bedeckt sein Gesicht mit den Händen.

KÖNIG

Ich frage dich nicht! Wer schürt seit einem Jahr diesen Aufruhr in meinen Ländern? Ich verhöre dich nicht. Ich begehre nicht, daß du mir deinen Lehrer preisgibst. Ich gebe ihn dir preis. In deinen Händen sei sein Geschick. Ich rede als ein König zu dem mir geborenen Könige. Wer ist wider zwei Könige, wenn sie einig sind? – Nimm diesen Ring. Steck ihn an deinen Finger. Wer ihn trägt ist der Herr. Meine Garden gehorchen ihm. Meine Minister sind die Vollstrecker seiner Befehle. Ich habe ihn einem gewaltigen Teufel vom Finger genommen. Du sollst ihn tragen, mein Sohn.
Er steckt Sigismund den Ring an
Handle du für uns beide. Sei klug, sei stark, sei kühn. Tritt hervor aus dieser meiner Umarmung und sei wie ein Blitz. Verhafte diesen Julian und sieh zu, ob der angezettelte Aufruhr nicht dahinfällt wie ein Bündel Reisig. Jeder deiner Schritte sei furchtbar, schnell und entscheidend. Überwältige die Bösgesinnten, ehe sie sich vom blassen Schreck zu einer rebelli-

schen Besinnung erholt haben. Treibe Stand gegen Stand, Landschaft gegen Landschaft, die Behausten gegen die Hauslosen, den Bauer gegen den Edelmann. Der Menschen Schwäche und Dummheit sind deine Bundesgenossen, riesengroß, unerschöpflich. – Aber deine erste Tat sei jäh, erschreckend, besinnungraubend – und wäre sie die Hinrichtung dieses Julian! Die Prärogative dieses Ringes an deiner Hand sind unermeßlich. Sie heben den Lauf der Gerichte auf. Sie legen den Griff des Richtbeils unmittelbar in die Hand des Trabanten, der dich auf einem nächtlichen Gang begleitet. Sie machen dich mir gleich, mein Sohn, damit du handeln könnest für uns beide. Es ist von nun ab ein König in Polen: aber er wandelt in zwei Gestalten. Weh unseren Feinden!
Er öffnet seine Arme.

SIGISMUND
tritt zurück
Wer bist du, Satan, der mir Vater und Mutter unterschlägt? Beglaubige dich!
Er schlägt ihm ins Gesicht.

KÖNIG
Trabanten! Zu mir! Auf deine Knie, Wahnwitziger!

SIGISMUND
packt ihn
Was fletschest du? Warum wird dein Gesicht so gemein? – Ich habe schon einmal einen alten Fuchs mit Händen erwürgen müssen! Er hat gerochen wie du!
Stößt ihn von sich.

KÖNIG
Nieder auf deine Knie, rebellisches Tier! Hört niemand? Wir

werden dich züchtigen! Wir werden nicht anstehen, dich in
Angesicht des Volkes auf den Richtblock zu schleifen.

SIGISMUND

Ich bin jetzt da! Alles andere ist Gewölle, wie es die Krähen
ausspeien! – Ich bin da! – Ich will! An mir ist nichts vom
Weib! Mein Haar ist kurz und sträubt sich. Ich zeige meine
Tatzen. Diese Stunde, zu deinem Schrecknis, hat mich geboren.

KÖNIG

Unantastbar! Die Majestät! Zu Hilfe!
Er will nach links, Sigismund vertritt ihm den Weg.

EINES PAGEN STIMME
von links

Der König ruft!

SIGISMUND

*bedrängt den König, reißt ihm das Schwert aus der Scheide,
schwingt es*

Ich befehle! Da hinüber! Nieder auf den Boden! Ich will treten
auf dich! – Seitdem ich da bin, bin ich König! Wozu riefest du
mich sonst?
König stöhnt unter seinem Griff.

SIGISMUND

Röhr doch! Mach Lärm! Rufe! Schrei dich tot! Her den Mantel!
König will entspringen. Julian wird in dem Korridor links sichtbar, stürzt herein und durch die Tür rechts wieder heraus. Sigismund läuft dem König nach mit geschwungenem Schwert. König fällt zusammen. Sigismund reißt ihm den Mantel ab und hängt ihn sich um die Schultern.

PAGEN
im Korridor links, schreien auf
Zu Hilfe!
Etliche Höflinge stürzen herbei, dringen durchs Oratorium ins Zimmer. Der Korridor füllt sich mit Hofherren, Kämmerern, Pagen.

ALLE
schreien durcheinander
Wer ruft? Was ist geschehen? Da hinein! Es ist verboten! Der König ist tot!
Die ins Zimmer Eingedrungenen halten sich links.

SIGISMUND
den Blick fest auf ihnen
Stille! Keinen Blick auf die alte Leiche! Auf die Knie mit euch! Küsset die Erde vor den Füßen eueres neuen Herren und werfet das alte Fleisch dort in die Grube – vorwärts hier! Die Vordersten zwei!
Er deutet auf zweie mit der Spitze des Schwertes
Fort mit dem Erblasser! Packt an! – Da, ich will das nicht sehen!
Die Höflinge regen sich nicht. Hinter ihnen haben sich mehrere ins Zimmer geschoben. Die Tür rechts öffnet sich. Julians Kopf erscheint. Er sieht nach allen Richtungen, springt dann herein.

JULIAN
hat das Reichsbanner an sich gedrückt, wirft sich vor Sigismund auf die Knie, indem er ihm das Banner überreicht und ruft
Es lebe der König!

SIGISMUND
ergreift das Banner mit der Linken
Herein da mit euch! Hier seht euren Herrn! Bereitet euch! Ich

will mit euch hausen wie der Sperber im Hühnerhof. Mein
Tun wird meinem Willen genugtun. Verstehet mich! Meine
Gewalt wird so weit reichen als mein Wille. Auf die Knie mit
euch!

Er wirft ihnen das nackte Schwert vor die Füße
Da! Ich brauche das nicht! Ich bin der Herr!
Einige der vordersten knien nieder.

GRAF ADAM
zwischen den Höflingen, schreit auf
Der König lebt! Zu Hilfe Seiner Majestät!
Er reißt aus Sigismunds Hand das Panier an sich
Es ist nur ein König in Polen! Vivat Basilius!
*Zwei Kämmerer schieben sich an der linken Wand entlang und
kommen Sigismund in den Rücken. Der eine wirft seine Arme
von hinten um Sigismund und bringt ihn zu Fall. Mehrere stürzen sich nun noch auf ihn. Er wird in den Alkoven halb gerissen,
halb getragen. Die älteren Höflinge und die Pagen eilen zum
König, helfen ihm sich aufrichten. Pagen bringen von hinten den
Mantel, hängen ihn dem König um. Der Beichtiger stützt ihn.*

Gleichzeitig
EINE STIMME
aus dem Alkoven

Er liegt!

EINE ANDERE STIMME

Her mit dem Arzt!
*Der Gehilfe des Arztes, Anton mit der verdeckten Schüssel neben
ihm, sind als letzte aus dem Oratorium getreten. Der Gehilfe geht
gegen den Alkoven, von wo man ihm winkt. Er sieht sich nach
Anton um. Anton preßt die verdeckte Schüssel gegen sich. Mehrere kommen gelaufen, reißen Anton die Schüssel weg, tragen
sie hastig nach dem Alkoven. König hat sich aufgerichtet.*

GRAF ADAM
kommt atemlos aus dem Alkoven, wirft sich vor dem König auf die Knie, überreicht den Ring
Ich habe ihm von hinten die Sehne durchschnitten wie einem Hirsch. Er liegt.

EIN ANDERER JUNGER HÖFLING
ebenso
Ich habe ihn aufs Bett gerissen.

EIN DRITTER
ebenso
Wir haben ihm den Schwamm unter die Nüstern gehalten und jetzt liegt er unschädlich.
Julian kommt nach vorne. Er ist leichenblaß und wie betäubt. Er geht mechanisch bis an die linke Wand und stellt sich dorthin, wo er zu Anfang gestanden hat. Eine Gruppe älterer Höflinge nehmen seitlich hinter ihm Stellung, heften drohende Blicke auf ihn und halten ihre Dolche gezückt. König scheint Julian nicht zu sehen. Julian wird sich plötzlich der Lage bewußt, fällt mit dem Gesicht gegen den König auf die Knie, ohne sich dem König zu nähern. König wendet sich ein wenig, so daß er den knieenden Julian nicht mehr vor dem Gesicht hat. Von den Höflingen einige, die nächsten, küssen gerührt den Saum von des Königs Rock, dann andere. Beichtiger redet leise und eindringlich auf den König ein.

KÖNIG
Es ist geschehen, wie prophezeit war. Er hat seinen Fuß auf mich gesetzt im Angesicht des Volkes. Jetzt muß er sterben.

BEICHTIGER
dicht bei ihm
Erhaben, ich weiß es, mein König, war dein Denken im ent-

scheidenden Augenblick. Dein Leib lag im Staub, unterworfen dem Rasenden, aber deine Seele in einem Nu schwang sich auf und du standest vor Gott, erhöht und nicht erniedrigt.

KÖNIG

Wie prophezeit war! Aber Wir sind Unserer Krone mächtig geblieben und können über ihn die Strafe verhängen! Ah! Wer hätte das gewagt zu hoffen!

BEICHTIGER

Als du lagest unter dem Schwert des rasenden Sklaven, wie ein verlorener Mann, da war in Wahrheit ein Gedränge von Engeln zwischen der gezückten Schneide und deinem Nacken und deine Seele lag wie ein Tropfen Tau im Kelch einer Lilie, die im Frühwind schaukelt, und ihre Gedanken, ich weiß es, waren erhaben und ruhig. Was empfandest du, mein heiliger König, im Augenblick, da uns das Blut in den Adern gerann? Welches Bild erfüllte deine Seele erhaben und glanzvoll, wie der Pinsel des begnadeten Malers es schafft auf die Tafeln, zu zieren den Hochaltar?

KÖNIG

Als ich hinschlug auf den Boden, dröhnte in meinem Ohr eine schwere gräßliche Last! Wie von eisernen Stangen und Ketten. Was war das?

BEICHTIGER

Heil dir! Das waren die Ketten, die er tragen soll in der Nacht seines Kerkers! Eingegeben durch Gott, dröhnte durch dich das Sinnbild der unblutigen Sühne. Hebe deine weißen Hände zu Gott, barmherziger König, er hat dir eingegeben, deine Hände rein zu halten von Blutschuld. Dank wollen wir sagen unserem Gott und Herrn!

Die Türe rechts geht auf, Diener bringen einen Trunk, Kämmerer reichen ihn knieend dem König.

Ein Höfling
Der König trinkt!

Alle
Heil Eurer Majestät!

König gibt den geleerten Becher zurück. Dann wendet er sich, winkt dem Hof ihm zu folgen und geht mit starken Schritten durch die Tür rechts, die vor ihm auffliegt, ab. Alle folgen in Eile. Die Julian zunächst stehen, bespeien ihn. Julian bleibt an seiner Stelle und stöhnt dumpf.

Anton
Recht so – machen sich Luft – daß sich die Gall nicht inwendig aufs Herz ergießt –

Julian stöhnt.

Anton
O mein! ist Ihnen so schlecht?

Julian
Nicht ich – nicht mich laßt zur Ader – aber das Tier mit Hörnern, bis es weiß wird und umfällt: den alten Bock mit einer Krone auf! Alle Herrschaft ist auf den Wahnwitz der Untertänigkeit gegründet, ein Narr wird mit einem Strohhalm regiert, ein Elefant gehorcht einem Zwerg, den er zertrampeln könnte wie eine Mücke.

Anton
Die Red ist dunkel, aber sie kommt halt auch aus einem blauschwarzen Gesicht heraus. Reden nur weiter. Schaun mich nur nicht so stier an!

Julian
verloren
Was?

Anton

in Angst

Natürlich! natürlich! Wie Sie es sagen!
Die Tür rechts geht auf, einer der Höflinge tritt mit starken Schritten ein, Pagen mit ihm.

Höfling

vor Julian stehenbleibend

Mit engelsgleicher Fassung nimmt mein Souverän das Geschehene hin, daß zu unerforschlicher Prüfung ein Teufel, die inkarnierte Rebellion, sich verkleidet hat in höchst sein eigenes Fleisch und Blut, der erhabenen Dynastie zu höllischem Hohn. Dunkler Ort wird diesem Wesen zum Aufenthalt angewiesen. Als ein Namenloser, nie zu Nennender verbleibe er in ewigem Gewahrsam – der Raum da er seine Glieder rege, soweit eine Kette gestattet, dreißig Pfund schwer, mit der man seinen satanischen Leib schmiedet an den mittelsten Pfeiler des Gewölbes. Nun zu dir –

Anton

Bedenken Euer Erlaucht, mein Herr ist nicht recht gesund, lassen mich lieber um den Arzt laufen –

Höfling

hebt den Stock gegen Anton, dann zu Julian

Über dir schwebt unverjährbares Urteil wegen hochverräterischer, satanischer Konspiration: aufgeschoben nur die Vollstreckung, hängt das Richtschwert über dir bei Tag und Nacht an einem Haar. Dein Tun trotz alledem und was dich mag getrieben haben in dunkler Brust deckt die Nachsicht des erhabenen Monarchen mit einem milden Schleier. Du bleibst nach wie vor sein Wärter.

Deutet auf Sigismund hin

Wachst über seinem Leben bei Tag und bei Nacht. Du hast ins Angesicht der Majestät ein vermessenes Wort gewagt: Bestünde, sprachst du, dein Pflegling nicht die Probe, so wären diese Stunden hier zu achten als ein kurzer Traum mitten dumpfem Schlaf. Das mache wahr und friste mit diesem Dienst dein Dasein, es ist dir für unbestimmte Zeit geliehen. Der Ort, da du es fristest, ist der Turm dort, einsam im Gebirg. Wer dich antrifft nur einen Büchsenschuß weit von seinem Gemäuer, er sei ein freier Mann oder leibeigener Sklav, der vollzieht an dir die Acht und Aberacht – gibt dein Blut und Gebein der Erde, dein Auge den Vögeln, deine Zunge den Hunden. Ab vom Gürtel jetzt das königliche Insiegel, durch Verstellung von dir erschlichen, ab vom Nacken die herrliche Kette, die dir nicht ziemt. – Edelknaben, tut euren Dienst!
Pagen fallen Julian an und entreißen ihm Kette und Siegel. Höfling geht ab, die Pagen mit den Kleinodien vor ihm. Julian stöhnt.

ANTON

Lassen sich hin! legen sich in den Sessel!
Will den Sessel heranrücken, Julian weigert sich zu sitzen. Arzt tritt ein mit Gehilfen und Dienern. Er geht zum Alkoven.

JULIAN

Stehen! Aufrecht hier hinausgehen –

ARZT

am Alkoven

Verbände an die Füße, dies leichte seidene Tuch über sein Gesicht. – Wesen aus einem einzigen Edelstein, du darfst keine Schmach erleiden!
Er steht einen Augenblick in Gedanken.

Anton
läuft zum Arzt

Kommen hierher, unser gnädiger Herr ist der ärgere Patient.
Arzt tritt hin, richtet den Blick auf Julian. Julian tritt ihm einen Schritt entgegen, schwankt dabei.

Arzt
reicht ihm ein Fläschchen aus seiner Tasche

Trinken der Herr von diesem, es wird Ihnen die Kräfte geben, daß Sie, auf meinen Arm gestützt, bis in mein Zimmer kommen, wo ich Ihnen eine Ader schlagen werde. Jetzt mehr als je hat der Ihnen anvertraute hohe Jüngling Anspruch auf Ihre ganzen Kräfte.
Die Diener unter Aufsicht des Gehilfen heben Sigismund vom Bette und tragen ihn langsam hinaus.

Julian
Was wollen Sie von mir? Welche Hoffnung ist noch zurück? Sind Sie in Unkenntnis, was über uns verhängt ist?

Arzt
Jede Hoffnung. Denn er lebt und wird leben. Das verbürge ich. So und nicht anders war von jeher den Heiligen gebettet zur Erwachung.

Julian
Klafterdicke Mauern um uns! Überm Kopf die Faust des Wärters.
Der Kastellan und die Diener verschließen den Alkoven, sind nun näher gekommen.

Arzt
leiser

Gewaltig ist die Zeit, die sich erneuern will durch einen Auserwählten. Ketten wird sie brechen wie Stroh, Stürme wegblasen wie Staub.

JULIAN
Was bindet deine Seele mit so gewaltigem Glauben an diesen Jüngling? Du hast kaum mit ihm geredet!

ARZT
leise

Acheronta movebo. Ich werde die Pforten der Hölle aufriegeln und die Unteren zu meinem Werkzeug machen – der Spruch war von Geburt an auf der Tafel Ihrer Seele geschrieben.

JULIAN
Haltet mich! Angst wandelt mich an, zu sterben und nichts hinter mir zu lassen.
Zwei Diener treten von links herein, der eine mit einer Fackel.

ARZT
Man kommt, wir müssen fort von hier.

DER EINE DIENER
Ist hier der Doktor? Seine Gnaden der Graf vom Weißen Berge suchen den Herrn.

ARZT
tritt hervor

Hier bin ich!
Julian tritt seitwärts ins Dunkel, kehrt das Gesicht gegen die Wand.

GRAF ADAM
an der Tür stehenbleibend

Euer Hochgelahrt empfangen hiemit den Befehl, mit dem Kranken erst bei sinkender Nacht die Reise anzutreten. Es sind Umstände dazwischen getreten.

ARZT
Welcher Art?

GRAF ADAM
Gebietende für den Augenblick. In das niedere Volk ist die Hirnwut gefahren. Rottierer haben etwas Unsinniges ausgestreut. Sie liegen zu Tausenden vor den Kirchen und beten für einen Bettlerkönig, einen namenlosen Knaben, der ihr Führer sein und in Ketten ein neues Reich heranbringen soll. – Man wird mit Dragonern und Musketieren die Straßen absperren. Euer convoi verbleibt ohne jede Gefährdung.
Er nickt ihm zu und geht. Die Diener hinter ihm.

ARZT
laut
Ich bin unbesorgt über den Ausgang.
Wendet sich zu Julian.

JULIAN
Gewaltiger Mann, wie dein Sehstern leuchtet! Bleibe bei mir, ich werde dich verehren wie einen Engel.

ARZT
Ihr werdet mich kaum wiedersehen. Die Kräfte freizumachen ist unser Amt, über dem Ende waltet ein Höherer.
Sie gehen hinaus.

DER VIERTE AUFZUG

Unterirdisches Gewölbe, links eine Wendeltreppe nach oben in den Fels gehauen.
Sigismund auf seinem Bette sitzend. Julian kommt die Wendeltreppe herab, Anton leuchtet ihm mit einer Lampe; er trägt unter dem linken Arm Kleider in ein Tuch eingeschlagen.

JULIAN

Weck ihn, Anton!

ANTON

Sigismund! schläfst du? Er hat die Augen offen.

SIGISMUND
sieht Julian an
Mein Wächter, du bist lange nicht bei mir gewesen.

JULIAN

Ich habe eine Reise tun müssen, heimlich: um deinetwillen. Zu dir zu treten, Ohnmacht zur Ohnmacht, dessen war ich überdrüssig. Nun aber komme ich zurück als ein Verwandelter. Schüttle den Schlaf ab, völlig, für immer. – Ich bleibe von jetzt an bei dir, als dein Diener, Tag und Nacht.

SIGISMUND
sieht ihn an
Du bist mit flüsterndem Anhauch immer bei mir, wie die Gruft selber mir vertraut, als ihr Atem: daß keine Welt ist, außer meinem Traum, so hast du mich gelehrt, und daß aus ihm kein Erwachen sein wird.

JULIAN

Anton, achte, ob mein Bote nicht kommt, wir haben nicht Zeit zu verlieren, vor Tag müssen wir weit von hier sein.

ANTON

Hörst dus, Sigismund! mach deine Ohren auf! Jetzt kommt eine unverhoffte Neuigkeit!

SIGISMUND

schaut ringsum, wo das Licht hinfällt, dann auf Julian
Immer wieder trittst du herein in meine Finsternis, wie der zaubernde Mann, von dem die Ziehmutter gesagt hat, da ich ein Kind war. Vor dem war mir Angst, aber dich fürchte ich nicht. Sooft du gekommen bist und dies rosige Licht geflossen ist aus deiner Lampe gegen die Wände meines Grabes, sooft bin ich wieder in der Welt gewesen. Ich liege hier und dennoch zugleich fliege ich dahin, die Kühle der Nachtluft weht mir ins Gesicht und unter mir sehe ich das Dorf und den Wald in dem Licht des Mondes, in dem alles von Schmach befreit ist, und im Fluß, unter dem silbernen Schimmer stehen die Fische und freuen sich an der lauen fließenden Tiefe und ich spiele in ihrer Mitte, aber dann kehre ich hierher zurück und sehe dein Gesicht an und es verwandelt sich vor mir – ich weiß nicht wie – und goldenes und blaues Licht fließt um deine Schläfen und um deine Wangen – und trächtig mit Botschaft richten sich deine Augen auf mich, aber dann lösen sich deine Lippen voneinander und es kommt – o weh! von ihnen zu mir aufs neue immer nur das Wort, das hart zu hören ist, o mein Lehrer! die Wahrheit!

JULIAN

Ja! Höre nun, höre, mein Sohn! Denn von mir bist du, deinem Bildner, nicht von dem, der den Klumpen Erde dazu hergegeben hatte, noch von ihr, die dich unter Heulen geboren hat, ehe sie dahinfuhr –: ich habe dich geformt für diese Stunde, nun lasse mich nicht im Stich!

ANTON

Es ist ein Schuß gefallen, Euer Exzellenz, jetzt noch einer, ganz in der Nähe. Was wär denn das?

JULIAN

Achte auf einen, der oben klopfen wird, sonst auf nichts!
Zu Sigismund
Mein Tun, verborgen dir, war Verwirklichung; ein Plan, ungeheuer, unter dem allem. Fassest du mich! Aufruhr, offener Aufruhr schüttelt diese Nacht seinen Rachen wie der Bär, der auf das Dach des Schafstalles geklettert ist. Über den Wäldern und Bergen geht jetzt Brand auf. Zwinger, solche wie dieser da, bersten und die Kerker geben ihre lebenden Eingeweide von sich, und Wut stürzt auf Wut. Aber die Zehntausend, die ein Pferd und einen adeligen Degen haben, reiten mit blutenden Sporen querfeldein, und ihr Feldgeschrei ist dein Name.
Sigismund hebt abwehrend die Hände.

JULIAN

Noch mehr! höre noch mehr! Ich habe durchgegriffen bis ans Ende, die Erde selber habe ich wachgekitzelt und was in ihr wohnt, was aus ihr geboren ist, den Bauer, den Kloß aus Erde, den fürchterlich starken – ich habe ihm Atem eingeblasen – das Tier mit Zähnen und Klauen habe ich aufgestört, aus Schweinsschnauze und Fuchsrachen stößt es deinen Namen hervor und erwürgt mit erdigen Händen die Schergen und Büttel. Das habe ich zustande gebracht! denn Gewalt gibt es, wo es einen Geist gibt – und Recht hat der, der gesagt hat, daß man die Unterwelt aufwühlen muß. – Jetzt steh auf und komm mit mir dorthin wo du Legionen der Deinigen so siehst, wie der Mond am Jüngsten Tag die Auferstehenden sehen wird, und sein Auge wird nicht groß genug sein, ihre Menge zu fassen – laß dich ankleiden und tritt mit mir hin, dies zu sehen. – Du hast lange genug ins Schwarze gestiert.

SIGISMUND

Wissend: das sind Träume! – denn so hast du mich gelehrt zu

benennen und zu erkennen, was sich regt vor meinem Auge.
— Träume! — so hast du mich es nennen gelehrt.

JULIAN

Träume! Recht so. Das Wort war Weisheit und Schutz gegen dich selber. Sprach ich: dies, was dir widerfuhr, war Wirklichkeit, so stürzte die Welt auf dich und begrub dich unter Trümmern. Darum sprach ich: es träumt dir. Und wiederum: es träumt dir!

SIGISMUND

Bis es fing — dann hatte es mich, und keine Hand reißt den Köder aus mir als mit meinen Eingeweiden.

JULIAN

Deine Seele hat leiden müssen, um sich zu erheben — und alles andere war eitel!

SIGISMUND

Du hast es mich fassen gelehrt. Eitel ist alles außer der Rede zwischen Geist und Geist.

JULIAN

Jetzt aber ist Herrschaft vor dir hingebreitet, Allmacht greifbar — Wirklichkeit, goldene! Knieende Männer, zehntausend Edelleute reißen die Schwerter aus der Scheide; wer in den Sturm hinaushorcht, der hört deinen Namen donnernd von ihren Lippen!

SIGISMUND

Aber mein Geist schwebt höher, und Schreien ficht mich nicht an!

JULIAN

Deinem Geist gab ich Nahrung; denn ich habe ihn gezeugt in dir! Dich selber gebildet aus dir selber, mein Innerstes eingießend in dich!

SIGISMUND

Aber ich nun, dein Gezeugter, bin über dem Zeugenden. Wenn ich liege, einsam, so geht mein Geist, wohin deiner nicht dringt.

JULIAN

Ja? Erfüllt dich Ahnung? Gewaltige Ahnung deiner selbst? Herrliche Zukunft?

SIGISMUND

Zukunft und Gegenwart zugleich. Fasse ganz, was du selber in mich gelegt hast, wenn du mich hinauftrugest an deiner Brust unter die Sterne, die aufziehen überm Turm – denn so hast du mich erhöht, um meine Seele heil zu erhalten vor der Starrnis der Verzweiflung. Da ich gewaltiger Mensch eins bin mit den Sternen, so lehrtest du mich, darum warten sie wissend auf mein Tun. Aus meiner Brust gebäre ich ihnen die Welt, nach der sie zittern. Ihnen ist alles Gegenwart, die sich gebiert – die Qualen, die dem niedrigen Menschen geschehen mit Harren und Stocken, und daß ihn zermalmen will mit zermalmendem Heranschreiten ein Übergewaltiges – derer sind sie ledig. Ihresgleichen aber, so sprachest du, mein Lehrer, – ihresgleichen in Auserwählung ist eines träumenden Menschen herrliche Brust, die aus sich selber die Welt schafft, genießend ihres innersten Selbst. Wer daliegt im Dunkel und dieses weiß, was bedarf der noch? so sprachst du zu mir: diese Erde kann ihm nichts hinzu geben.

JULIAN

Gepriesener! den kein Königsmantel erhöhen kann. Ich habe dich einmal hinausgeführt aus diesem Turm, angetan mit fürstlichen Gewändern, was aber ist das gegen die Ausfahrt, die ich dir jetzt bereitet habe!

SIGISMUND

Richtig: denn jetzt laufe ich nimmer Gefahr, daß der Wahn als ein Wahn sich ausweist!

JULIAN
Du sprichst es aus, mein Sohn, denn diesmal bist du gesichert.

SIGISMUND
Ja, das bin ich. Herr und König auf immer in diesem festen Turm!
Er schlägt sich auf die Brust.

JULIAN
Jetzt geht es nicht mehr um die Teilung des Erbes.

SIGISMUND
Nein, das Ganze bleibt bei mir auf immer und niemand wird mirs entwinden!

JULIAN
Jetzt sind wir die Weissager und die Wahrmacher zugleich!

SIGISMUND
Wahrhaftig, das sind wir! Heil uns, daß wir gewitzigt sind!

JULIAN
Taten tun, das ist nunmehr uns vorbehalten! Nur der Gebietende tut – die anderen braucht er nur nach seiner Willkür, wie Geräte!

SIGISMUND
Ha! das haben wir erfahren! als sie uns auf den Wagen warfen, wie ein Kalb mit gebundenen Füßen.

JULIAN
Meine Herrschaft! Mein Reich! Diese beiden Worte presse an dein Herz! Zieh dich an!
Er zieht ein Gewand, einen scharlachnen Leibrock, aus dem Pack

Die kühnen Edelleute nehmen dich in ihre Mitte, fünfzigtausend Bauern sind auf und haben ihre Sensen umgenagelt zu Spießen!

ANTON
nähert sich Julian
Es zieht sich Lärmen und Schießen immer näher. Jetzt läuten sie Sturm in unserer Kapelle und es riecht nach Brand. Was wär denn das?

JULIAN
Der lebendige Beweis meines Tuns! Der Adel ist herein. Sie läuten. Sie zünden gewaltige Freudenfeuer an. Sie schießen Viktoria. Vorwärts! Das Gewand her! den Gürtel!

ANTON
läuft wieder an die Treppe, horcht nach oben
Ich höre was: es lallt so. Es stöhnt wer. Es kommt wer die Stiege herunter.
Geht sie hinauf.

JULIAN
packt vollends die Kleider aus und reicht sie Sigismund hin
Schnell! schnell! Ich habe in deinem Namen die Schlachta aufgeboten! und die Nackigten aus den Erdhöhlen ans Licht gestampft! Nimm! Zieh an! Wir reiten!

SIGISMUND
Ich verstehe was du willst, aber ich will nicht. Ich stehe fest und du bringst mich nicht von der Stelle. Ich habe mit deinen Anstalten nichts zu schaffen.

ANTON
von der Treppe her, zu Julian, halblaut
Kommen gleich daher. Der Berittene ist zurück. Er redet was, aber ich versteh ihn nicht.

JULIAN
zu Sigismund
Jetzt versag mir nicht, denn jetzt ist unsere Stunde gekommen.

SIGISMUND
Was weißt du von mir? Hast du den Zugang zu mir? da ich unzugänglich bin, wie mit tausend Trabanten verwahrt.

JULIAN
Zieh an das Gewand. Schnall um den Gürtel!

SIGISMUND
Ich tus nicht!

JULIAN
Tust es nicht?

SIGISMUND
wehrts ihm, weicht zurück
Du hast mich ins Stroh gelegt wie einen Apfel und ich bin reif geworden und jetzt weiß ich meinen Platz. Aber der ist nicht dort wohin du mich haben willst.

JULIAN
Zu mir! ich reiß dich hinaus aus deiner Gruft.

SIGISMUND
Einmal und nicht wieder! Jetzt, jetzt! versinke ich dir, wie dem Gräber der Schatz beim Hahnenkrat!

JULIAN
Ich werde auf meinem Nacken dich aus deinem Kerker tragen!

SIGISMUND
Nein, das wird nicht sein! Ich gehöre mir und nichts kann mich berühren!

ANTON

bringt den Reiter die Treppe herabgeschleppt, ein Bub kommt hinter ihm, der Reiter und der Bub schwarz wie aus dem Morast gezogen

Der Reiter wäre da. Aber die Unsrigen haben auf ihn geschossen. Das hat ihm die Red verschlagen.

JULIAN

Was ist die Botschaft, schnell! Was melden die wohlgeborenen Herren aus deinem Mund?

REITER

faltet die Hände und murmelt Sprüche

Quibus, Quabus, Sanctus Hacabus! Jetzt und in der Stunde unseres Absterbens, Amen.

ANTON

Mit Sprüchemurmeln, sagt der Bub, sind sie durch die aufrührerischen Bauern durchgekommen.

REITER

Sanctus Hacabus! surgite mortis!

ANTON

Sie tropfen von Schlamm, haben sich im Sumpf verstecken müssen drei Tag und drei Nächte! Darüber hat er den Verstand verloren!

REITER

Pater nisters! gratibus plenis! Als auch wir vergeben unsern Schuldigern und erlöse uns von dem Übel, Amen.

JULIAN

Her die Botschaft! Sie werden sie ihm eingenäht haben. Heraus damit!

Sigismund

Achte nicht auf diese! Höre meine Weigerung und immer wieder meine Weigerung!

Reiter, unter Zittern, bringt nichts heraus.

Bub

Die Bauern sind auf aus ihren Erdlöchern. Haben Flegel in der Hand, Mistgabeln, Sensen –

Julian

Gerufen von mir. Was zitterst du, Narr! Deine Botschaft von den Herren! wo halten die Geschwader? gib Antwort!

Er rüttelt ihn.

Bub

Die Herren sind alle im Wald, sie gehen nicht heraus. Ihre Füße sind in der Luft, so hoch!

Lacht verwirrt

Die Bauern sind über sie und haben sie in die Bäume gehängt!

Julian

Unsere Pferde! Pack diesen dort! Hinauf mit uns! Durch die Furt in den Wald.

Bub

kommt hervor

Es ist kein Weg frei. Der Olivier, der rebellische Soldat – der verritten war –

Julian

Verritten ist der in meinem Auftrag. Rebellisch ist der in meinem Sold. Mit Sendungen und Briefen von mir.

Bub

lacht

Umgekehrt ist auch gefahren. Zurück selbzwanzig um Mitternacht auf eigene Faust! Er und die Seinigen machen mit Spießen unsere Leut nieder. Man hört schreien bis hier in Keller. Jetzt läuten sie Sturm, daß ihrer noch mehr zusammenlaufen, Räubergesindel, Landlose, Diebsleut, Mörder!

JULIAN
Wo sind die Pferde?
Er schüttelt ihn
Wo sind unsere Pferde?

BUB
Weiß nicht! weiß nicht! es ist alles drunter und drüber. Es geht jeder gegen jeden.
Reiter entweicht nach oben.

JULIAN
Ich hab die Hölle losgelassen und jetzt ist die Hölle los. So muß ich ihr ins Gesicht schauen. Anton, du wartest hier. Ruf ich, so bringst du mir diesen nach, oder –
Er zieht ein Pistol
du bist dahin.
Er will hinauf.

BUB
hängt sich an ihn
Nicht hinaufgehen! Sie erschießen alles was herrisch ist: auch Buben, Pferd, Katzen, Hund.
Julian schüttelt ihn ab, geht hinauf, Bub schleicht ihm nach.

ANTON
vor Angst trippelnd
Mir wird entrisch! sehr entrisch wird mir! Auf, Sigismundi, jetzt heißts gescheit sein.

SIGISMUND

ganz ruhig

Was ist dir, Anton? Anton, bring mir frisch Wasser, mich dürstet.

ANTON

will ihm Reitstiefel anziehen

Ziehn schon an! Ziehn an! wir reiten! hopp, hopp! über Land! Wir müssen uns davonmachen!

Sigismund sinnt etwas, setzt sich aufs Bett.

ANTON

Heraus aus dem Traum! Kennen mich? Sigismund! Prinz! Prinz!

SIGISMUND

Was willst du, Anton? Gut kenn ich dich!

ANTON

Es geht ums Leben, Herr Prinz. Wir müssen fort! hinaus!

SIGISMUND

Mir ist gut. Hab zu trinken und Brot. Nicht zu warm, nicht zu kalt. Dank schön, Anton. Geh weg. Nimm die Latern. Ich brauch kein Licht.

ANTON

Heut ist nicht wie alle Tag. Es geschieht was. Es ist was los.

BUB

von der Treppe

Der Herr schreit nach dir! Sie schießen auf den Herrn.

ANTON

Wer?

BUB

Alle miteinander, Rebellische! Er will reden, aber sie lassen ihn nicht. Sie stechen auf ihn los!

Verschwindet wieder.

ANTON

Soll ich davonlaufen ohne ihn? Mutter der Schmerzen! Sigismund! hören auf mich! Himmlische Trompeten! Hinaus! uns verstecken! es geht ums Leben!

SIGISMUND

Du sprichst nicht recht, jetzt geschieht etwas Neues mit mir. Ich spürs wie einen Vorschmack, aber nicht im Mund, sondern tiefer unten in der Brust.

ANTON

Strafende Hand Gottes! Wir haben dich um den Verstand betrogen! Du warst wirklich im Schloß vor einem Jahr! Es gibt deinen Vater! Es war kein Traum, sondern die Wahrheit. Das hohe Schloß steht, so wahr wie der Turm da. Jetzt sollst du wieder hin! König sein drin!

SIGISMUND

Ich weiß recht wohl, daß ihr das ausgesonnen habt. Aber ich will nicht. Ich bleibe noch hier. Bis ich werde hinausgehen wollen.

ANTON

Jetzt schwitz ich Blut! – Jetzt bleibt mir ein einziger Ausweg!
Er zieht ein Messer, geht mit gespielter Drohung auf Sigismund los
Gleich folgst du mir, Bub, widerspenstiger! – oder –

SIGISMUND

sieht ihn ruhig an

Ich will nicht, denn ich habe mit denen nichts zu tun, die

Schwerter und Messer in den Händen haben. Wenn ich aber sagen werde: ich will! dann wirst du sehen, wie herrlich ich aus diesem Turm hinausgehe.

ANTON
gewahrt eine Brandröte von oben

Jesus Maria und Josef!

SIGISMUND
lacht

Was beißt sich der Anton in die Fäust?

ANTON

Unglückseliger, siehst du nicht den roten Schein? Mord und Brand ist das!

Tumult von draußen.

Verkriech dich in Winkel! Jetzt kommts: die Hand an die Gurgel, das Knie auf die Brust! Und das muß mir passieren! mir, einem rekommandierten Herrschaftsdiener aus Wien! Wie bin ich denn in das vermaledeite Land hineingekommen! Ich kann mich auf gar nichts mehr besinnen!

Er läuft nach hinten.

SIGISMUND
sieht um sich, lächelt

Schön wirds jetzt hier; die Sonne geht auf aus dem Finsteren, die Spinnen in der Mauer freuen sich, wie wenn der Frühling kommt über Nacht und der Hecht mit seinem Schwanz das harte Eis zerschlägt. Horch, Leute kommen, viele, wie Rauschen vom Bach!

STIMMEN

Sigismund! Sigismund! Sigismund!

ANTON

Jetzt brüllen die Höllteufel deinen Namen! verkriech dich!

SIGISMUND

Tritt her, weise auf mich und schreie laut: hier steht er!
Der Fackelschein wird stärker.

OLIVIER

mit Aufrührern von rechts. Noch im Hintergrund
Halt! Wer zuerst der Kreatur ansichtig wird, tut die Meldung an mich. Rufet ihn noch einmal bei seinem Namen.

VIELE

Sigismund!

ANTON

leise
Achtung! Der hat Heu am Horn, der ist stößig!
Sigismund tritt hin.

OLIVIER

fährt zurück
Spieße gefällt! Äxte parat! Ist dies die Kreatur?

ANTON

laut
Lassen ihn! verschonen ihn! Ihm ist nicht richtig. Er ist kein vollsinniger Mensch.

OLIVIER

Bringet ihn ins Licht.
Zwei mit Fackeln treten hin.
Sperrt er einen Wolfsrachen auf? Wo ist mein Passauersegen?
Greift unters Wams
Gebet ihm zu verstehen, daß er sich als unser Alliierter anzusehen hat! Wir wollen zwei Schritte ihm entgegen, damit er uns erkenne und seine Reverenz erweise, als seinem Retter.

Er trinkt aus einem zinnernen Branntweinkrug, den einer ihm hinhält.
Anton grüßt.

JERONIM
tritt vor

Sehet her, nackigte Brüder, erstgeborene Söhne Adams! Dies ist der, von dem ich euch gesagt habe. Sehet: der Königssohn unter der Erde, mit Ketten geschmiedet an das fließende Gewölb!

Immer mehr bewaffnete Bauern hinten herein.

ANTON

Wie der Herr sagt. Er ist tiefsinnig geworden über dem, was sein Vater ihm angetan hat. Es ist über ihn gekommen, wie der Dummkoller beim Roß, wenn der Herr das weiß. Nicht einmal Essen freut ihn.

OLIVIER

Maul halten, Lakai.

Zu Sigismund

Tritt vor, Kreatur. Bist du deiner Sinne mächtig und willens, deines Vaters Blut aus einem silbernen Humpen zu trinken?

Sigismund antwortet nicht.

OLIVIER

Haben sie dir dein Hirn aus dem Schädel kastriert? Vermagst du zu erkennen, was man dir hinhält? Zücket ein Waffen gegen ihn!

Sie tuns.

SIGISMUND

Es geht ein süßer Geruch vom Eisen, wie von Bohnenblüten in der Luft: das kommt vom Blut, in das ihr sie getaucht habt.

OLIVIER
Du erkennst demnach, was man dir vor Augen bringt?

SIGISMUND
Die Geräte des Ackers sind entfremdet ihrem Dienst und müssen jetzt die Welt reinigen. Das erkenne ich. Und ich erkenne auch, daß du der Rechte bist für ein blutiges Werk, genau so wie du bist. Denn du hast einen Stiernacken und die Zähne eines Hundes.

OLIVIER
Ha, spricht meine Miene dich an? Recht so: denn ich brauche dich und lege meine Hand auf dich. Fassest du meine Rede?

SIGISMUND
tritt zurück
Alles geht in mich hinein und aus mir wieder heraus, und ich bleibe in meinem Gedinge. Ich bin mein eigener Vater und Sohn und lebe mit mir in Eintracht.
Der Feuerschein wird stärker.

OLIVIER
Wo glotzest du hin? Bougre, Larron, écoute.

SIGISMUND
hebt die Hand
Horch, jetzt flattern die Dohlen um den Turm und schreien über ihre Nester, in denen die Brut verbrennt – aber der Wanderer, der zehn Stunden weit übern Hochpaß geht, sieht nur ein kleines, glimmendes Fünkchen. So bescheiden ist alles!

OLIVIER
Sperr die Ohren auf! Weißt du, wessen Fleisch und Blut du bist?

####### Sigismund
sieht ihn an

Ich habe es erfahren müssen.

####### Olivier

Dann weißt du genug. Reiß dein Maul auf und schrei: Tod, Tod, Tod! Mordjo! Gericht! Gericht! Tod und Verdammnis über meinen Mörder!

####### Sigismund

Ich habe einmal geschrieen wie einer, den der Alp drückt, aber ich habe mir keine Hilfe herbeigeschrieen. – Ihr riecht nach Verbranntem, nach Geschlachtetem und nach Erde! Euer scharfer Dunst macht mich dürsten.

Anton reicht ihm den Krug, er tut einen langen Zug.

####### Olivier

Her jetzt mit dem Judas, mit dem malefikantischen Hofschranzen, und ob er aus siebenundneunzig Wunden blute, her mit Seiner Exzellenz, lebend oder tot. Denn dazu sind wir aufgestanden, damit wir allezeit das Rad der Gerechtigkeit aus dem Sumpf stemmen!

Einige bringen Julian getragen, er ist notdürftig verbunden, er hält die Augen geschlossen, sie setzen ihn auf das Bett.

####### Jeronim
verneigt sich

Königlicher Prinz Sigismund, erkennst du diesen für den belialischen Judas, deinen Kerkermeister, der dich, unsern König, an der Kette gehalten hat, ärger wie einen Hund?

####### Sigismund

Was arg und was nicht arg ist, wer entscheidet das?

OLIVIER

Was! du Gans, die in ein neues Faß sieht! Schrei Zeter, gib Zeugnis gegen ihn! — Und du, antworte ihnen, so wie man es brauchen kann, du! — Ich will eine Prozedur! Jetzt ist bei mir das schleunige Recht! Kapierst du?
Julian schweigt.

OLIVIER
zu Julian

Hast du die zehn verbotenen Artikel gemacht! Oder nicht? Hast du dir in einem silbernen Waschbecken die Hände gewaschen! Oder nicht? Was? Das Maul nicht auf? Leugne das, wenn du kannst! Her mit dem Waschbecken, daß ich es ihm um den Schädel schlage! Vorwärts!
Julian öffnet die Augen.

ANTON

Sofort! zu Befehl!
Will gehen, einer stellt ihm ein Bein, man hält ihn.

SIGISMUND

Er hat mich nicht gehalten, wie ihm befohlen war, sondern: er hat mich gehalten, wie er ausgesonnen hatte: in der Erfüllung seines geistigen Werkes. Denn er war der Meister über dem allen. Und solange er lebte, hielt er sein Werk nicht für verloren, und mit Recht.

OLIVIER
nachdem er getrunken

Maulhalten jetzt, bis das Waschbecken da ist. Habt acht, ich habe Inspiration, einen Befehl zu erlassen! Regimentsschreiber, schreib! An die gesamten Haufen! Also setzen, ordnen und befehligen wir: Die Bauern sind allerorts vom Pflug zu rufen, weil ein neuer Weltstand eintreten wird, bei dem die Erde

nicht mehr umgebrochen wird, sondern das menschliche
Fleisch und Bein wird umgebrochen. Alle Männer von fünf-
zehn bis siebenzig sind befehligt unter die Blutfahn; die nicht
wollen vom Pflug lassen, denen die Händ abhauen. An die
Pflüge gespannt Edelleute und Bürger – Salz gesät in die Fur-
chen: Im neuen Weltstand werden wir vom Überfluß ernährt
und bewegen uns immer von der Stell, so braucht es einen
Acker nimmermehr. Sodann: Alle Eßwaren herbei, dem Heer
zu dienen: als da sind die Waben und die Käse, die Lebkuchen
und den Branntwein, die Kälber und Schwein, die Lämmer,
die Ziegen, Hühner und Gäns, Salz und Schmalz, Störe und
Hecht – also gegeben unter der Blutfahn. –

Unterschreibts

Vorwärts in der Prozedur! Quetsch aus ihm heraus was nötig
ist nach Form Rechtens, daß wir ihn aufs Rad flechten!

Sigismund

Ich bezeuge, dieser Mann hat mich die Wahrheit gelehrt, die
einzige Wahrheit, vermöge der meine Seele lebt, denn meine
Seele braucht Wahrheit, wie die Flamme, die ausgeht wenn ihr
die Luft versperrt wird.

Olivier

Und was ist das für Wahrheit? Du Erzkreatur, du epileptische?

Sigismund
zu ihm

Wir wissen von keinem Ding wie es ist, und nichts ist, von
dem wir sagen könnten, daß es anderer Natur sei als unsere
Träume. Aber mißverstehe mich nicht. Was ich fürchte, ist
der Irrtum, als ob ich dadurch anders sei als du oder dieser
oder einer dort unter diesen. Ich bin wie ihr seid. Aber ich weiß,
und ihr seid ohne Wissen.

JERONIM

Höret alle! er läuft am lichten Tag herum und glaubt, daß ihm träumt! wie einer dem man den Kopf in einen Sack gesteckt hat und den Sack am Hals fest zugebunden hat. Er bezeugt, daß sie ihn närrisch gemacht haben! Dafür werden sie von euren Händen sterben müssen.

Einige seufzen schwer.

SIGISMUND

Ich sage dir: es ist kein Ding anderer Natur als unsere Träume, – das Wasser, das aus diesem irdenen Quellbrunnen rinnt, –

Er zeigt auf seinen Krug

– was ist wirklicher? Aber auch diesem ist das beigemischt – und die Sterne schwimmen wie Fische im gleichen. Dieses haben sie mich gelehrt.

JERONIM

Hört alle! Volk! Oh! Oh!

SIGISMUND

Sie haben mich hinangeführt, bei Nacht mit verbundenen Augen in meines Vaters Palast, und mich wieder zurückgeführt und haben gesagt: Du warst nirgends als du bist Dies. und das ist einerlei Ort.

JERONIM

Mit solchen Reden ihrer vermaledeiten, satanischen Zungen, ihr guten Ackersmänner, haben diesen euren armen König um den Verstand gebracht der Scherge da und sein Lakai. Dafür müssen sie sieben Fuß höher hängen und die Raben müssen ihnen die Zungen aus dem Maul hacken!

ANTON

dicht bei Sigismund

Jetzt hats g'raten! Jetzt zeig, daß du weißt, wo der Bartel den Most holt!

SIGISMUND
Sei still. – Sie haben zu mir gesagt: du hast geträumt, und immer wieder: du hast geträumt! Dadurch, wie wenn einer einen eisernen Finger unter den Türangel steckt, haben sie vor mir eine Tür ausgehoben und ich bin hinter eine Wand getreten, von wo ich alles höre, was ihr redet, aber ihr könnt nicht zu mir und ich bin sicher vor euren Händen!

OLIVIER
Verdeutsch ihnen den Galimathias! schrei es aus, Schlaukopf, so daß alle es begreifen, was sie für eine Malefizschandtat an dieser Kreatur verübt haben.

JERONIM
mit schriller Stimme
Er sagt, sie haben ihn frieren und hungern lassen, und wenn sie vollgesoffen waren, haben sie ihn geprügelt wie einen störrischen Esel.
Volk stöhnt auf.

OLIVIER
Wir wollen sie hängen, ehrwürdiges Volk! aber zuvor will ich ein Einbekenntnis haben und den da zu unseren Füßen um Gnade winseln hören für sein Leben!

ANTON
Jetzt ist Matthäi am letzten! Sag ihnen, daß ich ein fremdländischer Herrschaftsdiener bin und mit der Sache nichts zu tun habe.

OLIVIER
Rede, Ankläger! Vorwärts! Laß Schlauheiten aufsteigen aus deinem Bauch! Bring ihn zum Reden! Er soll wiehern vor Angst! Als einen Geständigen will ich ihn hängen!

Junge Zigeunerin mit dem silbernen Waschbecken und einem schönen Handtuch kommt, ängstlich. Man zeigt ihr den Weg.

OLIVIER
zu Julian
So viel Zeit als ich brauche, mir die Hände zu waschen, geb ich dir zu deiner Rechtfertigung. Dann will ich dies Spülwasser hingeben und sie werden dir darin den Strick einseifen!

JULIAN
blickt um sich
Du Gesicht einer Ratte! Du Schweinsstirn mit bösen nach oben schielenden Augen! Du Schnauze eines gierigen Hundes! – – Klumpen ihr, wandelnde! Beim Licht dieser Fackel, die mir eure scheußlichen Gesichter zeigt – – ich will über euch lachen ohne daß ihr mich kitzelt!
Er hebt sich auf
Tut eure Spieße fort! Ha, du Nichts mit tausend Köpfen, vor mir totem Mann weichst du zurück wie die Schafherde vor dem Hund, und dennoch erdrückst du Erdhaufen den, der in unsagbarer Mühe dich unterwühlt hat um dich über Nacht auf das Dach seines Feindes zu stürzen. Denn ich habe aus einem Nichts ein Etwas gemacht – aber daß ich dies gewollt habe, war das Einzige, das mir angestanden hat! Du kannst mir nichts davon rauben, Kanaille. – Du dienst mir jetzt noch, denn meine Schwermut, wie ich dich ansehe, wird zu gewaltig, als daß das Grausen mich angehen könnte. Steh unter meinem Blick, du Nichts, du Kehricht, das ich zusammengekehrt habe. Solange ich dich mit den Augen bändige, werde ich das Gefühl meines Selbst nicht entbehren.

OLIVIER
Geht nichts anderes aus diesem hoffärtigen Rachen als stinkende Schmähung? So will ich dir dies Spülicht aus deinem

eigenen Wasserbecken übern Schädel gießen, so wahr nunmehr das schleunige Recht bei mir ist!

JULIAN
sieht ihn fest an

Das wirst du nicht wagen!

SIGISMUND

Mein Lehrer, warum sprichst du zu ihnen? Was zu sagen der Mühe wert wäre, dazu ist die Zunge zu dick.

JULIAN
wendet sich ihm zu

Bist du auch da, mein Geschöpf? – Er ist, wie er da steht, mein Werk, und erbärmlich. – Wer ist der, der mir ein Werk aufgedrungen hat, das über meine Kräfte ging?

SIGISMUND

Deine Augen sind vermauert mit dem was nicht ist, sonst würdest du erkennen, daß dein Werk gelungen ist und nicht vereitelt.

JULIAN

Kehre dich ab von mir, du Kloß aus Lehm, dem ich das unrechte Wort unter die Zunge gelegt habe. Ich will dich nicht sehen.

SIGISMUND

Du hast mir das rechte Wort unter die Zunge gelegt, mein Lehrer, das Wort des Trostes in der Öde dieses Lebens, und ich gebe es dir zurück in dieser Stunde.

JULIAN
setzt sich wieder auf sein Bett

Ich will dich nicht sehen!

Wendet den Blick von ihm
Ich habe etliche in ihren Betten sterben sehen, die in feiger Angst alles an sich raffen wollten. Ich aber stoße jetzt alles von mir und bleibe allein.
Er schließt die Augen.

SIGISMUND

Ich lächle dir zu in deine Einsamkeit. – Dein Gebet ist nicht ohne Kraft, wenn du auch die Fäuste ballst anstatt die Hände zu falten.

JULIAN
öffnet die Augen und schließt sie wieder
Ich habe das Unterste nach oben gebracht, aber es hat nichts gefruchtet!

SIGISMUND
Du quälst dich, daß eine Ader in dir aufgehe, von der du trinken könntest. In mir aber fließt es ohne Stocken, und das ist dein Werk.

JULIAN
öffnet noch einmal die Augen, als wollte er reden, schließt sie dann und sinkt um mit dem einen Wort
Nichts!

OLIVIER
tritt näher
Ist er mir echappiert? Denn was hab ich davon, wenn ich einem Toten Spülwasser übern Schädel gieße? Her, daß ich mir die Hände trockne!
Er tuts
– – und hängt dort die lakaiische Sau an ein Fensterkreuz.
Er trinkt Branntwein.
Einige fassen Anton an.

SIGISMUND

tritt an Julians Bette

Gleich wird dir so zumut sein wie mir ist. Es gibt etwas Besseres als Vergessen: eine wunderbare Erleuchtung in der Einsamkeit. – Er ist tot. – Und du

Zu Anton

bleibe bei mir und fürchte dich nicht. Auch der Hund will zuweilen gestreichelt sein, geschweige denn der Mensch. Also lasset diesen in Frieden.

OLIVIER

Du Malefizschindaasvogel mit Teufelsflügeln! Hab ich dich dazu, daß du mir Insubordination prästierst unter meinen Augen?

SIGISMUND

sieht ihn ruhig an

Du hast mich nicht. Denn ich bin für mich. Du siehst mich nicht einmal, denn du vermagst nicht zu schauen.

OLIVIER

Wirfst du dein Maul auf gegen meine Erlauchtige Person? – So will ich dich demnächst in ein Hundsfell genäht in die Mistgrube fahren lassen. – Aber zuvörderst habe ich dich betreffend anzubefehlen! Habt acht!

Trommelwirbel.

Denn ich brauche seine phantastische Fratze für die Weiber, daß sie mir warm bleiben und sich mit Messern an die Kürassierpferde machen. –

SIGISMUND

Es braucht keine Weiber, denn ihr werdet durchreißen wie der Ostwind, ihr werdet Gefangene zusammenraffen wie Heu, und alle Türme und Festungen werden euch ein Scherz sein!

OLIVIER

Potz Element! Bist du der Prophet Daniel? So sollst du mir auf einem Ochsenwagen immer vor dem mittelsten Haufen herfahren und sollst schreien: Blut über meine Verkäufer! Lasset die Blutfahne wehen!

SIGISMUND

Irre dich nicht, denn bei mir ist kein Ding besser beherbergt als ein anderes.

OLIVIER

Dafür will ich ihn füttern und er soll auf seinem Wagen so viel zu essen haben, daß ihm der Bauch platzt. – Wofern er aber als ein Narr das Maul gegen unsere Sache aufwirft, so soll getrommelt und geblasen werden in seine Red hinein, daß er sein eigenes Wort nicht hört, indem es ihm aus dem Maul fährt, – – dafür stehst du mir ein, tatarischer Aron, und zu diesem Behuf sollst du mein Stab- und Statthalter übern Troß sein.

JERONIM

Dazu hast mich gemacht, Olivier, und es mir überm Becher Branntwein zugeschworen!

OLIVIER

Du hast mich Gestrenger Generalissimus anzusprechen und dein Maul zu halten, wo ich Anordnung treffe. Achtung! Wer ist hier Kapitän?

Trommelwirbel.

Jedennoch werde ich mich herbeilassen, jetzt sogleich unter währendem Bankett eine ewige Rangliste anzufertigen, gemäß der sich zu halten sein wird in jeglichem Stück, und euch, meine Generalleutnants, will ich Teufelsnamen geben, wie eine alte Hexe sie mir zugeraunt hat – und unter diesen Namen sollt ihr fliegende Brandrotten kommandieren! Wo die auftreten, da sollen die Edelleute und Stadtbürger pissen vor

Angst, wissend, daß ihr letztes Stündlein geschlagen hat. —
Was siehst du mich so an, Kreatur? Glaubst du mir nicht? Ich
sage, die in Burgen, Herrenschlössern und Städten wohnen,
sollen Junge kriegen vor Grausen! Aus ihren Bäuchen soll das
Letzte heraus, wenn sie auf ihren Mauern stehen und uns an-
reiten sehen!

JERONIM

Und was, gestrenger Kapitän, wenn wir straßauf straßab die
Häuser besetzt haben und mit einem solchen geschliffenen
Schlüssel

Er deutet auf eine Axt

die Türen aufgesperrt haben, was soll dann mit den Herrn der
Häuser geschehen?

OLIVIER

Herren! Herren! Daß dich der Schwarze schänd und dir das
Wort in der Kehle abwürg! Die Herren sollen kopfunter in den
Abtritt fahren!

JERONIM

Und die Grundherrn?

OLIVIER

Die sollen in die Erde, von der sie Zins erhoben haben, einge-
graben werden.

EIN ANDERER

Und die Herrn über Flüsse und Teiche? die Brückenzoll erhoben und armen Leuten das Fischen verwehrt haben?

OLIVIER

Ersäuft sollen sie werden in ihren Gewässern!

JERONIM

Und die Jagdherrn?

OLIVIER

In Wolfshäute vernähen und ihre Bluthunde auf sie hetzen!

EIN DRITTER

Und die Pfaffen? Schullehrer? Amtsschreiber? Steuereinnehmer? Lakaien?

OLIVIER

Hinwerden müssen sie wie Fliegen! Die Zucht soll verschwinden! Es sollen hinter uns die Geier und Wölfe kommen und sie sollen nicht sagen, daß wir halbe Arbeit getan haben. – Jetzt aber bin ich genug inkommodiert und behelligt, und es weiß jeder wonach er sich zu achten hat, und es ist mir die Kehle trocken. Jetzt sollen die Stabsmetzger und der Koch herbei und ich will ihnen den Brocken Fleisch anbefehlen, den ich will an Spieß gesteckt haben, und dich da, keine andere, will ich den Branntwein einschenken sehen – – und wenn ich eine martialische Gesundheit ausbringe, so will ich sie vom Altan mit Posaunen und im Burghof mit Stücklösen verkündet wissen und das soll bis in den hellen Tag hinein währen.

SIGISMUND

Recht so. Aber du mußt später einmal auch die Hefe aussaufen, und mein Trunk da
Er deutet auf den irdenen Wasserkrug
bleibt immer lieblich.

OLIVIER

Achtet mir auf den Masilisken da und hängt ihm einen Maulkorb um, wofern er seine Zunge nicht im Zaum hält. – Euch zwei da will ich verantwortlich machen, daß diese Kreatur nütze und nicht schade. Er soll keinen Schritt tun ohne meine Genehmigung. – – Generalmarsch! zu meinem Abgang! schlag auf das Fell, daß dir die Schlägel samt den Fingern abfliegen.
Tambour schlägt den Generalmarsch.
Jedermann soll wissen, daß meine Erlauchtige Person sich jetzt

zur Mahlzeit begibt. Fackeln voraus! und ihr da rangiert euch hinter meine Durchlauchtige Magnifizenz!

Geht ab mit Gefolge die Treppe hinauf unter Trommelschlag und Vorantritt von Fackeln.

Einer vom Volk
zu Sigismund, mit Ehrerbietung
Wir sind bei dir! Sprich zu uns!

Ein Alter mit einem Stelzbein
Das ist der Armeleute-König und sie werden vor ihm das Schwert und die Waage tragen.

Ein Anderer
Sprich zu uns!

Ein Dritter
Rufet ihn bei seinem Namen!

Ein Anderer
Dieser Name darf nicht genannt sein!

Ein Fünfter
Die ihn beim Namen genannt haben, denen ist die Zunge stumm geworden!

Ein Greis
sich vordrängend
Sehet ihn an, unseren König, wie er dasteht. Wie in lebendigem Flußwasser gebadet, so glänzt er von oben bis unten.

Einer
Er fürchtet sich vor uns!

Mehrere
Fürchtest du dich, Herr?

EINER
Sprich zu uns!
EIN ANDERER
Wenn er schreien wollte, würde uns allen die Seele bersten wie ein Sack. Weckt ihn nicht auf. Er ist scheintot.

EINE ALTE FRAU
Ich sehe ihn!
DER ALTE STELZBEINIGE
Ein Spalt geht auf und das Reich dieser Welt wird hineinstürzen.

SIGISMUND
Mutter, komm zu mir.
Mehrere bringen goldgestickte Gewänder, eine Dalmatika, goldene Schuhe, – – eine goldene Krone.

EINER
Sie wollen ihn bekleiden mit goldenen Gewändern!

EINER
mit dem Gewand
Will unser König gestatten, daß wir bekleiden?

EIN ALTER
Laß dich bekleiden. Wir haben es genommen vom Altar weg und wollen es dir mit Ehrerbietung umhängen.
Sie bekleiden ihn.

DER STELZBEINIGE
Ein Spalt geht auf und das Reich dieser Welt wird hineinstürzen!

EIN ANDERER
Bleib bei uns! Harre aus bei uns!

EIN ANDERER
Ein feuriger Engel wird vom Himmel kommen und wird den Bauern die Pflughand abhauen! Aber mit der linken Hand werden sie das Schwert schwingen!

SIGISMUND
vor sich, halblaut
Ich aber werde mit euch hinausgehen.

EINER
Er spricht zu uns!

EIN ANDERER
Bleib bei uns!

EIN ANDERER
Daß wir nicht sterben, o Herr!

EINER
von denen, die hinten stehen
Die Weiber sollen ihn sehen! Hebet ihn auf, unsern König! Aber achtet auf ihn wie auf ein wächsernes Bild!

INDRIK, DER SCHMIED
Machet eine Gasse, damit alle, die draußen stehen, ihn sehen können. Öffnet, damit alle ihn sehen können!
Es geschieht.

SIGISMUND
Tretet beiseite. – – Ich spüre ein weites offenes Land. Es riecht nach Erde und Salz. Dort werde ich hingehen.

STIMMEN

Bleib bei uns!

EINER

Willst du fahren?

EIN ANDERER

Wir wollen einen Wagen rüsten und zwölf Paar Ochsen vorspannen. Auf dem sollst du fahren, und eine Glocke soll läuten auf deinem Wagen, als wärest du eine Kirche auf Rädern.

STIMMEN

Bleib bei uns! Harre aus bei uns!

EIN ANDERER

Daß wir nicht sterben, o Herr!

EINER

Die Weiber wollen herein, seine Füße küssen.

EIN ANDERER

Jagt sie fort, die Stuten! Sie sind es nicht wert, sein Gesicht zu sehen.

Die Weiber draußen schreien auf.

EINER

Hungert dich nicht? Die Weiber schreien, daß wir dich hungern lassen.

EIN ANDERER

Bringet alles herbei! Ladet alles ab von dem Troßkarren, was herrlich zu essen ist, und breitet es vor seine Füße!

STIMMEN

Bleib bei uns! Harre aus bei uns!

ANDERE
Bringet alles! Machet einen Berg vor ihm. Bringet Fleisch, Brot und Milch. Bringet Honig und Rahm. Bringet Geräuchertes und Gebackenes wie für zehn hungrige Männer, die gedroschen haben.

VIELE
Bringet! Bringet! Bringet!

EINIGE
Bleibe bei uns, o Herr!
Sie bringen das Genannte in Körben, auf Blättern, auf Holztellern. Häufen es auf.

SIGISMUND
Nicht was die Vogelschlinge noch was der Angelhaken geschafft hat, noch das Messer an der Kehle des Schweines, – – aber dies da aus weißem Mehl ist eine schöne Speise.
Er nimmt etwas, teilt es mit Anton
Aber auch dieser muß bei mir bleiben,
Er nimmt seinen Trinkkrug, birgt ihn an der Brust
denn mich wird viel dürsten in eurer Welt.

ANTON
frißt eine Wurst
Sprichwort – Wahrwort! Auf einen Schrecken wird der Mensch hungrig. Jetzt versteh ich die Red!

EINER
der Sigismund in einem bunten Tüchlein Essen vorhält
Meinst du jetzt auch noch, daß du träumst? Wenn du von allem diesem gekostet hast, wirst du dann immer noch meinen, daß alles ein Traum ist?

ANTON

Ah, gar kein Denken! Jetzt wacht er gleich auf!

STIMMEN

Wache auf bei uns!

ANDERE

Gehe nicht fort von uns!

SIGISMUND
den Krug an seine Brust drückend
Wie der Hahn auf dem Hofe rieche ich den grauenden Morgen und die Stunde wo die Sterne von ihrem Wachtposten abtreten. Lasset uns zusammen fortgehen.
Er tut einige Schritte.

ARON
taumelt die Wendeltreppe herab, eine kostbare Decke um
Wo ist die Kreatur? Wo habt ihr sie hingeschafft?

INDRIK, DER SCHMIED
hebt seinen Hammer
Hier steht unser König! Was willst du von ihm?
Sigismund wendet sich nach ihm.

ARON

Hinauf mit dir! Her du! Du kommst mit mir! Unser Generalissimus ist in großer Delektation und will, daß du ihm aus einem sonderlichen Becher knieend eine Maß Pfaffenwein kredenzen sollst. Also hinauf mit dir im Galopp! Es ist befohlen! Kapierst du?
Er taumelt.

Indrik
stellt Aron ein Bein und wirft ihn hin
Da lieg, säuischer Kerl, und verreck, wenn sie die Fackeln in die Pulverkammer schmeißen.

Sigismund
Laß ihn liegen. Dort wo wir hingehen wird gehorsamt ehe befohlen war und gemäht ohne Hoffnung aufs Nachtmahl. Aber du bist rüstig und sollst Vormäher sein.
Indrik kniet hin und küßt den Saum von Sigismunds Kleid.

Viele
Herr, schütze uns! Harre aus bei uns!
Sigismund geht hinaus, sie folgen ihm.

DER FÜNFTE AUFZUG

Das Innere eines Zeltes. Haupteingang in der Mitte. Nebeneingänge je zwei links und rechts. – Ein gebrochener Stuhl und eine hohe Trommel als Sitze. Eine eiserne Regimentskasse in der Nähe. – Rechts vorne ein Haufen Beute: Teppiche, kostbare Gewänder, Sattelzeug, Linnen, alles auf einen Haufen geworfen. Es ist dunkel, kurz vor Tag. – Signale ab und zu, wie von dem Zeltlager ringsum. Öfters Schießen in der Ferne. –

Ein Tatar bringt die gebundene Zigeunerin an einem Strick geführt. Der Reiterbub ihm voraus. – Simon sieht sich um; er ist mit dem Durchzählen und Aufschreiben der erbeuteten Sachen befaßt. – Indrik steht auf von einem Schemel, auf dem er gesessen hat. Er ist gewaffnet und hat einen Streitkolben vom Gurt hängen. – Der Arzt tritt seitwärts aus dem Dunkel hervor und Graf Adam von einer andern Seite.

Reiterbub
Das ist die Zigeunerin und der Reiter, der sie eingebracht hat. Sie hat blutige Füß, er hat sie hinter dem Pferd laufen lassen. *Der Arzt tritt näher hin. Der Tatar tritt ab, der Reiterbub gleichfalls, nachdem er Graf Adam etwas leise gemeldet.*

Arzt
Es hätte ihr Tod sein können. Sie ist schwanger.

Indrik
Schwanger vom Olivier? So kommt sie mit dem leibhaftigen Satan nieder.

Graf Adam
Wie seht Ihr das sogleich? Ich hätte ihr nichts angekannt.

ARZT

Es prägt sich aus, untrüglich. Die Haltung, die Augen. Ich könnte es kaum sagen.

INDRIK
zu Simon

Ist das die rechte Olivierische Haupthur? Simon, schau sie an!

ADAM

Nicht so laut, der König schläft.

ANTON
tritt leise links heraus

Nein, er ist auf und liest in einem Buch.

SIMON
tritt hin, aber nicht nahe

Wie heißt die Rechte? Zwölf und zwanzig Weiber hat er hinter ihm drein bei Tag und bei Nacht, aber diese ist die große Lieblingin von ihm gewesen jederzeit. Mir gewünscht, daß ich sie nie mit meine Augen hätt gesehen einziehen in ä Stadt. Was dahinter bleibt, is ä Schindanger voller halb noch zappelnde Leichen.

Reiterbub tritt wieder ein, sieht Adam an.

ADAM

Eintreten lassen.

Reiterbub ab.

ADAM

Es gehen die Bannerherren jetzt hier durch. Schafft das da beiseite.

INDRIK
zu der Zigeunerin

Hock nieder.

Er wirft einen Teppich über sie.
Reiterbub öffnet den Vorhang am Haupteingang. – Zwei Tataren treten ein mit Lanzen. Dann eine kleine Schar Herrn von Hof, ohne Waffen, dann wieder zwei Tataren.

ADAM

Nehmen die erlauchten Herren hier vorlieb,
Er weist auf den kleinen Ausgang rechts
Seine Majestät wird Sie bald vor sich befehlen.

EINER DER HERREN
halblaut

Es ist uns freies Geleit gesichert. Wir sind ohne Waffen. Wozu die Tataren uns am Leib?

ADAM

Eine Ehrenwache, nichts weiter, erlauchter Herr.
Er führt sie rechts hinüber.

EIN ANDERER HERR
im Gehen halblaut

Ihr, Vetter Adam, habt geschwind erraten, wie der Wind sich drehen wird. Ich mache Eurer Vorsicht mein Kompliment.

ADAM
öffnet den Vorhang rechts

Belieben die gebietenden Herrn hier einzutreten.
Er läßt sie eintreten und folgt ihnen.
Zwei Tataren bleiben an der Tür rechts, zwei am Haupteingang.

INDRIK
zieht den Teppich weg und reißt die Zigeunerin vom Boden auf gegen das Licht

Wo ist dein Kerl? dein Gschwuf? Wo zündet er jetzt Dörfer an

und haut den Kindern die Köpfe ab? Wir sind ohne Nachricht von Seiner besoffenen Magnifizenz! Gib Antwort oder man wird dich anders fragen!
Die Zigeunerin preßt die Zähne zusammen. – Anton horcht nach links, tritt dann vor den linken Eingang, hebt den Vorhang ehrerbietig.

ADAM
Der König.
Neigt sich.
Simon tritt zurück. – Indrik zieht die Zigeunerin nach hinten.

SIGISMUND
tritt herein, in einem langen Leibrock, ungewaffnet; er geht auf den Tisch zu
Woher sind die Landkarten?
Er setzt sich.

INDRIK
tritt vor
Aus dem Kloster, das gestern abends rechter Hand unserer Marschlinie gebrannt hat.

SIGISMUND
beim Tisch, ohne aufzusehen
Die Tataren sollen sich in acht nehmen. Wenn ich wieder einen roten Himmel sehe, lasse ich ihrer ein Dutzend hängen.
Da er den Blick des Arztes auf sich ruhen fühlt
Wundert Ihr Euch, daß ich schnell die Sprache der Welt gelernt habe? – Guter Freund, mein Ort ist ein schreckenvoller Ort, und ich lebe unter den Sternen auch am lichten Tage, und nichts ist da oder nicht da: alles, indem es ist, war schon da.
Er winkt Adam heran, zeigt ihm die Karte

Eine schöne Darstellung. Da liegt das ganze Land bis ans Gebirge hin. Schön liegt es da, wie in einem Korb. Hier seht Ihr die Sümpfe südlich.

ADAM

In die wir den Olivier mit Gottes Hilfe werfen werden.

SIGISMUND

Oder er uns mit des Satans Beistand.

ADAM

Bei unseren Tataren hält sich hartnäckig ein Gerücht, wonach es zwischen ihren Leuten und ihm zu einem für uns glücklichen Treffen gekommen wäre. –

SIGISMUND

Wir wollen sicherer gehen, denn wir stehen einem starken Teufel gegenüber. Es sind keine Nachrichten herein? – Deine Kundschafter, Simon?

SIMON

tritt heran

Es ist keiner zurück. Aber die dort ist mehr wert als ein Bericht.
Er zeigt auf die Zigeunerin, die dem Tisch den Rücken kehrt.

SIGISMUND

Ist das eines seiner Weiber?

SIMON

leiser

Das ist eine große Mitwisserin von allem was er vorhat.

SIGISMUND

zu Indrik

Sorge, daß du sie zum Reden bringst. Ohne Gewalt! Geh mit,

Simon. Nehmt von dem Zeug da und bestecht ihre Begehrlichkeit.

Die Zigeunerin lacht lautlos. – Indrik und Simon ab nach links hinten mit der Zigeunerin.

Sigismund
zum Arzt

Ich habe im Plutarch die Biographie gelesen, die Ihr mir aufgeschlagen hattet. Es sind große Bezüge darin auf uns und unsere Lage trotz der Verschiedenheit der Zeiten. Ich möchte mich mit Euch darüber unterhalten. Vielleicht findet sich abends eine Stunde.

Der Arzt neigt sich. – Anton, indessen Sigismund redet, hin zu ihm und richtet ihm etwas am Schuh.

Sigismund

Fütter dich besser, Anton, ruh mehr aus, laß dir doppelte Rationen geben. Ich will dein altes ausgepolstertes Gesicht wieder sehen.

Anton küßt ihm die dargereichte Hand.

Sigismund
zu Adam, indem er sich wieder an den Tisch setzt

Ich habe stark schießen hören bei den Feldwachen kurz vor Mitternacht. Was war da?

Adam
tritt heran

Darf ich Eurer Majestät melden – die Palatine und Bannerherren, so viele ihrer noch am Leben sind, sind mit einer salva guardia durch die Vorposten herein und warten hier nebenan. – Das Schießen war am Fluß zwischen unseren vorgeschobenen Posten und den Grünen. Sie haben jenseits ein festes

Lager geschlagen. Aber sie haben sich neutral erklärt und das
Schießen ist eingestellt worden.

SIGISMUND
Die Grünen sind Marodierer, Versprengte von der königlichen
Armee, verlaufene Mordbrenner von Oliviers Haufen. Seit
wann schlägt solches Lumpenpack ein festes Lager und gibt
Neutralitätserklärungen ab?

ADAM
Diese sind ein großes kriegsmäßig geordnetes Korps. Es sind
Kinder aus allen drei Ländern und sie haben einen Kinder-
könig über sich.

SIGISMUND
sieht auf von der Landkarte
Was meinst du damit, Adam?

ADAM
Es sind Halbwüchsige, die sich gesammelt haben –

ARZT
Solche sind überall in den Wäldern, seit der vierjährige Krieg
unter Basilius die Grenzländer zu einer Wüstenei gemacht hat.
Es sind die zusammengelaufenen Waisen aus den Dörfern ohne
Häuser. Da oder dort führt ein alter Mann, der sich auf einen
Buchenzweig stützt, sie in einen versteckten Winkel auf die
Grasweide, solange bis ein harter Winter kommt und sie alle
erfrieren. Man hat solches seit Jahren sehen können, wenn
man durchs Gebirge geritten ist.

*Simon tritt hinten wieder ein, dahinter Indrik mit der
Zigeunerin.*

ADAM
Es sind ihrer gegen zehntausend. Sie haben besondere Rechte

und Bräuche und über sich einen gewählten König, der ein starker und schöner Bursch sein soll und aus den Augen schauen wie ein junger Löwe. Sie pflügen und leben wieder wie die Menschen vordem. Sie verrichten Handwerk und singen dazu.

SIGISMUND

Ich werde nicht zehntausend mit einem verschanzten Lager in meiner Flanke lassen. Das hieße, ihnen gegenüber drei Regimenter und Geschütz zurücklassen um meinen Nachschub zu sichern; soviel Deckung kann ich nicht entbehren. Sie haben einen König, sagst du?

ADAM

Von dem wunderlich genug geredet wird. – Er soll des Königs Basilius Kind sein, von einem schönen wilden Weib, die ihn auf der Jagdhütte bediente – aber sowie er zur Welt kam, von der Mutter in die Wälder verschleppt ohne Kenntnis: er seiner Kindschaft, so der König seiner Vaterschaft.

SIGISMUND

Den Burschen will ich sehen – ich lasse ihm freies Geleit anbieten. Schick einen Parlamentär mit einer weißen Fahne in allen Formen. Wir wollen Seiner grünen Majestät nicht nahetreten.
Er wendet den Kopf gegen Simon
Was habt Ihr in Erfahrung gebracht?
Adam gibt den Tataren an den Türen Befehl. Der Reiterbub tritt an die Tür.

SIMON

hintretend
Sie äußert sich: zu solchem Gelumpe wie wir sind wird sie nicht den Mund auftun. Wenn sie mit Eurer Königlichen Majestät allein wäre.

Leiser
Sie stände Eurer Majestät nicht zum ersten Mal vor Augen.

SIGISMUND
steht auf
Ich weiß das. Es wird nichts anderes übrig bleiben. Oder
Zum Arzt
wißt Ihr eine andere Methode?

ANTON
Allein unter vier Augen?
Leise
Wenn die canaglia ein Dolchmesser bei sich hat? Verhindern das der Herr Doktor!

ADAM
halblaut
Man hat sie untersuchen lassen bis auf die Haut. Sie hat weder Schriftliches bei sich noch eine Waffe.

SIGISMUND
Laß indessen den Grafen ein Frühstück vorsetzen – wenn wir etwas haben!
Zum Arzt
Verschaffet durch einen Reitenden das Buch, von dem Ihr gesprochen habt. Des Kaisers Marcus –

ARZT
Marcus Aurelius –
Graf Adam, nach einer Verneigung, ist rechts abgegangen; vorher sind auf seinen Wink die Tataren abgetreten.

SIGISMUND
Betrachtungen oder wie Ihr es genannt habt. Ein großer Monarch, – und voll edler Gedanken und weiter Pläne, die Zu-

kunft Europas auf Jahrhunderte in gewisse Bahnen zu lenken. Aber auch er den Umständen unterworfen und stirbt im Gezelt, mitten aus seinen Entwürfen. – Ich beneide Euch um Euer Wissen. Nein, ich liebe Euch darum. Es wohnt bei Euch nicht zur Miete, sondern im eigenen Palast. – Verlasset mich nicht, außer wenn Eurem Körper unsere Lebensweise zu beschwerlich fällt.

Indrik bringt die Zigeunerin näher heran.

SIGISMUND
wirft einen Blick auf sie und kehrt ihr dann wieder den Rücken, das Folgende halb für sich, aber doch auch zum Arzt hin sprechend

Durch zweierlei übt das Olivierische in der Welt seine satanische Gewalt aus, durch die Leiber und durch die Sachen.

Er streift mit dem Fuß die aufgehäuften Dinge
– Tu ihr die Stricke ab.

Zum Arzt, so daß die Zigeunerin es nicht hören kann
Mit ihr werde ich allein sein beim Schein einer Lampe, wie Olivier, aber zu andern Geschäften, weiß Gott. – Sie ist jung und eher schön als häßlich, und dennoch schauderts mich. Aber wir haben nichts anderes, das uns Mutter werden könnte, als dieses Geschlecht, und dies ist der Stoff, aus dem die Welt gemacht ist.

ANTON
leise zu Indrik

Laß ihr die Hände gebunden.

SIGISMUND
hats gehört

Frei die Hände!

Anton zögernd ab. – Indrik tritt ab.

SIGISMUND
setzt sich an den Tisch und blickt in die Karte
Ich habe eine Meldung, daß der rebellische Haufen, den dein Mann befehligt, von meinen tatarischen Truppen ans Gebirge gedrückt und aufgerieben ist. Was sagst du dazu, Wahrsagerin?

DIE ZIGEUNERIN
Wer? der General?
Lacht rauh
wer erdruckt den? – Ihr erdruckt vielleicht ein ungeborenes Kind, Ihr! Das trau ich Euch zu!

SIGISMUND
sieht auf
So trägst du ein ungeborenes Kind in dir?

DIE ZIGEUNERIN
schweigt und zieht im Dunkel mit den Fingern Kreise
Womit ich trächtig bin, das sollst du sehen!

SIGISMUND
Was murmelst du?

DIE ZIGEUNERIN
schnell auf einem Kreis gehend
Svahah! angah! – Ellio! mellio! – Selo, elvo, delvo, helvo!

SIGISMUND
ohne hinzusehen
Du kannst gehen, wenn du nicht reden willst. Lauf. Melde deinem Herrn: ich war eine ungeschickte Botin!

DIE ZIGEUNERIN
in einem sonderbaren tanzartigen Schritt auf ihn zu; ihr Haar knistert

Blutige Füß – schlechte Boten! Kommen weit her – laufen welche mit?

Sie wirft sich hin, legt's Ohr an die Erde

Viele! eine Armee!

Sie schlägt mit den flachen Händen leicht auf den Boden, sogleich erfüllt sich die Luft mit dem Geräusch von vielen trippelnden und schleifenden Tritten.

SIGISMUND

sieht auf, geht zu ihr

Sind wir so weit?

DIE ZIGEUNERIN

wirft den Kopf zurück

Wir sind so weit! Aus der Erde! aus der Gruft! – Aus dem Abtritt! aus der Luft!

Ein Pfeifen und Trippeln von Ratten und anderem Getier: huschende Schatten überall.

SIGISMUND

Wo wimmeln die Kellerasseln her? Was wollen die Mäus und Ratten, groß wie die Katzen?

Er lacht.

DIE ZIGEUNERIN

Auf, ihr! auf, ihr! – wir sind viele – er ist einer! Groß wird klein, und klein wird groß! alles springt aus einem Schoß!

SIGISMUND

Du kannst nichts aus deinem Schoß schütteln, schwarzer Engel, womit ich nicht auf du und du wäre!

Aus dem Dunkel hebt sich etwas wie ein Weib, mit einem entfleischten Pferdekopf an Stelle des Kopfes.

Deine Schwestern mit den Roßzähnen haben bei mir kein

Glück. Ich habe ihrer welche mit mir im Bettstroh gehabt: sie erwärmen einen schlecht. –

Das Ding kommt ihm seitlich näher. Er scheucht es weg
Laß mich, Bettschatz. – Und du versteh mich, kleine Friedenstaube. Ich bin begierig nach einer Botschaft von deinem Herrn Gemahl. Sie brennt dir auf der Zunge; denn du hast dich absichtlich fangen lassen. Wie die Ziege dem Melker, bist du mir zugelaufen. – Also tu den Mund auf, bevor ich dich meinen Tataren in die Arme lege!

DIE ZIGEUNERIN

Deinen Tataren? dir folgt ja niemand! du hast ja keine Armee! das sind ja lauter Lügengeister! die haben alle Teufelsnamen, deine Tataren! Die machst du ja aus Dunst! aus gelbem giftigen Nachtnebel machst du die! – Wie kämen sie denn so lautlos über einen, wenn man marschiert! Wie könnten sie denn ohne Schrei die Wachen erwürgen? – Und doch hast du mit solchem Blendwerk den leibhaftigen Herrgott in den Sumpf getrieben, Judas, verfluchter!

SIGISMUND

Ist der rote Satan tot? Ah! sassa! Ich – du lügst? du willst mich fangen? – Ich will seinen Leichnam sehen!

DIE ZIGEUNERIN

Freßt ihm die Augen aus, ihr Toten! – Erde, schüttel den Bauch aus!
Brandröte, Sturm, daß die Zeltpflöcke schüttern. Große Knochen rasseln aus der Erde.

SIGISMUND

Das ist er! So wahr ich – Er stinkt nach Brand und Blut wie der Brunfthirsch! – Bei meiner Überkraft! So wahr ich dich hergezogen an dem tiefsten Strang den ich in der Hand habe!

Die Zigeunerin
niedergekauert, wimmert
Helft mir, Geziefer! Nagt den Strang ab! Er reißt mich!

Sigismund
Her vor mich! den Leichnam!
Immer stärkere Brandröte.

Die Zigeunerin
an der Erde, wirft sich herum, deutet nach hinten, dort steht eine zweite Gestalt, ihr völlig gleich
Schau die! schau die! Wie ihr Liebster ihr den Weg erleuchtet mit angesteckten Dörfern! Die kommt weit her!
Winkt die Gestalt heran
Hier her!

Sigismund
Sessa! bist du doppelt, Hagreiterin? Ich bin auch mehr als einer – da, ich will dir Tempo geben!
Er ergreift einen großen Knochen, schwingt ihn, spricht einen Spruch und tut dazu schwere Schritte nach dem Takt, wie ein an den Pflock gebundener Bär
So schrein die sieben Siegel: die Fische werden brüllen, die Engel werden weinen, und schmeißen sich mit Steinen, die Gräslein werden zahnen, und alle hohen Tannen!
Es trommelt in der Luft gewaltig. – Die aufrechte Zigeunerin kommt mit schweren Schritten, auf jeden Trommelschlag einen Schritt, heran. Sigismund schlägt mit dem Knochen den Takt dazu.

Die aufrechte Zigeunerin
mit weit offenen, aber nicht sehenden Augen, im Gehen
Immer geh! immer geh! Blutige Füß! verliert nicht den Mut! Ihr kommt schon hin! ihr kommt schon hin! Freu dich mein

Kind! mein Kind im Bauch! Dein Vater brennt die Welt an!
das leucht't dir auf den Weg!
> *Sie kommt dicht an Sigismund.*

SIGISMUND
hebt die Hand
Halt! Stockan! Hier steht wer!
> *Die kauernde Zigeunerin lacht.*

DIE AUFRECHTE ZIGEUNERIN
plötzlich ganz nahe bei Sigismunds Gesicht, jäh den Ausdruck verändernd, als erkennte sie ihn
Pfui, Lagerdieb! Auspeitschen den mit einem Zügel! – Da, bindet ihn!
Sie will ihn fassen, er schlägt mit dem Knochen durch die Luft, sie weicht zurück
Der Schmarotzer! Deinem Generalissimus hast das feurige Lüftel aus dem Leib gestohlen! Da drin ists, was du gestohlen hast!
> *Sie schlägt sich auf den Leib*
Du Alraun! Samen, vom Galgen geträufelt!

DIE KAUERNDE ZIGEUNERIN
fährt mit der Hand in dem Haufen Knochen herum. Ein Fuchs bellt heiser und wühlt sich unter den Knochen hervor mit glühenden Augen.
Fürcht dich nicht, mein alter Buhl. Er ist an der Kette. – Was? fletscht er die Zähne gegen dich? Dein leiblicher Sohn, auferstanden aus der Senkgrube. Beiß ihn, hussa, hetz! Ich schmeiß dich auf ihn.
Sie nimmt den Fuchs in die Arme; plötzlich hat sie statt seiner den König Basilius in den Armen, der mit halbem Leib aus der Erde ragt.

SIGISMUND

Hinweg! Das ist vorbei. Das liegt in dem Bauch der Erde.
Basilius lacht, streckt seine Zunge gegen Sigismund und fällt zusammen als ein gekrümmter Fuchs, dem die Zunge aus dem Maul geht.

DIE STEHENDE ZIGEUNERIN

Was liegt, steht auf gegen dich. Jetzt geht alles um.
Ein Mann, mit schrecklicher fremder Miene, wälzt sich unterm Zeltvorhang hervor.

SIGISMUND

Ich bin gefeit gegen euch. Erde auf euch!

DIE KAUERNDE ZIGEUNERIN

Erd folgt dir nicht! Ausgestoßen von der Erd. Ausgespien von der Luft! Alraun!

SIGISMUND

Wer bist denn du, alter Nachtwandler? Solche wie du hab ich in meinem Kofen immer um mich sitzen gehabt.

DER MANN AUF DER ERDE

reißt sich sein unkenntliches Gesicht ab und enthüllt sich als der tote Julian. Er sitzt auf der Erde und winkt Sigismund mit seiner grünen Hand

Hör mich. Ich hab wenig Zeit. – Sigismund. – Ich hab dich nicht die rechte Sprache gelehrt. Ich möchte mir die Haare raufen. Die ich dich gelehrt habe, reicht nur für die Anfänge. Es geht aber alles immer weiter. Hier, wo ich wohne, ahne ich erst die neue Sprache: die sagt das Obere und Untere zugleich.

SIGISMUND

Sie kommt schon auf acht Füßen zu mir. Aber ich habe keine

Zeit. Ich bin ein General in seinem Zelt und muß nach zwei
Fronten schlagen.

JULIAN

Ich muß dir meinen Kopf leihen, damit du die Welt von unten
siehst.

*Sein Kopf allein mit einem gräßlich angespannten wissenden
Ausdruck kommt auf Sigismund zu.*

SIGISMUND
schlägt mit dem Knochen in die Luft
Die Lektion hab ich schon im Turm gelernt. Laß mich!
*Der Kopf verschwindet. Auch der tote Fuchs ist verschwunden.
Der Sturm wird wieder stärker. Ein Krachen wie von einer ein-
gebrochenen Tür.*

DIE STEHENDE ZIGEUNERIN
in den Sturm hinein
Herbei, du Starker! Herbei, du Großer! Hol ihn dir!
*Die Lampe erlischt, der Feuerschein mitten im Zelt wird stark.
In ihm steht Oliviers Gestalt, aber undeutlich wie aus Glas. Die
kauernde Zigeunerin ist von nun ab verschwunden.*

SIGISMUND
Antworte mir! Zeig dich mir an! Ich will es. Ich befehle.
Oliviers Gestalt wird deutlicher.

DIE ZIGEUNERIN
Reckst du gebietend deine Hand gegen deinen Herrn? Du
Krott! Du Natternbub! Deine Hand wird man dir lähmen.
Olivier steht und starrt. Er hat einen zerhauenen Schädel.

DIE ZIGEUNERIN
Brüll ihn an, daß ihm die Eingeweide aus dem Leib fallen. –

Ah, wie er schaut. Wie er die armen Zähne bleckt. Wie er die
blutigen Haare sträubt. Herr! Herr! Herr!

Sigismund

Du hast meinen Blick niemals ausgehalten wie du noch im
Fleische warst. Sonach fort mit dir. Aber nicht wie du selbst
willst, sondern wie ich will. So wie dein letzter Augenblick war,
so fährst du dahin vor meinen Augen.

Olivier will auf Sigismund los. Er hebt den Stumpf eines Schwertes und will auf ihn hauen. Aber seine Tritte sind unsicher wie auf Sumpfboden. – Jeronim und Aron, von Morast triefend, reißen sich links und rechts zu ihm empor und hängen sich an ihn. Er brüllt auf und versinkt mit ihnen.

Die Zigeunerin
indem er noch da ist

Was? wer? welche Waffen für dich? – Straf mich nicht, ich bin
da. Deine Sklavin ist da. Dein Geschöpf ist da.

Nach Oliviers Versinken im Augenblick fast völlige Dunkelheit. – Die Zigeunerin ist in diesem Augenblick Sigismund sehr nahe.

Sigismund
stark

Lichter her, und schafft das Weib weg!

Ein Lichtschein von links. – Die Zigeunerin greift in die Luft und fällt zusammen. – Adam kommt eilig von rechts mit einem Licht, ebenso von links der Arzt und Anton, sowie mehrere Diener. – Es dringt indessen von draußen auch das grauende Tageslicht durch die Zeltwände ein.

Sigismund
Adam entgegen

Olivier ist tot. – Versteht ihr mich? Olivier ist tot.

ARZT

Ist das möglich?

ADAM

Verläßliche Nachricht? Handgreifliche Beweise?

SIGISMUND
sehr lebhaft

Er hat mir soeben die Überzeugung davon beigebracht!

ARZT

Wie denn?

Indrik tritt von hinten herein.

ADAM

Wo ist das Weib hingekommen, Indrik?

INDRIK

Hier liegt sie.

ADAM

Tot?

INDRIK

Ich weiß nicht.

Man trägt die Zigeunerin fort.

SIGISMUND

Freunde, ich bin Herr im eigenen Haus. Gebt mir ein Tuch. –
Anton reicht ihms, er wischt sich die Stirn.

SIGISMUND
sehr lebhaft

Es ist nicht Angstschweiß, sondern ein kalter Tau, der sich vom Anhauch der untern Welt angesetzt hat. Ein Ding sicher zu wissen lohnt ein bißchen kalten Schweiß. Ja, Doktor, es war jemand da. Aber in anderer Weise als Ihr und ich. Es scheint noch etliche Weisen zu geben, von denen wir erst mit nächstem erfahren werden. – Hier stand es. Es ging ein Wind davon aus, der das Licht löschte, und das Fleisch ein wenig kräuseln machte. – Es geschahen dabei nicht viel Reden. Ich schrie das Ding an und es verschwand. – Es sieht aus, als ob wir zu höheren Dingen bestimmt wären.

ARZT

Eure Majestät bluten ja!
Er greift nach der Verbandtasche, die er um hat.

SIGISMUND

Was denn? –
Zu Adam gewandt
Mit zerhauenem Schädel liegt er in einem Sumpf. – Adam, es sind blutige Zeiten. Wo blute ich?

ARZT

Hier an der Hand. Wie kommen Eure Majestät zu der Wunde? Es ist ein scharfer Schnitt quer über die ganze Palme hin und senkrecht durch die Lebenslinie.

SIGISMUND

Was weiß ich! Ja: ich habe etwas gespürt. Das Weib war mir nahe.

ARZT

Das Weib! da sei Gott vor!

ANTON

sucht am Boden, hebt ein winziges Dolchmesser auf
Da! kann es das sein? Ein Messer, nicht größer als eine Haarnadel.

ARZT

Sehr wahrscheinlich.
Zu Anton
Einen großen Becher vom stärksten Branntwein! sofort!
Anton ab.

SIGISMUND
zum Arzt
Hier stand das Ding. Vor einer Minute hätte ich es Euch zu erklären vermocht – bild ich mir ein – aber der Augenblick ist scheelsüchtig und hinterläßt seinem Nachfolger nur eine leere Truhe mit der Aufschrift: Hier war es!
Er geht zum Tisch und sieht in die Karte
Jetzt kann mein Vortrab einschwenken. Die zwei Haufen ohne Führer sind im voraus verloren. Nun, warum verbindet Ihr mich nicht?

ARZT
indessen Sigismund bei der Karte steht
Graf Adam!

ADAM
bei ihm
Was macht Ihr für ein fürchterliches Gesicht! Gift?

ARZT
Es ist mehr als möglich.

INDRIK
hats gehört, stürzt hin, nimmt Sigismunds Hand, indem er vor ihm kniet
Laßt mich die Wunde aussaugen!

ANTON
mit dem Becher, zitternd
Herr Doktor, was ist denn da geschehen?

ARZT
Ruhe! –
Zu Indrik
Laßt gehen, der Schnitt ist dafür zu tief.

Adam

Wie fühlen sich Eure Majestät!

Sigismund

Wie immer. Was seht ihr mich so an? Wie? Was habt ihr alle? Bin ich vergiftet?

Arzt

Leeren Eure Majestät für jeden Fall diesen Becher. Die Zigeuner, weiß ich, gebrauchen das Gift der Viper. Dies ist das einzige Gegenmittel, das mir zur Hand ist.

Sigismund

Mir ist ganz wohl, und Ihr wißt, mir widerstrebt der Branntwein.

Arzt

Er wird Eurer Majestät jetzt nicht widerstehen. Ich bitte darum. Und dann eine kleine Ruhe. Das Herz bedarf vielleicht jetzt seiner Kräfte, um sich zu wehren.

Er verbindet ihm die Hand.

Sigismund

trinkt den Becher aus

Wir müssen unsere Geschäfte erledigen und können vorläufig die Stunde nicht wählen. –

Zu Adam

Die Grafen wollen eintreten. Wir können diesen zweideutigen Großen jetzt mit freierem Blut entgegentreten als vor einer Stunde.

Arzt

Das gebe Gott!

Sigismund

zu Adam

Sag ihnen, daß der schwarze Haufe in den Wind geschlagen

ist. Es gibt keine Olivierische Armee mehr, die mir entgegenstünde, und sie sind nicht mehr das Zünglein an der Waage, das sie sich zu sein dünken. Vorwärts – aber halt sie im Ungewissen über den Empfang, den ich ihnen bereiten werde. Und wart noch! laß ihnen ihre Schwerter zurückgeben: sie sollen nicht wie Köche und Stallmeister vor mich treten.
Adam tritt rechts ab. – Der Arzt hat sich von Anton den Becher abermals gefüllt bringen lassen und tritt damit auf Sigismund zu.

SIGISMUND
Wozu das noch? mir fehlt nichts.

ARZT
Ich bitte inständig.

SIGISMUND
Ich bin völlig wohl, bis auf –
Er streicht sich übers Knie.

ARZT
Bis auf –?

SIGISMUND
Ein Nichts. Eine große Schwere in den Beinen. Wir sind auch drei Tage und Nächte kaum aus dem Sattel gekommen.
Er setzt sich, nimmt die Karte zur Hand.
Anton sieht angstvoll auf Sigismund und macht ein verzweifeltes Gesicht und beißt sich in die Fäuste. – Der Arzt tritt zu Sigismund und drängt ihm den Branntwein auf. –
Der Vorhang an dem Haupteingang wird auf ein Zeichen Adams aufgehoben. Es treten ein: ein Offizier, der die Reichsstandarte trägt, ein gewappneter Bauer mit der Aufrührerstandarte: eine schwarze Stange, woran oben ein Bündel zerrissener Ketten befestigt ist, und ein tatarischer Hauptmann mit einer Standarte, bestehend aus vergoldetem Halbmond und Roßschweif.

Die drei Standartenträger stellen sich an der linken Schmalwand des Zeltes auf. Indrik tritt hin und ergreift die Standarte mit den zerrissenen Ketten. – Von links treten die Bannerherren herein, denen Adam vorantritt. Eingetreten knien sie sogleich Sigismund gegenüber nieder. Gleichzeitig treten durch den Haupteingang Sigismunds Feldhauptleute ein, fünf oder sechs geharnischte Männer aus den niedrigen Ständen, und nehmen links rückwärts nahe dem Eingang Stellung. – Adam, wieder eingetreten, ergreift das ihm von einem Knaben gereichte Reichsschwert in einer samtenen Scheide und stellt sich links hinter Sigismund.

SIGISMUND
bei dem Tisch auf der Trommel sitzend, betrachtet jeden einzelnen der Knieenden sehr aufmerksam, dann
Stehen die Herrn auf – wir sind im Feldlager, nicht am Hof. – Aber ich bin gewärtig, meine Vasallen, eurer einträchtigen Huldigung, endlich!

DER ÄLTESTE BANNERHERR
knieend
Erlauchtester! Großmächtigster! Unüberwindlichster! – Erhabene Majestät! Unser aller souveräner König und Herr!

SIGISMUND
So stehet auf, Vettern! Stehet!

DER ÄLTESTE BANNERHERR
stehend, sowie alle andern gleichfalls aufstehen
Wie der Morgenstrahl die Schiffbrüchigen nach grausiger Sturmnacht, trifft uns die milde Anrede unseres gnädigen Königs. Heil uns Geprüften! und Heil nach welcher Nacht des Grauens. Welches Menschen Mund spricht aus, was in diesen

Zeiten geschehen ist! – Die Städte von der Erde weggekehrt mit einem Besen, die Burgen und Klöster starrende Brandstatt, die Felder Blutmoore, die Überlebenden in hohlen Bäumen oder in Klüften unter der Erde. Aber unser angestammter König redet uns huldvoll an, und mit dem männlichen Auge, in dem keine Träne zittert als die der ehrfürchtigen Rührung, erschauen wir in diesem Siegerzelte aufgepflanzt unseres alten Reiches hochehrwürdiges Banner – und blicken auf dieses allein, das da rausche früh und spät überm Scheitel unseres rechtmäßigen Königs.

SIGISMUND

Ihr möget auf alle dreie blicken, Herren, sie flattern und klirren einträchtig im Winde, wo wir reiten. Sprecht weiter, Palatin.

DER ÄLTESTE BANNERHERR

Furchtbar ohne Maßen war das Dräuen der Zeit, aber furchtbarer war der Zwiespalt, der unser Herz zerriß. Gewalt und Gesetz, diese beiden, auf denen die Welt ruht, vor unsern Augen in ungeheurem Widerstreit! Der Sohn gegen den Vater, Herrschaft gegen Herrschaft, Gewalt gegen Gewalt wie Wasser gegen Feuer, aber ein drittes gegen beide, wie wenn am Tage des Gerichtes die Erde sich auftut und Wasser und Feuer verschlingt: mit den Narren und Verbrechern, den Gottesfeinden und Schwarmgeistern, den Gleichmachern und Selbsthelfern brach Asien herein und wollte Herr sein in unserem Hause wie in grausigen Tagen der Väter. Furchtbar über dem Chaos schwang in Eines Gewaltigen Hand das Banner der zerrissenen Ketten, daß es klang über unsern gebeugten Häuptern wie Gottes Geißel. – Wie konnten wir in dieser Hand die Hand unseres gebenedeiten Königs erkennen? – Der niederwarf geheiligte Vatersgewalt, entblößte die Städte der schützenden Mauern, die Burgen schleifte, nicht wehrte dem Brand der Kirchen und dem Hinfall der Klöster! Dem zitternd um ihr

Leben die Hauslosen auf zerstampfter Heerstraße entgegenzogen und das Brot ihm darboten, gesalzen mit den eigenen Tränen – aber er war es!

Sigismund

Er war es. Er ist es. Euer König und Herr aus der Kraft und der Notwendigkeit, hier bin ich. – Die alten Könige sind tot, die Gewohnheiten vernichtet, das Verbundene aufgelöst. Es ist vom Nordmeer bis zum dunklen Meer im Süden, dem dies Reitervolk anwohnt, keine Gewalt mehr aufrecht außer mir. Aus Schmieden und Viehtreibern habe ich meine Feldhauptleute gemacht, umgeschweißt die Pflugscharen zu Schwertern – und alles war möglich, das vordem unmöglich geheißen hatte.

Indrik

Du hast uns gezeigt: Gewalt, unwiderstehliche, und über der Gewalt ein Höheres, davon wir den Namen nicht wissen, und so bist du unser Herr geworden, der Eine, der Einzige, ein Heiligtum, unzugänglich.

Der erste Bannerherr

Ja, es erhob sich aus dem brennenden Nest ein Phönix, und da er sich aufschwang, erkannten wir die Brut unserer Könige und den gewaltigen Flug deiner nordischen Ahnen, und jetzt hat der Alptraum ein Ende und die Wüste unseres Lebens wird wieder wegsam vor unseren Augen. – Herr, laß uns einen großen König sehen, der der schwärmerischen Unkraft der Zeit den Pol der männlichen Gewalt entgegensetzt: gerecht und groß, milde und mächtig!

Sigismund
steht auf

Der will ich sein.

DIE HERREN

Es lebe der König!

SIGISMUND
tritt einen Schritt auf sie zu

Aber daß wir uns recht verstehen! Ich nehme mir heraus, daß ich beides in diesem Dasein vereine: zu ordnen und aus der alten Ordnung herauszutreten. Und dazu bedarf ich euer: Einwilligung ist das Teil, das ich von euch verlange, Einwilligung, die da mehr ist als Unterwerfung!

DIE HERREN

Ordne, Herr! Gib uns Friede! Lasse Gerechtigkeit walten!

SIGISMUND

Was ihr Friede nennet, das ist eure Gewalt über die Bauern und die Erde. Was ihr Gerechtigkeit rufet, damit meinet ihr eure Gerechtsame und daß die Wölfe anstatt der Hunde sein sollen. Könnet ihr diese Begier nicht abtun? Wisset ihr nichts, als zu sitzen im Besitz und zu trachten nach Vorrang! – Ich trage den Sinn des Begründens in mir und nicht den Sinn des Besitzens, und die Ordnung, die ich verstehe, ist gefestigt auf der Hingabe und der Bescheidung. Denn ich will nicht dies oder das ändern, sondern das Ganze mit einem Mal, und dann wollen wir alle zusammen die Bürger des Neuen sein.

Er geht einmal auf und nieder, wobei der Arzt gespannt auf ihn sieht, und tritt dann wieder auf die Herren zu

Vettern, ihr glaubet, euer Geschick lasse sich noch eingrenzen wie ein Bauerngut durch eine Hürde: aber dem ist nicht so – denn die Welt will sich erneuern, und wenn die Berge sich gegeneinander bewegen, achten sie nicht eines alten Kirchturmes in ihrer Flanke. Was lange aufrecht war, liegt danieder: der Deutsche Orden ist dahingefallen gegen die Krämerstädte, auf dem moskowitischen Throne sitzt ein erwürgtes Kind, und es ist niemand gewaltig in der Mitte dieser Erde als dieser, der Großherr,

Er zeigt auf die Tataren

mein Verbündeter, und ich. Er hat das große Ostreich aufgerichtet: die Kraft Asiens faßt er zusammen unterm schwellenden Mond und dem wehenden Roßschweif und er zählt nicht die Völker die ihm gehorchen, und zwischen sich und mir hat er den Fluß dort unten gesetzt, Borysthenes oder Oglu, wie sie ihn heißen, und seine breiten Wellen spiegeln das Lächeln unserer Eintracht, und vielleicht werde ich ihm durch meine Einwilligung Konstantinopel dahingeben als ein Pfand: denn es ist Zeit, daß die Großen einander in großer Weise begegnen. – Eure kleinen Reiche aber, eure Häuser, die ihr gegeneinander baut, und euren Glauben, den ihr gegeneinander habt, die achte ich nicht und verwische eure Grenzen: ich will euch kleine Völker neu mischen in einem großen Mischgefäß.

Der älteste Bannerherr

Gut und Blut dir, o unser König und Herr! aber laß dich erkennen von deinen Getreuen! Nicht neben deinem heiligen Panier wehe der Roßschweif der Heiden! und laß in die Erde vergraben das Banner der zerrissenen Ketten: denn was soll das Zeichen der Empörung, wo du doch der Herr bist! – Sondern die heilsame Krone berühre dein Haupt und schaffe es unverletzlich und heilig! Mache einen Bund mit uns, die wir deine Vasallen sind, und gewähre, daß wir dich krönen mit der Krone deiner Väter!

Indrik

Seine Stirn trägt das Zeichen der Herrschaft für alle und er braucht nicht eure alte Krone. Keinen Bund zwischen ihm und euch!

Die Herren

Gewähre die Krönung! Gewähre, o Herr! – Es lebe unser gekrönter König!

SIGISMUND

Halt! Ich will nicht Herr sein in den Formen, die euch gewohn und genehm sind, sondern in denen, die euch erstaunen. Es ist noch die Zeit nicht, daß ihr mein sanftes Gesicht sehet, sondern das kommt später. – Wenn das, was ich schaffen werde, nicht dauern kann, so werft mich auf den Schindanger zu Attila und Pyrrhus, den Königen, die nichts begründet haben. Wenn aber ja, dann wollen wir Kronen aufsetzen und lächeln. Die Göttin Zeit, meine Freundin aus dem Kerker, möge uns günstig sein! – Warum wird es mit einmal so finster?

Er taumelt

Öffnet! lasset doch Licht herein!

Er sinkt dem herbeispringenden Anton in die Arme.
Der Vorhang des Zeltes wird aufgezogen. Draußen steht das
Volk, viele gewaffnet, alle barhäuptig. Inmitten des Lagers
erhebt sich ein gewaltiger Mast mit einem Bündel zerrissener
Ketten.

ARZT

Treten die Herren zurück. Der König ist unwohl.

Anton und Adam, der dem einen der Feldhauptleute das Reichs-
schwert abgibt, springen hin und betten Sigismund rechts im
Vordergrunde auf ein Lager aus den Kleidern und
Teppichen die dort aufgehäuft liegen. –
Die Herren treten beiseite.

EINER DER HERREN
leise

Was ist das? Hat er die fallende Sucht wie sein Vater?

EIN ANDERER

Sehet, wie bleich sein Gesicht ist. Was gebt ihr für unser Leben, Herren, wenn er die Augen nicht wieder aufschlägt?

ANTON
bei Sigismund knieend
Geben ein Zeichen, großmächtige Majestät! Geben ein kleines Zeichen dem Anton! Nur einen Wink mit dem Finger.

ARZT
zu den Feldhauptleuten, die herangetreten sind
Zurück da, daß die Luft und das Licht hereindringt! Der König ist sehr krank. Zurück, ich bitte!
Die Volksmenge draußen vermehrt sich, aber in lautloser Stille.

SIGISMUND
schlägt die Augen auf
Wer ist der Magere da? Er sieht meinem alten Anton ähnlich.
Anton weint.
Und was ist dort der große steigende Brand? Hängt die Tataren, daß sie wieder diesen Turm angezündet haben!

ARZT
Die steigende Sonne blendet Seine Majestät! Haltet einen Schild vor!

Es geschieht.

SIGISMUND
Nein! sehen! – Mein Lehrer im Kerker hat mich die Dinge richtig nennen gelehrt, aber das ist vom jetzigen Augenblick mir eingegeben, daß ich diesen flammenden Turm dort oben für meinen Wohnsitz hielt. – Verstehet mich wohl: ein Mensch braucht keinen geringeren Raum als die ganze Welt, um in der Wahrheit da zu sein – aber ich habe zwanzig Jahre in einem hohlen Stein gewohnt und e in Wort kannte ich nicht: Sehnsucht. Denn wo ich bin, da dringe ich ein und bin gegenwärtig und herrsche. – Sehet nicht scheu, Vettern. Habe ich euch eine

strenge Miene gezeigt? – Es ist etwas Scharfes in unser Blut gekommen, ohne das man Schlachten nicht gewinnen kann – aber wir haben auch ein wenig Geist gewonnen: aus dem Mark unserer Knochen und der Vermählung unseres Innern mit der Notwendigkeit. – Ich frage euch: – so wahr ihr Männer seid – ob nicht etwas in euch ist, das ja sagt zu mir trotz allem?

Er hebt sich auf, sieht sie an, und läßt sich dann wieder hinsinken. Etliche küssen ihm die Hände und den Saum des Gewandes.

DIE HERREN
knien um sein Lager

Empfange, Herr, den Treuschwur deiner Vasallen! – Gewähre, daß wir dich krönen! – Das heilige Salböl treffe deine Glieder und sie werden heil sein!

Der Arzt beugt sich über Sigismund.

SIGISMUND
schlägt die Augen auf und schließt sie gleich wieder; leise aber deutlich

Ich werde gleich sterben.

EINER DER JÜNGEREN BANNERHERREN
Sigismund zunächst

Du wirst leben, Herr, und die Salbung empfangen mit dem heiligen Öle. Wunderbar ist das smaragdene Gefäß heil geblieben im Gewölbe unter der Brandstatt.

EIN ANDERER

Wunderbar ist der Greis am Leben geblieben, der hundertjährige, Ignatius, einst der Lenker des Reiches, und seine Hände werden die Krone auf dein gesalbtes Haupt setzen; dazu hat das Geschick ihn aufgespart.

Sigismund
richtet sich auf

Ah! wo war ich! noch einmal im Turm? In der Schwärze! ah! ah! erschlagt den Alten! zerschmeißt den Turm! zerbrecht die Ketten! Ich bin da! ich will nicht sterben! Entblößt das Schwert! mir! Ich will es halten!

Er versuchts

Es ist niemand da außer mir! Ihr sehet nicht wie die Welt ist. Nur ich, weil ich schon einmal tot war. –

Er reißt sich ganz auf

Alle zu mir! Mit dem Schwert brechen wir die Tür in die Zeit auf! Her! her! – Ich reiße euch alle mit mir herein – in das – in die Sonne – Gift und Licht – und – dennoch! dennoch!

Er fällt zusammen.

Das Volk
schreit auf

Ah!

Adam
Ist unser König ohne Abschied von uns gegangen?

Arzt
hält Sigismunds herabhängende Hand

Er lebt, er ist nicht tot. Sein Puls geht klein und schnell wie bei einem kleinen Vogel.

Sigismund schlägt die Augen auf.

Arzt
Wie fühlt sich Eure Majestät? Ich schöpfe Hoffnung.

Sigismund
Laßt das sein. Mir ist viel zu wohl zum Hoffen.

Eine Stille. Er liegt mit offenen Augen.

Die Herren flüstern miteinander und horchen. Man hört ein Glöckchen, wie das Glöckchen des Knaben vor dem Priester. Es nähert sich.

EINER DER HERREN

Im voraus stärkt dich das Salböl, das auf einem Wagen herannaht.

EIN ANDERER DER HERREN

Höre die Fanfare! höre das Glöckchen! Sie bringen den Bruder Ignatius getragen, der dich krönen wird.

Das Kriegsvolk außen gibt eine Gasse frei.

DER REITERBUB
kommt, eine weiße Fahne in der Hand

Sie kommen! Nicht nur der junge König kommt jetzt, den unser Herr geladen hat durch diese Fahne, sondern viele von den Seinigen sind mitgekommen, alle ohne Waffen und in weißen Gewändern! Sie sind schon zwischen den Unsrigen und niemand hält sie ab.

Zwei Knaben, in weißen Gewändern mit nackten Füßen. Der eine hält ein Glöckchen, der andere einen weißgeschälten Zweig.

DER KINDERKÖNIG
ist durch die offene Gasse etwas hinter den beiden Knaben herangetreten. Er trägt ein weißes Gewand und auf dem Kopf einen gekrönten Helm. Er bleibt in der Mitte stehen

Ich bleibe hier, und diese, die das Wasser und das Erz spüren, werden mir sagen, ob der Ort geheuer ist.

Sigismund liegt regungslos. – Der Arzt sieht unverwandt auf ihn.

DER KINDERKÖNIG

Mir geziemt nicht, das Übel zu sehen.

Der erste Knabe
zu denen, die um Sigismund gedrängt sind
Tretet zurück und lasset diesen frei liegen.

Adam
Wer befiehlt hier?

Der Kinderkönig
Ich! denn die leben werden, haben mich über sich gesetzt.
Die Herren machen Miene, ihre Schwerter zu ziehen.

Der Kinderkönig
Schämt euch vor unseren ungewappneten Händen und steckt die Schwerter ein.

Arzt
zu dem ihm zunächst stehenden Knaben
Habt ihr keine Heilkräuter? Ist kein weiser Schäfer unter euch? Wir brauchen um Christi willen ein herzstärkendes Antidot!

Der zweite Knabe
Wir sind Heilkräuter selber. Wir sind im Gebirge groß geworden.

Er wendet sich von ihm ab. Die beiden Knaben stellen sich in einer gemessenen Entfernung vor Sigismund auf. Alle sind zurückgetreten, ihnen Platz zu machen.

Der erste Knabe
nachdem er mit erhobenem Kopf die Luft in sich gesogen hat, singt
Das Licht ist sanft, und ich höre die Sichel gehen im Gras und die Schwaden über die Sense fallen.

Der zweite Knabe
singt
Gewaltig! die Lerche ist gewaltig! und die Sonne zeigt ihr herrliches Haus und alles deutet auf einen Punkt.

DER ERSTE
singt
Gewaltig ist die Erde und gewaltiger der Mensch. Es ist sonst nichts da! Er ist ein Maß und wird gemessen.

DER ZWEITE
singt
Hier ist der Fels, aus dem der Quell fließt, Milch und Honig.

BEIDE
zusammen
Hier ist alles gereinigt! und keine Furcht ist nahe.
Sie knien nieder, gegen Sigismund gewandt.

SIGISMUND
schlägt die Augen auf
Was weckt mich noch einmal! Wer wohnt noch in mir, den ich nicht kenne?
Der Kinderkönig tritt einen Schritt näher.

SIGISMUND
für sich
Jemand.
Er richtet seinen Blick auf den Kinderkönig. Sie betrachten einander.

DER KINDERKÖNIG
noch zwei Schritte näher tretend
Ich weiß deinen Namen und ehre dich nach deinen Taten. Meine blutende Mutter hat ihn mir gesagt, ehe sie mich hieß in den Brunnen steigen, damit ich am Leben bleibe.

SIGISMUND
lächelt
Wer bist du?

DER KINDERKÖNIG
Ein König!

Er neigt sich zu ihm

Weißt du, es ist das in mir, wovon eine geringe Gabe die Menschen störrisch macht, eine große aber zahm und folgsam wie Hunde. Du sollst mir Schwert und Waage geben: denn du bist nur ein Zwischenkönig gewesen. – Wir haben Hütten gebaut und halten Feuer auf der Esse und schmieden die Schwerter zu Pflugscharen um. Wir haben neue Gesetze gegeben, denn die Gesetze müssen immer von den Jungen kommen. Und bei den Toten stellen wir Lichter auf.

Sigismund sieht ihn an, lächelt.

DER KINDERKÖNIG
Tretet alle zurück und lasset mich allein mit meinem Bruder.

Die beiden Knaben stehen auf und treten nebeneinander hinter den Kinderkönig. – Der Kinderkönig tritt ganz nahe zu Sigismund hin. – Sigismund schließt die Augen.

DER KINDERKÖNIG
Mit einem in der Welt war es mir bestimmt, Blutbrüderschaft zu schließen – und jetzt –

Er kniet zu Sigismund hin

erschrick nicht. Das was du nicht sagen kannst, das allein frage ich dich.

Alle knien nieder, sowohl die im Zelt als das Volk draußen. Das Volk draußen seufzt tief.

EINIGE AUS DEM VOLK
Wir können nicht seinen Kopf sehen! Höre uns! Wir rufen dich! wir! wir! Du unser Haupt! Rede nicht mit dem Fremden!

Sigismund schlägt die Augen auf und reckt die rechte Hand empor, damit alle sie sehen können. – Das Volk weint.

Der Kinderkönig
leise

Dein Gesicht! Wer ist dieses Göttliche, das jetzt auf die Schwelle tritt?

Sigismund
sieht ihn an

Das zergeht bald. Leiste mir Freundschaft, solange ich da bin. – Furchtbar fest haftet die Seele im Leib. Aber die Wahrsagerin hat es gesagt, daß für mich kein Platz in der Zeit ist.

Anton
zu Sigismunds Füßen knieend

Uns haben der Herr König nichts zu sagen?

Sigismund
sieht um sich, dann mit klarer Stimme, den Arzt ansehend

Gebet Zeugnis: ich war da. Wenngleich mich niemand gekannt hat.

Das Volk
Verlasse uns nicht! Harre aus bei uns!

Die beiden Knaben
Lasset ihn sterben! – Freude!

Sigismund
mit ganz heller Stimme, sich ein wenig aufrichtend

Hier bin ich, Julian!

Er fällt zurück, tut einen tiefen Atemzug und stirbt. Der Kinderkönig steht auf und hebt die rechte Hand. – Alle erheben sich und recken, wie er, die rechte Hand empor. – Die drei Bannerträger senken die Banner zu Sigismunds Füßen.

Das Volk
Zerreißet unsere Standarten!

Der Kinderkönig
Ruhe, ihr! – In der Zeit könnet ihr diesen nicht messen: aber außer ihr, wie ein Sternbild.

Das Volk
Sigismund! bleibe dein Name bei uns!

Knaben
zwischen dem Kriegsvolk hervorgetreten, singen mit heller Stimme
Mitte spiritum tuum, et creabuntur, et renovabis faciem terrae!

Der Kinderkönig
indem er das in der Scheide geborgene Reichsschwert ergreift
Hebet ihn auf. Wir brauchen sein Grab, unsern Wohnsitz zu heiligen.
Knaben heben Sigismunds Leiche auf.

Der Kinderkönig
Vorwärts und folget mit mir diesem Toten.

Trompeten.

Vorhang

DIE ÄGYPTISCHE HELENA

Oper in zwei Aufzügen

PERSONEN

HELENA
MENELAS
HERMIONE, beider Kind
AÏTHRA, eine ägyptische Königstochter und Zauberin
ALTAÏR
DA-UD, sein Sohn
DIE ERSTE ⎱ DIENERIN der Aïthra
DIE ZWEITE ⎰
ERSTER ⎫
ZWEITER ⎬ ELF
DRITTER ⎭
DIE ALLES WISSENDE MUSCHEL
Elfen, männliche und weibliche, Krieger,
Sklaven, Eunuchen

ERSTER AUFZUG

Gemach in Aïthras Palast. Zur Linken ein Tisch, schön gedeckt für zwei, zwei thronartige Stühle dabei. In der Mitte auf einem Dreifuß die alleswissende Muschel.

An der rechten Seitenwand ein Thronsessel, auf dem Aïthra sitzt – vor ihr auf einem niedrigen schemelartigen Stuhl die Dienerin, eine Harfe in der Hand, auf der zu spielen sie eben aufgehört hat. Draußen ist Nacht. Das Gemach ist schön erleuchtet.

AÏTHRA
Und dafür eine Zauberin – und die Geliebte des Poseidon, um auf dieser Insel meine Jugend zu vertrauern! Mit keiner anderen Kurzweil, als daß ich, sooft es mir gefällt, die Wogen des Meeres ringsum durch einen Sturm hintereinanderjagen und ein paar armselige Fischerbarken zum Scheitern bringen darf – und keiner andern Gesellschaft als der einer Muschel, die sich für allwissend ausgibt, aber gerade das eine, das zu wissen der Mühe wert wäre, entweder nicht weiß oder nicht sagt.
Denn wenn ich jetzt frage: Wo ist Poseidon? –, so wird sie sich entweder taub stellen oder eine Antwort geben, die keine ist und meiner spottet.
Sie steht auf
Das Mahl ist gerichtet,
die Nacht schwebt nieder.
Wo ist mein Geliebter?
Er läßt mich allein!
Ich laure: Er kommt nicht –
Ich traure: Wo bist du?
O laß nicht so lange
die junge, die bange,
die Freundin allein!

Gesprochen
Wo bist du? Wo bist du? Wo ist er denn?
Die Muschel gurrt, wie wenn Meereswellen zu sprechen anfangen wollten.

DIENERIN
hat indessen die Harfe beiseitegelegt
Es scheint, daß sie sich zu einer Antwort herbeiläßt.

DIE MUSCHEL
singt
Drei Tauben schweben
glänzend wie Perlen
fern überm Meer.
Sie grüßen dich
von Poseidon
und versichern
mit sanftem Girren
seine Liebe
immer aufs neue,
seine Sehnsucht,
seine Treue!

AÏTHRA
O du Lügnerin! Einmal sind es Reisende, einmal Delphine, einmal Tauben!

DIE MUSCHEL
Seine Liebe, seine Treue
immer aufs neue!

AÏTHRA
Antworte mir ohne Umschweife: Wo ist Poseidon?
Die Muschel präludiert feierlich.

AÏTHRA
Ich fühle im voraus, wie sie mich anlügen wird!

DIE MUSCHEL
sehr feierlich

Bei den Äthiopen!

DIENERIN
ehrfürchtig

Bei den Äthiopen!

AÏTHRA
Wie sie lügt! elender Papagei, abgerichtete Betrügerin! Ich hätte Lust, dich in Stücke zu zerschlagen! – Ich will diesen Tisch nicht sehen! Ich will nicht Abend für Abend allein zu Nacht essen, wie ein Gespenst!
Gesungen
Ich will nicht!

DIENERIN
Ich laufe um das Fläschchen mit dem Lotossaft, das deine Mutter so sorglich uns mitgegeben hat.

AÏTHRA
Ach, meine Mutter! Meine guten Eltern! Die liebliche Oase! Meine sorglosen kindischen Gedanken! Das Kästchen, in das ich meine Zikade gesperrt hatte! Sie war doch mein! Und mein Geliebter – –?
Ach! eine Zauberin sein und so ohnmächtig gegen den stärkeren Zauberer!

DIENERIN
Ich laufe und hole das Fläschchen!

AÏTHRA
Ich will nicht!

DIENERIN
Du brauchst es!

AÏTHRA
Ich will nicht!

DIENERIN
Es wird dich beruhigen!

AÏTHRA
Ich will nicht —
Ich will nicht!

DIENERIN
Dann wühlet
kein Schmerz durch die Adern.

AÏTHRA
Ich will nicht!

DIENERIN
Dann stillet
sich innen das Hadern!
Ein halbes Vergessen
wird sanftes Erinnern;
du fühlest im Innern
dir wiedergegeben
deinen Freund, deinen Mann.
Frisch fühlst du dich leben,
und wie man sich fühlet,
so ist man auch dran!

AÏTHRA
Nein, ich will nicht betäubt sein! Ich will mich zerstreuen! Ich will Gesellschaft haben!
Für was ist mir denn die Gewalt gegeben, jedes Schiff an diese Klippen zu reißen! — Frage das unnütze Geschöpf dort, ob sie

rings auf dem weiten Meer kein Wesen erblickt, das kennenzulernen der Mühe wert wäre.

Sie geht und setzt sich zu Tisch. Kindhaft junge Mädchen schweben auf den Fußspitzen heran und bedienen sie.

DIE MUSCHEL
nach einem gurrenden Präludium

Der Mann steht auf. Er ist der einzige an Bord, der nicht schläft.

DIENERIN
wiederholt kopfschüttelnd

Der Mann steht auf. – Sie sieht ein Schiff mit schlafenden Leuten.

DIE MUSCHEL

Er weckt einen von den Schläfern auf und gibt dem das Steuer in die Hand. Er selber steigt hinunter in den Schiffsraum.

DIENERIN
wiederholt

Er steigt hinunter in den Schiffsraum.

AÏTHRA
hält im Essen inne

Von wem erzählt sie?

DIENERIN

Sie sieht ein Schiff mit schlafenden Leuten.

DIE MUSCHEL

Jetzt ist er unten; die Schlafende regt sich. Die Schlafende ist von allen Frauen der Welt die schönste.

DIENERIN

Die Schlafende ist von allen Frauen der Welt die schönste.

Aïthra
bei Tisch

Warum gleich die schönste! Wer kann das entscheiden?
Eine schöne Frau, gut! –

Die Muschel
Er beugt sich zu ihr. Er will sie küssen.

Dienerin
Der Mann auf dem Schiff will die Schlafende, die seine Frau ist, küssen.

Aïthra
Und das ist alles?

Die Muschel
Nein! Jetzt holt er –

Aïthra
nicht sehr gespannt

Was holt er?

Die Muschel
Er greift mit der Linken ein Tuch. Das will er über ihr Gesicht werfen – denn in der Rechten hält er einen Dolch. – Er will sie töten!

Dienerin
Er zückt einen Dolch. Er will sie töten!

Die Muschel
Aïthra! Hilf doch! Der Mann ermordet die Frau!

Dienerin
Aïthra! Hilf doch! Der Mann auf dem Schiff ermordet seine Frau!

Aïthra
springt auf

Wie denn? Was soll ich? Wer sind denn die Leute?

DIE MUSCHEL

Helena ist sie! Helena von Troja! Und er ist Menelas! Schnell, er schleicht sich näher! Verdeckt er ihr mit dem Tuch das Gesicht, so ist sie verloren!

DIENERIN

Schnell! er schleicht sich näher! Gleich ist sie verloren!

AÏTHRA

Sause hin, Sturm! Flieg hin wie der Blitz! Wirf dich auf das Schiff!

Jäher Sturm.

Rede! Was siehst du!

DIE MUSCHEL

Der Sturm hat das Schiff. Er hat es, er hat es! Die Masten splittern! Die Schlafenden taumeln drunter und drüber! O weh, sie scheitern!

AÏTHRA

Und die Frau? Und der Mann? Hat er sie ermordet, der Teufel?

DIE MUSCHEL

Sie schwimmen! Da – er trägt sie! Befiehl doch Ruhe, daß alle sich retten!

AÏTHRA

Wer trägt wen? Legt euch, Wellen!

DIE MUSCHEL

Menelas trägt Helena hoch in den Armen. Die brandenden Wellen machen ihm Platz, und er schwingt sich ans Land.

AÏTHRA

Leg dich Sturm, zu meinen Füßen! Hier ganz still! –
Eine Fackel! Ihnen den Weg zu zeigen!

Die Dienerin packt eine Fackel, läuft hinaus.
Der Sturm legt sich.

AÏTHRA
Ist es wirklich Helena, die berühmte? So ist denn Troja gefallen? Und ich soll hier sie empfangen? In meinem Haus? Mit ihr reden. Mit Helena von Troja! Mit der berühmtesten, der gefährlichsten, der herrlichsten Frau der Erde? Ich empfange sie an der Tür! Nein, ich lasse sie allein – o welche Lust, eine Frau zu sein, die ein wohleingerichtet Haus und ein wenig Gewalt über Wind und Wellen hat!
Sie lacht vor Freude, geht ab in ein Seitengemach rechts, wo sie aber dem Zuschauer sichtbar bleibt.

*Das Gemach bleibt einen Augenblick leer, dann kommt die Dienerin gelaufen, voranleuchtend, hinter ihr ein leichtgewappneter schöner Mann, der einen gekrümmten Dolch im Munde trägt und an der Hand eine sehr schöne Frau mehr hinter sich dreinreißt als führt, deren üppiges goldfarbenes Haar aufgegangen ist.
Die Dienerin verschwindet.*
Helena erblickt einen Spiegel, geht hin und steckt unbefangen ihr Haar auf.

MENELAS
sieht sich um, befangen wie ein Mensch, der aus Finsternis ans Licht und aus Todesgefahr in ein schön erleuchtetes Zimmer kommt, dann legt er den Dolch – der schon nicht mehr zwischen den Zähnen, sondern in seiner Hand ist – auf den Dreifuß nächst der Muschel hin
Wo bin ich, was ist das für ein Haus?

HELENA
sofort Herrin der Lage
Ein Feuer brennt. Ein Tisch ist gedeckt.
Will nicht mein Gemahl mit mir sitzen und essen?

MENELAS
leise und beklommen
Was haben die Götter mir zubereitet?

HELENA
Schön glänzt der Saal. Zwei Throne stehen:
Ein König und eine Königin
sind hier erwartet. Setzen wir uns!

MENELAS
vor sich
Nie werden wir beide zusammen essen.

AÏTHRA
von ihrer Stelle aus ins Hauptgemach spähend
Ein greulicher Mann!
Wie er sich bitten läßt
zu etwas Schönem!

HELENA
Der Mann und die Frau – so ward ich gelehrt –
teilen den Tisch und teilen das Lager.

MENELAS
Dein Lager war
zuunterst im Schiff,
meines droben – unter den Sternen –
zehn Nächte lang.

AÏTHRA
wie oben
Es ist nicht zu begreifen!

HELENA
lächelnd
Doch heute nacht war das dir zur Last,
du kamst herab mit leisen Tritten —

MENELAS
erstaunt
Du schliefest nicht?

HELENA
War ichs nicht, die dich nicht schlafen ließ?

MENELAS
Du warst es.
Beiseite
Ahnt sie,
was ich ihr antat
ohne den Sturm!
Oder ist sie ganz arglos?
Er tritt von ihr weg.

HELENA
Wohin trittst du?
Willst du noch einmal
von mir weggehn?
Lieber, das fruchtet doch nichts!
Dir ist auferlegt,
mich nicht zu verlassen,
und mir ist verhängt,
zurückzukehren
in deine Arme.
Und so ist es geschehen.
Sag doch, ob je
in all diesen Jahren

dein Wünschen gelassen hat von mir
nur für eine Stunde!
Menelas sieht zu Boden.
Du schweigest. Siehst du!
Eine Pause. Helena ist dem Tisch näher getreten. Eine zarte kindhafte Mädchengestalt schwebt auf Fußspitzen hinter dem Tisch hervor – füllt aus einem Mischkrug eine flache Trinkschale und bietet sie Helena dar.

Helena
ergreift die Schale, tritt mit ihr auf Menelas zu
Bei jener Nacht, der keuschen, einzig einen,
die einmal kam, auf ewig uns zu einen,
bei jenen fürchterlichen Nächten,
da du im Zelte dich nach mir verzehrtest,
bei jener Flammennacht, da du mich zu dir rissest
und mich zu küssen doch dir hart verwehrtest,
und bei der heutigen endlich, da du kamest,
mich jäh und zart aus aller Schrecknis nahmest,
bei ihr, die mich aufs neu dir schenkt,
trink hier, wo meine Lippe sich getränkt!
Sie berührt mit den Lippen den Rand der Schale, reicht diese dann Menelas.

Menelas
zurücktretend
Ein Becher war
süßer als dieser,
herrlich gebildet,
aus dem trank Paris,
und nach seinem Tod
seiner Brüder viele.
Du warst eine Schwägerin ohnegleichen!

Helena

Aber du bist der Beglückte,
denn sie alle sind tot – und du bist mein Herr!
So nimm die Feige,
darein ich drücke
die Spur meiner Lippen,
und freue dich!

*Das kleine tanzende Mädchen hat ihr die Feige gereicht und ist
auf die Melodie ihres Gesanges abgetanzt.*

Menelas

Zu viele, Helena, haben gekostet
von der herrlichen Frucht,
die du anbietest!

Helena

Hast du aber von einem gehört,
der ihrer satt ward?

Aïthra
für sich

Wie mutig sie ist!

Menelas
zurückweichend, dann sich ermannend

Heute nacht –

Aïthra
für sich

Um so weit sich zu wagen,
muß man schön sein wie sie!

Menelas

– trat ich zu dir,
dort wo du schliefest,
um dich zu töten!

HELENA
lächelnd und bezaubernd
Weil du nur so
und nicht anders glaubst zu empfangen
mein letztes Geheimnis:
darum meine Züge
willst du gewahren
zauberisch zärtlich im Tode verzerrt!
O Liebender du ohne Maß und Grenzen!

MENELAS
ergreift den gekrümmten Dolch und bringt ihn ihr vor die Augen
Kennst du die gekrümmte Waffe?

HELENA
Als Paris vor dir lag
und fleht' um sein Leben,
entrissest du ihm
den krummen Dolch – ich kenn ihn recht wohl!
Und mit der eigenen Waffe
durchschnittest du ihm
die lebendige Kehle. –
Mit einem Schauder
Furchtbar sind Männer
und gründlich im Töten...
Ich müßte dich fürchten –
Mit einem undefinierbaren Ausdruck
aber ich bin nun einmal deine Frau!

MENELAS
Wenn du sie kennst,
die Waffe da, –

AÏTHRA
Ich lock ihn hinweg
mit Zaubereien –

MENELAS
– dann wirst du wissen,
was es bedeutet, –

AÏTHRA
– von ihrer Seite,
sonst ist sie verloren!

MENELAS
– daß ich heute nacht,
eh der Sturm anhub,
vor deinem Bette stand!

HELENA
mit ungeheurer Beherrschung
Wie keine Umarmung
dem Liebsten die Liebste je gibt,
so verschränkt in dich,
wie zweier Kehlen
verschränkter Gesang,
so willst du mich haben!
Und sinnest immer darauf,
wie das du erreichest.

AÏTHRA
Sie spielt zu frech
um ihren Tod!
Ich muß mich beeilen,
sonst ist es zu spät!

HELENA

Das verstehe ich – und ich verstehe auch
den seltsamen Umweg,
den deine Seele dabei einschlägt!

MENELAS

Was für ein Umweg?

HELENA
dämonisch
Als du lagest im Zelt
und nach mir zücktest
die leeren Arme –
das waren furchtbare Jahre.
Denn ich im Arme des Andern
zerdrückte in meinen Händen dein Herz,
und du konntest mir nichts tun!
Aber dann kam ein Tag,
da fühltest du dich nicht ohnmächtig,
mir deine Liebe zu bezeigen,
wenn auch aus der Ferne,
doch wirksam! Das war:
Leise
als Paris starb unter deinem Stahl!
Den Tag wußtest du wieder,
daß du mir gehörtest
und ich dir!

MENELAS
wirklich erschrocken
Wer hat dich gelehrt,
solches zu wissen?

HELENA

Es scheint, ich weiß, was in Männern vorgeht.

MENELAS
nun fest entschlossen zur Tat
Du hast zu viele Männer durchschaut,
und es ist Zeit, daß einer
dir das Handwerk legt!

HELENA
mit dämonischem Mut, aber unendlich sanft und lieblich
Gut! aber mach es ohne Tuch!
Ich will dich dabei ansehen!

MENELAS
Helena! Merke zuletzt meine Rede!
Merke: Einem gehört ein Weib,
und ich will meine Tochter so aufziehn –

HELENA
unerschüttert
Deine? Ich denke: sie ist auch die meine!

MENELAS
ohne sich von ihr beirren zu lassen
So aufziehen will ich meine Tochter,
daß sie sich der Mutter
nicht braucht zu schämen!
Denn für eine Tote errötet man nicht.

HELENA
mit unbesiegbarer Kraft
Menelas! Merke zuletzt meine Rede!
Merke: Einem gehört ein Weib,
und so bin ich deine!
Dich hab ich gewählt

aus dreißig Freiern,
mutigen, schönen!
Sieh mir ins Gesicht –
und laß alles, was war,
außer diesem,
daß ich dein bin!

MENELAS
Ich war nicht der erste der Helden
und nicht der zweite.
Warum hast du mich gewählt
zu solchem Leiden?

HELENA
Vergiß den bösen Traum!
Wach auf bei mir, deiner Frau!

MENELAS
Hab ich im Traum Troja verbrannt?

HELENA
Laß was war, und küsse mich wieder!

MENELAS
für sich
Nimmer darf das Kind sie sehen!

HELENA
In deinen Armen bringe mich heim!

MENELAS
Bewahret mich rein, ihr oberen Götter!

Helena
Helfet dem Weibe, ihr unteren dunklen!

Menelas
Helfet, was sein muß, mir zu vollenden!

Helena
Mond und Meer,
Erde und Nacht,
helfet mir jetzt!

Die Lichter verdunkeln sich, nur der Mond fällt von draußen herein. Ein Strahl trifft Helenas Antlitz. Menelas – den Dolch erhoben, sie in die Kehle zu treffen – steht wie gebannt vor ihrer Schönheit. Sein Arm mit der Waffe sinkt.

Aïthra
beschwörend
Ihr grünen Augen
im weißen Gesicht,
Mondelfen ihr!
Die ihr im Schilf liegt,
lauernd, listig –
euch pappelnd vermummt,
lüstern, Lebendiges
zu euch zu ziehen:
ich hab hier im Haus
einen heißen Kerl,
einen rechten Raufbold –
den schafft mir vom Leib!
Mit Lärm einer Schlacht
bestürmt ihm den Kopf!
Narret ihn fest!
Laßt ihn anlaufen,

sein Schwert in der Hand,
an zwanzig Bäume!
Dreht ihn! Drillt ihn!
Zwinkert und zwitschert,
belfert und balzt,
schnattert und schnaubt,
drommetet und trommelt!
Hudelt ihn! Hetzt ihn! Flitz!

HELENA
Ohne Zaudern
töte mich denn!

MENELAS
Wie liebliches Weh
noch in dieser Gebärde!
die süße Kehle,
gedehnt wie dürstend,
dem Eisen entgegen!
Abermals anspringend, hält er abermals inne.

HELENA
Nimm mich ins Messer!
Nimm mich, Liebster!

DIE ELFEN
draußen, gruppenweise einander zurufend
Mit Lärm einer Schlacht
bestürmt seinen Kopf,
drommetet und trommelt,
narret ihn fest!

MENELAS
Wie ist mir? Was hör ich?
Wer ruft? Was für Waffen?

DIE ELFEN
bald näher, bald ferner
Paris hier! Hier steht Paris!

HELENA
dringender
Was dein Herz begehrt,
das tu endlich mit mir!

MENELAS
verwirrt
Auch ins Messer fällst du noch so?
Auch der Stich in den Hals
wird zärtlich sein? –
Er horcht auf den Ruf der Elfen draußen und wiederholt ihn
Paris! Paris!
Hier steht Paris!
Den Feldruf hör ich! Paris! Paris!
Gehen die Toten hier um und rufen
und wollen noch einmal erschlagen sein?

DIE ELFEN
Helena will ich
wieder gewinnen!
Paris hier
und sein Schwert!

MENELAS
Hier ist Menelas!
und dein Tod!
Steh mir, Gespenst!
Er stürzt ab ins Freie.
*Helena wankt nun todmüde auf den Thron der Aïthra zu und
fällt dort mehr zusammen, als daß sie sich setzte.*

Aïthra tritt hervor.
Helena will bei ihrem Anblick aufstehen.

AÏTHRA

Bleib sitzen! Schone dich! Kein überflüssiges Wort!
Sie setzt sich auf den niedrigen Sessel.

HELENA

Wer bist du? Wem ist dies Haus? – Bist du eine Frau oder ein Mädchen?

AÏTHRA

Das zu beantworten, ist für den Augenblick zu weitläufig. – Du bist in meinem Haus, Helena, und ich werde dich retten. Ich bin deine Freundin.

HELENA

Freundin! ein reizendes Wort. Ich habe nie eine Freundin gehabt.

AÏTHRA

Laß mich vom Nötigsten reden! Meine Anstalten reichen nur für eine kurze Weile: dann kommt er wieder, der Fürchterliche. O wie ich ihn hasse!

HELENA
sanft

O wie ich ihn liebe!

AÏTHRA
betroffen

Ist das möglich?

HELENA

Troja ist dahin! Und jetzt gehöre ich ihm.

AÏTHRA

Aber Paris? Und Hektor? Und Deiphobos? – Und die andern? –

Helena
leise

Du bist ein Kind. Laß die Namen der Toten unausgesprochen!
Sie steht auf, späht hinaus.

Aïthra

Ich bin eine Frau! Aber vielleicht erst so wenig, daß ich vieles noch nicht verstehe. –

Helena
wieder ihr zugewandt
Einem gehören!
Einem! Einem!
Und will er uns töten,
ihm ins Messer
noch zärtlich fallen!

Aïthra

Einem? Und doch –?... Ich sehe, bis ich das begreife, müßtest du mir vieles erklären! – Jetzt aber ist dazu nicht Zeit. Ich muß dich verbergen – aber – dies Haus hat keinen Schlupfwinkel.
Leise
Ich könnte auf meinem Mantel mit dir durch die Luft fahren – aber jeden Ausflug hat mir Poseidon strenge verboten, und durch die Geschwätzigkeit dieser infamen Muschel, die er mir zur Wächterin gegeben hat –

Die Muschel lacht.

Aïthra
Muschel, über wen lachst du so boshaft?

Die Muschel
Ich lache über Menelas! Jetzt läuft er wie ein Toller einem Nebelschwaden nach, den er für Helena hält!

DIE ELFEN
lachen
Hahahaha!
Hetzt ihn aufs neu!
Narret ihn fest!
Jagt ihn im Kreis
um sich selber herum!
Helena hier! Paris da!
Hahaha hahaha ha!

HELENA

Vergeblich!

Sie wankt.

AÏTHRA
Stärke dich! Trink! Nimm von der Speise!

HELENA
hält sich
Geh fort. – Er kommt. Wahre dein Auge vor einem bösen Anblick, und laß uns allein!

AÏTHRA
nimmt die Schale
Einen Tropfen! Es nützt dir!

HELENA
schüttelt den Kopf
Kein Mensch entgeht seinem Schicksal. – Selbst wenn du zaubern könntest – du würdest mich schwerlich retten.

AÏTHRA
Du bist durchnäßt:
meinst du, zu trocknen

bedarf es des Feuers?
Ich trockne dich
mit meinen Augen!

HELENA
Wie sanfte Wärme
mich durchdringt!

AÏTHRA
Die lieblichen Wangen
so entstellt
vom Salz des Meeres!
Sie streicht ihr sanft die Wange.

HELENA
Wie du mich anrührst!

AÏTHRA
Ohne Glanz die Haare!
Meinst du, ich brauche
Salben und Öl,
damit sie dir leuchten?
Sie streift leicht über Helenas Haar.

HELENA
vor dem Spiegel, den auf Aïthras Wink die Mädchen herangebracht haben
Wie ich erglänze!

AÏTHRA
entzückt
Allerschönste!

HELENA
Beste! Was hast du aus mir gemacht?

Aïthra
Dein herrliches Wesen zurück dir gebracht!

Helena
nachdem sie sich abermals an dem eigenen Spiegelbild geweidet
Was machst du aus mir? So sah die aus, die Menelas in seine
Brautkammer trug! –
Bin ich so jung und soll sterben?

Aïthra
mit der Trinkschale
Nicht sterben! Leben! Schnell, trinke!

Helena
nimmt die Schale

Wer bist du?
Sie trinkt.

Die Dienerin
ganz leise
Ein halbes Vergessen
bringt sanftes Erinnern.

Helena
Was ist das für ein Trank?

Die Dienerin
leise
Du fühltest im Innern
dir wiedergegeben
dein unschuldig Leben.

Helena
Wie ist mir auf einmal!

DIE DIENERIN
Und wie du dich fühlest,
so bist du fortan!

AÏTHRA
Wie die Nacht aus deinen Augen schwindet!

HELENA
Wer bist du?

AÏTHRA
Deine unbedeutende Freundin Aïthra!

HELENA
Zauberin!

AÏTHRA
Schönste!
Sie fassen einander bei den Händen
Reicher als Könige, stärker als Krieger
sind zwei Frauen, die sich vertrauen!

HELENA
tritt noch einmal vor den Spiegel, dann wendet sie sich beseligt
Wer tötet die Helena, wenn er sie ansieht!
Aïthra betrachtet sie voll Bewunderung.

HELENA
Wie leicht wird alles!

AÏTHRA
Recht so! trinke und vergiß deine Angst!
Sie reicht ihr abermals die Schale.

HELENA
nachdem sie getrunken, fröhlich wie ein Kind
Menelas! Warum denn mich töten? – Schlafen ... mich schläfert. Schläfst du neben mir, Liebster?
Sie schwankt wie schlaftrunken, die kleinen Mädchen drücken sich an sie und stützen sie.

AÏTHRA
leise
Was stelle ich an, sie zu retten? Muschel, wo ist er?

DIE MUSCHEL

Ganz nahe!

HELENA
schon in halbem Schlaf, singt leicht wie ein Schlummerliedchen noch dies
>Ganz nahe
>schon schwebt mir
>ein reizendes Glück.
>Gebt acht: ich entschwinde!
>Nein, lasset: ich finde
>schon wieder zurück!

Sie schließt, auf die Kleinen gestützt, die Augen.

DIE DIENERIN
an der Tür hinausspähend
>Der Nebelstreif flattert vor ihm!
>Hierher zu! Auf das Haus!
>Er mit dem Schwert hinterdrein!
>Er kommt!

AÏTHRA
Leget sie auf mein Bett! Und kleidet sie im Schlaf in mein

schönstes Kleid, in das meerfarbene! Fort! Alle fort!
Die Kinder schweben mit Helena ab ins linke Gemach.

MENELAS
den Dolch in der Faust, kommt von außen hereingestürzt als ein Verfolgender
Steh mir – und stirb!

AÏTHRA
springt ihm aus dem Weg, birgt sich in den Vorhängen und schreit auf
Ai!

MENELAS
verstört, vom Licht geblendet
Weh! Ihr Blut
auf meinem Dolch!
Er berührt die Waffe, auf welcher keine Spur von Blut ist, schaudernd mit seinen Fingern.
Die Elfen lachen.

MENELAS
Ich Verfluchter!
Nie mehr eine gute Stunde!
Auch mein Kind seh ich nicht wieder –
O Waise ohne Vater und Mutter!

Aïthra tritt hervor.
Menelas völlig verstört, sucht eilig, den, wie er meint, blutigen Dolch unter einem Vorhang zu verbergen.

AÏTHRA
Fürst von Sparta! Du bist mein Gast!
Indem sie sich auf den Thron setzt.

MENELAS
dumpf und verstört vor sich hin
Fremdes Weib – mörderisch Haus!
Herein an der Hand – führte ich sie –
draußen dann – im weißen Gewand –
zerrüttet das Haar – und doch schöner als je,
flüchtete sie in Angst – und warf
zwei herrliche Arme – um eine verfluchte Gestalt,
die im Mondlicht – aussah wie Paris.
Mit einem Streich doch – traf ich die beiden!

AÏTHRA
leise zu den Dienerinnen
Das Lotosfläschchen! Er hat es nötig!
Schnelles Vergessen gräßlichen Übels.
Die Dienerinnen bringen den Becher und den Mischkrug, gießen ein, träufeln aus dem Fläschchen in den Trank. Aïthra winkt Menelas, den niedrigen Sitz einzunehmen.

MENELAS
Hier sitzen bei dir als ein friedlicher Gast!
So weißt du nicht, wer deine Schwelle betrat?
Noch, was dort die Waffe für Arbeit getan?
Sie winkt ihm nochmals, er setzt sich.

AÏTHRA
Leise! Nicht störe den lieblichen Schlummer
der schönsten Frau;
sie schläft da innen,
ermüdet von einer langen Reise!

MENELAS
Wer?

AÏTHRA
Deine Frau.

MENELAS
Du redest von wem?

AÏTHRA
Von Helena doch! Von wem denn sonst?

MENELAS
Die schliefe –
  Er springt auf.

AÏTHRA
Da innen auf meinem Lager.

MENELAS
  vor sich
Zerspalten das Herz,
zerrüttet der Sinn!
Weh, in den Adern,
weh, eurer Pfeile
lernäisches Gift!
O nur für Stunden,
für Augenblicke
ziehet die Spitzen
der Pfeile zurück!
Gebt mir mich selber,
mein einig Wesen,
der unzerspaltenen
Mannheit Glück,
o gebet mir Armen
mich selber zurück!

Aïthra
Menelas – gedenkst du des Tages
vor dreimal drei Jahren und einem Jahre,
da du sie verließest – und zogest zur Jagd?

Menelas
sie völlig verstehend, mit zornig verfinsterter Miene
Du, sprich nicht von Paris und jenem Tage!

Aïthra
Höre! seit jenem verwunschenen Tage
hast du deine Frau mit Augen nicht wiedergesehen!
Menelas hebt jäh seine Hände über seinen Kopf.

Aïthra
steht auch auf, tritt dicht zu ihm
Merke! als jener frech und verwegen
ausreckte die Hand nach deinem Weibe,
heimlich da sorgten die Götter um dich!

Menelas
Hüte dich, Weib, daß ich dich nicht strafe!

Aïthra
Furchtbar, Fürst, sind deine Blicke!
Trinke hier aus diesem Becher.
Trinke mit mir, auf daß wir uns stärken!
Sie trinken beide, Aïthra nur zum Schein.

Aïthra
Heimlich da sorgten die Götter für dich!
In die Arme legten sie ihm
ein Luftgebild, ein duftig Gespenst,
womit sie narren die sterblichen Männer –

DIE ELFEN
Womit Götter narren
die sterblichen Männer,
ja! ja! ja! ja!

AÏTHRA
Dein Weib indessen, die schuldlose Schöne –

MENELAS
starrt sie an
Achte die Worte, bevor du sie redest!

AÏTHRA
unerschrocken
– verbargen sie am entlegnen Ort
vor dir und der Welt –

MENELAS
an ihrem Munde hängend
An welcher Stätte? Achte die Worte!

AÏTHRA
frei und sicher
Am Hang des Atlas steht eine Burg,
mein Vater sitzt dort, ein gewaltiger Herr
und gefürchteter König!
Drei Töchter wuchsen im Hause auf.
Zauberkundig alle drei:
Salome die Stolze,
die schöne Morgana
und Aïthra die Junge.
Zu uns ins Haus
brachten sie schwebend

deine Frau!
Schuldlos schlummernd,
wähnend, sie liege in deinen Armen,
lag sie bei uns
die Jahre im Haus.
Dieweilen thronte
das Luftgespenst
zuoberst unter Priamus' Töchtern
und buhlte mit seinen herrlichen Söhnen
und freute sich am Brande der Welt
und am Tode der Helden Tag für Tag!
Die Wespe die!

DIE ELFEN
Jajajaja!
die Wespe die,
das Luftgespenst!

MENELAS
nach einer Pause fassungslosen Staunens
Die – welche hier
meinem Drohen trotzte?

AÏTHRA
zutraulich
Ein Luftgespenst!
Wie hätte denn je
deine wirkliche Frau
so frech dich zu reizen gewagt?

MENELAS
Die – welche ich trug?

AÏTHRA
achselzuckend
Vielleicht eine feuchte
Schlange des Meeres
in Weibesgestalt
wand sich dir um den Nacken!

MENELAS
Dort in der Nacht,
da ohne Fackeln
alles hell war —
ich riß sie zu mir
aus stürzendem Haus,
die goldne Gestalt!

AÏTHRA
leichthin
Ja, das Gespenst,
das sich Helena nannte!

MENELAS
Es sahen sie alle!
die Fürsten! die Krieger!

AÏTHRA
Wenn sie den eigenen Gatten betrog,
wie nicht die Welt?
Wo bliebe die Welt
ohne Betrug!

DIE ELFEN
Hihihihi!
Wo bliebe die Welt,

hahahaha!
ohne Betrug!

   MENELAS
   tief erschüttert
Hier noch stand sie –
unsagbar lieblich –
und sank mir ins Messer –

   AÏTHRA
   spöttisch
Hier noch stand sie –
dir so nah?
Die himmlische Frau –
hast du sie geküßt?

   MENELAS
   furchtbar ernst
Im Zelte nicht
noch auf dem Schiffe
berührte ich sie;
so hab ich geliebt!

   AÏTHRA
Wohl dir, wie ein Pilz
mit Asche gefüllt,
sie wär dir zerstoben,
so wie sie nun
zerflog mit Kichern,
ein Streifchen Nebel!

   DIE ELFEN
   kichern
Chichichichichi!

Menelas

sieht sie mit einem Schaudern seitlich an
Furchtbares Weib!
Deine Worte sind furchtbar
und stärker als alle trojanischen Waffen!
Du raubst mir sie völlig
mit zaubernder Rede
aus lächelndem Mund.
Mit tiefstem Schmerz leise
Weh, nun erblick ich sie nimmer wieder,
ich ganz unseliger Mann!

Er ergreift Aïthras dunklen Mantel, der auf den Stufen ihres Thrones liegt, verhüllt sich darin und läßt sich auf die Erde hin.

Aïthra

betrachtet ihn und spricht mit geheimnisvollem Ton
Wenn ich sie nun in die Arme dir lege,
die du verloren
vor dreimal drei Jahren und einem Jahre –
die Herrliche, Reine,
die Unberührte!

Menelas

auf den Knien, indem er sein Gesicht unterm Mantel zu ihr hebt in Angst und Schuld
Ich werde sie sehen?

Aïthra

Du wirst sie sehen
mit diesen Augen!

Menelas

dumpf vor sich zur Erde blickend
So ist es wahr: es wohnen in Höhlen
auf einsamer Insel Zauberinnen,

die zeigen dem, der zu ihnen dringt,
die Bilder der Toten!
Er verhüllt sich wieder völlig und senkt den Kopf zu Boden.

AÏTHRA
Du wirst sie sehen!
Bereite dich!
Was ficht dich an?

MENELAS
Was werde ich sehen?
Unseliger Mann!

AÏTHRA
etwas stärker
Bereite dich!

MENELAS
O furchtbare Stunde –

AÏTHRA
stärker
Bereite dich!

MENELAS
– vom Reich der Toten –

AÏTHRA
stärker
Bereite dich!

MENELAS
– gräßliche Kunde.

Aïthra
sehr stark
Bereite dich!

Menelas
Ich höre Becken
dumpf geschlagen,
Nachtgeister bringen
die Tote getragen.

Aïthra
Was horchst du hinunter?
Zärtlich verzaubert dich was denn aufs neue?
Menelas immer nach abwärts lauschend.

Aïthra
Sind Meereswellen:
im höhlichten Grunde,
nach jedem Sturm
wie gehorsame Hunde
murren sie so!
Legt euch! schmiegt euch
zu Füßen der Herrin!
Und du sieh hin, was dir die Götter bereiten!

Sie winkt. Das Hauptgemach verfinstert sich, und nur aus dem Gemach zur Linken dringt eine Helle hervor. Die Vorhänge heben sich, und auf einem breiten Lager wird Helena sichtbar, lieblich entschlummert, in einem strahlend blauen Gewand. Menelas blickt hin wie auf ein Traumbild.

Die Elfen
draußen, nicht stark genug, um mit ihrer Neckerei den Strom der Freude, der das Gemach durchflutet, zu stören

O Engel, für Elfen,
arglistig arme,
die zwinkern im Zwielicht,
allzu herrlich!

AÏTHRA
leise

Ihr Nachtgesindel,
schweigt nun schon!
*Helena öffnet die Augen und hebt sich vom Lager, vom Schlaf
erquickt, in strahlender Schönheit.*

MENELAS
der kaum wagt, hinzusehen
Die ich zurückließ auf meinem Berge,
die ich zu denken nie gewagt!
Die Jungfrau, die Fürstin, die Gattin, die Freundin!
O Tag aus dem Jenseits, der nächtlich mir tagt!
*Helena steigt vom Lager herab, mit reizendem Staunen blickt sie
um sich.*

AÏTHRA
*die neben Menelas stand, gleitet lautlos zu Helena hinüber; was
sie sagt, ist zum Schein zu Menelas gesprochen, in der Tat flüstert sie es Helena ein*
Am Hang des Atlas
hoch steht die Burg:
da lag sie und schlief
– dieweilen thronte
das Luftgespenst,
ihr gleichgebildet,
die Wespe die!
auf Priamus' Burg
und saß zuoberst

unter den Töchtern!
Wir dreie hüteten Helenas Schlaf.
Ein demütig Kind,
bracht ich ihr oft
schöne Früchte:
aus halbem Schlummer
mich anlächelnd,
letzte sie sich!

Helena ist währenddem vollends herabgestiegen. Es scheint, als ginge sie auf Menelas zu, aber scheu, mit gesenktem Blick und wie mit gefesselten Füßen.

AÏTHRA
zwischen beiden
Nie Erahntes
bereiten die Götter
ihren erwählten herrlichen Kindern!

MENELAS
bebend
Die zu denken ich mir verwehrte!

HELENA
leise, mit gesenkten Augen
Bin ich noch immer die einstens Begehrte?

AÏTHRA
triumphierend und halblaut zu Menelas
Sieh doch: den Blick zur Erde gesenkt.
Wo ist nun das brennende Auge
jener, die vom Manne gekostet?
Wage doch endlich, bezaubert zu sein!

DIE ELFEN
O Schönste der Schönen,
Ganz hoch, höhnend
so billig willst du
die Götter versöhnen?

MENELAS
Was tun? Sie reißen
das Herz mir in Stücken!
Mit ihrem Entzücken,
mit ihrem Beglücken,
was tun! sie reißen
das Herz mir entzwei!

AÏTHRA
ihm Helena zuführend
Die Reine!

MENELAS
Was tun?

HELENA
innig, scheu
Die Deine!

MENELAS
leidvoll
Was tun?

AÏTHRA
dringender
Empfange!

MENELAS
beklommen
Was tun?

HELENA
zurückweichend
Wie darf ich?

MENELAS
qualvoll gesteigert
Was tun?
Zugleich mit beiden Frauen
Was sagen? Sie reißen
das Herz mir entzwei!
Es wagen? Sie reißen
das Herz mir entzwei!

AÏTHRA
zugleich mit Helena
Nicht zage! Wir reißen
das Herz nicht entzwei.
Frei wage nur einmal
bezaubert zu sein!

HELENA
zugleich mit Aïthra angstvoll
Was sagen! Wir reißen
das Herz ihm entzwei!
Wie wagen? Wir reißen
das Herz ihm entzwei!

HELENA
zur Seite tretend, sich von Aïthra, die ihre Hand ergriffen hat, lösend
Laß ihn. Er will mich nicht.

MENELAS
Wer bist du, Wesen, das einer ewig
jungen Göttin gleicht – und meiner Frau?
Aïthra ergreift Menelas' Hand.

Helena

Laß ab, er verschmäht mich.
Mit verhohlenem Triumph
Er liebt jene Andre.

Menelas
die Augen zu Helena hebend, mit tiefster Innigkeit
Wie gewänne ich Gunst in deinen Augen –
da ich um jener willen – dich verließ!
Helena wirft ihm einen Blick zu und schweigt.

Aïthra
Antworte ihm, der so dich liebt!

Helena
sehr innig
Ich weiß von keinem,
der mich verließ,
nur von einem,
der liebend bei mir war
in meinen Träumen,
indessen ich schlief!

Menelas
zu ihr: beide Stimmen verschränken sich
So weißt du von keinem,
der dich verließ –
nur von einem,
der liebend bei dir war,
weil er dich erwählte?

Helena
drückt ihren Kopf an seine Schulter
Weil er mich erwählte!

AÏTHRA
Schnell nun rüst ich das Schiff
und schicke euch heim!

DIE ELFEN
spottend
Nun rüstet das Schiff
und schicket sie heim!
Hahahahaha!
Das Spiel ist aus!

Helena, nachdem sie sich von Menelas gelöst, tritt wie erschrocken über Aïthras Wort auf diese zu.

AÏTHRA
ihr ins Gesicht sehend
Wie – oder nicht?

DIE ELFEN
sehr gedehnt fragend
Wie – oder nicht?

HELENA
bei Aïthra, halblaut
Mir bangt vor dem Haus!
Verzaubert im Neuen,
mir bangt vor dem Alten!
Laß mich mich freuen,
laß mich ihn halten!

DIE ELFEN
wiederholen spöttisch ihr
Wie – oder nicht?

HELENA
dringend
Wo niemand uns kennt,
wo Helenas Name
ein leerer Hauch
wie Vogellaut,
von Troja nie
kein Ohr vernahm,
dort birg uns der Welt
für kurze Frist –
vermagst du das?

AÏTHRA
schnell, halblaut
Zu Füßen des Atlas
liegt ein Tal,
ein zauberisch Zelt
bau ich euch dort –

HELENA
ebenso
Und wie die Fahrt?

AÏTHRA
Auf meinem Bette!
Ihr legt euch liebend
und schlummert ein.
Den Mantel werf ich
über euch!

MENELAS
für sich
Mit ihrem Entrücken,

Zwischen Jubel und Beklommenheit
mit ihrem Beglücken,
sie wenden mit Händen
das Herz in der Brust!

Aïthra
Der Mantel trägt euch,
und ihr erwacht
am leuchtenden Ort
zu zweien allein.

Helena
Zauberin! liebste,
zu zweien allein!

Menelas
mit den Augen an Helena hängend
Ihr jähen Götter,
nun gebt mir mich selber,
nun gebt mir die Jugend,
schnell gebt sie zurück!
Damit ohne Zagen
ich wage zu tragen
dies völlige Glück!

Aïthra
zu Helena
Das Nötigste nur
in einer Truhe,
ich schicke es mit!
Langsam, leise
Das Fläschchen vor allem,
Lotos, der liebliche

Trank des Vergessens,
dem alles wir danken!
Vielleicht bedarf es
etlicher Tropfen
von Zeit zu Zeit
   Bedeutungsvoll
in seinen Trank –
oder in deinen –

MENELAS
Wie lieblich sie flüstern,
die reizenden Frauen,
wie klug sie blicken.

AÏTHRA
– damit das Böse
vergessen bleibe
und ruhe unter
der lichten Schwelle
auf ewige Zeit!

HELENA
mit ihr, wie ein Gebet
Damit das Böse
darunten bleibe,
vergraben unter
der lichten Schwelle
auf ewige Zeit!

MENELAS
für sich, aber zugleich mit ihnen beiden
O meine Tochter,
glückliches Kind!

             Welch eine Mutter,
             welch eine Schwester
             bring ich dir heim!

Helena tritt auf die Schwelle zum Schlafgemach und blickt von dort nach Menelas um.
Menelas ist bei ihr, kniet vor ihr, drückt den Kopf an ihr Knie. Sie zieht ihn zu sich empor – der Vorhang zum Schlafgemach entzieht sie den Blicken.
Im Hauptgemach ist lautlos die Dienerin eingetreten.
Aïthra winkt ihr, die Lichter zu löschen; sie selber ergreift den schwarzen Zaubermantel, der vor ihrem Thron liegt.
Im Hauptgemach erlöschen die Lichter, so auch im Schlafgemach.
Aïthra, den Mantel haltend, scheint noch zu zögern.
Sie ist vom Mondlicht unsicher erleuchtet.
Im Nebengemach rechts wird bei schwachem Licht die Dienerin sichtbar. Sie legt Gewänder in eine Truhe, zuoberst Kostbarkeiten, darunter das Fläschchen, das sie in einen goldenen Behälter verschließt.

                DIE ELFEN
             leise, aber boshaft
             Auf ewige Zeit!
             die teuren Seelen!
             Auf ewige Zeit
             das Beste verhehlen,
             hahahaha!
             Das darf nicht sein!

                 AÏTHRA
               stampft auf
             Wollt ihr schweigen?

Sie wartet noch eine Weile, bis alles still wird; auch die Dienerin hat die Truhe verschlossen und ist auf ihren Armen eingeschlafen.
Aïthra wendet sich jetzt, den Mantel schwingend, dem Schlafgemach zu.

Vorhang

ZWEITER AUFZUG

Ein Gezelt ganz aus Goldstoff, weit geöffnet auf einen Palmenhain, hinter dem das Atlasgebirge sichtbar wird. Zur Linken Eingang in den inneren Raum des Gezeltes. Hier steht eine Truhe mit reichen, vergoldeten Beschlägen.

Helena entnimmt dieser einen goldenen Spiegel und flicht Perlenschnüre in ihr Haar.
Menelas schläft zu ihren Füßen auf einem Pfühl.

HELENA
indem sie ihr Haar aufsteckt
Zweite Brautnacht!
Zaubernacht,
überlange!
Dort begonnen,
hier beendet:
Götterhände
hielten das Frühlicht
nieder in Klüften,
spät erst jäh
aufflog die Sonne
dort überm Berg!

Perlen des Meeres,
Sterne der Nacht
salbten mit Licht
diesen Leib:
überblendet
von der Gewalt
wie eines Kindes
bebte das männliche
schlachterzogene Herz.

Knabenblicke
aus Heldenaugen
zauberten mich
zum Mädchen um:
Zum Wunder ward ich mir selbst,
zum Wunder, der mich umschlang.

Aber im Nahkampf
der liebenden Schwäne
des göttlichen Schwanen Kind
siegte über den sterblichen Mann!
Unter dem Fittich
schlief er mir ein.
Als meinen Schatz
hüte ich ihn
funkelnd im goldnen Gezelt
über der leuchtenden Welt.

MENELAS
schlägt die Augen auf und blickt mit Staunen um sich
Wo ist das Haus? Die Zauberin wo?
Er besinnt sich des jäh Erlebten
Wer bist du! ah! wie wüßt ich das nicht!
Sie wusch mich rein von Helenas Blut,
her führte sie dich und gab dich mir – – –
Mit einem Beiklang des erstaunten Nachsinnens
Doch welch ein Trank ward mir gegeben?
Wie sänftigt' jäh er meine Wut?
Wie fand ich Kraft, mich neu zu heben?
Dich zu umfangen, wie den Mut?

HELENA
Aufs neu von ihm muß ich dich tränken,
er sänftigt wunderbar dein Blut –

nie darfst du sie als Fremde kränken,
die dir auf deinem Lager ruht!
Sie geht gegen die Truhe.

MENELAS
immer in der gleichen fragenden Befangenheit
Wie kamest du, dich mir zu neigen,
dem einsamen, verwaisten Mann?
Von wo sah ich empor dich steigen?
Wie zog ich dich zu mir heran?

HELENA
sich abermals ihm voll zuwendend
Erkenne doch die Ewig Deine!
Tritt dir nicht unser Brauttag nah?
Erkenn in seinem sanften Scheine,
erkenne: dies ist Helena!

MENELAS
Der Brauttag rühret
mich geisterhaft an:
die Nymphe erküret
den sterblichen Mann.
Fast angstvoll gequält fragend
Aus welchen Reichen
steigt sie hervor,
ein herrliches Gleichen
dem Aug und dem Ohr?

HELENA
O laß zu dir dringen
das köstliche Hier,
der Gattin Umschlingen

im Zauberrevier!
Den Becher zur Hand,
ich bring ihn gleich,
der ewig dich bannt
ins Freudenbereich!

Sie wendet sich der Truhe zu, entnimmt ihr ein schönes Gewebe, worin der Becher eingehüllt; indem sie dies emporhebt, gleitet auch Menelas' krummes Schwert aus der Hülle und fällt ihr vor die Füße.

MENELAS
jäh, mit dem Blick auf das Schwert hinstoßend
Was starret am Boden
von Edelgestein?

HELENA
indem sie davortritt, mit ihren Füßen das Schwert zu verdecken
Das ist der Becher,
er gibt solchen Schein!

MENELAS
springt hin und faßt das Schwert, sie wegdrängend
Dahin der Becher! Dies ist das Schwert!
Dies ist das Schwert, mit dem ich sie schlug!
Von allen unseligen Wesen der Welt
kam keines ihr nah – wie dies Schwert und ich!
Er wendet den Blick fast mit Grauen auf Helena
Reizende du,
Spiegelgebild,
flötende Stimme,
fliehe vor mir,
daß der Erwachte dich nicht jage!
Denn die Unglücklichen sind gefährlich,
wenn man sie reizet!

Helena

Von dir jage die Helena denn,
du Ungeheuer unter der Sonne!

Menelas

O süßes Gebild,
zu trüglicher Wonne
gesponnen aus
der flirrenden Sonne –
Luftsirene!
nicht nahe dich!
den Arm nicht dehne!
nicht fahe mich!
Wem ungeheuer
Grausen tagt,
dem Abenteuer
bleibt er versagt!

Er wendet sich, das Schwert an die Brust gedrückt, als wollte er vor ihr ins Ungewisse fliehen.

Helena

indem sie das goldene Gehäuse, worin das Fläschchen, zusamt dem Becher in die Truhe zurückwirft

Ohnmächtiger Trank, fahre dahin!
Dem Falschen die Falsche hast du vermählt –
der mich gesucht durch Flammen und Tod,
er flieht vor mir in die Wüste hinaus!
Aus flirrender Stille schlage der Blitz!
Dunkle Gewalt breche herein!
Was schein-versöhnt, entzweie sich neu!
Wir ducken uns nicht unter dem Streich,
entgegen recken wir unser Haupt!

Das Annahen einer Reiterschar, jäh wie ein Sturmwind, wird hörbar.

MENELAS
Aus flirrender Stille
was naht heran?
Durch rötlichen Staub
funkeln die Lanzen!

HELENA
Menelas! her!
Schütze, was dein ist!

Krieger der Wüste in Kettenpanzern, mit hohen Lanzen, eilen heran und nehmen im Hain, außerhalb des Zeltes, Stellung. Läufer stürmen herein, werfen sich vor Helena nieder.
Altaïr, der Fürst der Berge, ein königlicher Mann mit rabenschwarzem Haar, tritt heran, Bannerträger ihm zur Seite.
Altaïr läßt sich auf einem Knie vor Helena nieder, indem er mit der Hand die Erde, dann die Stirn berührt.
Die Läufer erheben sich und stellen sich im Hintergrund vor die Lanzenträger.
Altaïr erhebt sich auf ein gnädiges Zeichen von Helena und winkt seinem Gefolge. Die Läufer treten auseinander. Zwei schwarze Sklaven laufen hervor und breiten vor Helenas Füße einen golddurchwirkten Teppich.
Helena lächelt und setzt sich auf die Truhe, die mit ihren goldenen Beschlägen einem Thronsitz gleicht.
Menelas, das bloße Schwert in der Hand, tritt hinter Helena.
Altaïr steht außerhalb des Teppichs.
Helena winkt ihm mit anmutiger Herablassung, den Teppich zu betreten.
Altaïr tut es, indem er am Rande des Teppichs noch einmal die Knie zur Erde beugt.
Helena sieht sich nach Menelas um und winkt ihm, sich neben sie zu setzen. Dann bedeutet sie Altaïr, indem sie ihr Kinn gegen ihn hebt, zu sprechen.

ALTAÏR
mit gesenktem Antlitz
Mir ist befohlen,
ich breite dies Land
und seiner Söhne
feuriges Volk,
o Ungenannte,
vor deinen Fuß!

HELENA
lächelt
Wer gab so schönen Befehl?

ALTAÏR
in gleicher Stellung
So will es Aïthra,
so will es Morgana,
und Salome gebietet es so!
Der ich dies Land
zu Lehen trage,
von ihnen dreien
Königinnen –
Er hebt den Kopf und erblickt Helena
Du Göttin, die schön ist
wie steigende Sonne,
gewaltig gleich
einem Heer, das funkelnd
in heiligen Kampf zieht,
ich neige mich dir in den Staub!

HELENA
Fürst der Berge, wir grüßen und danken!
Sie steht auf und tritt auf Altaïr zu.
Menelas ist gleichfalls aufgestanden.

Das Gefolge tritt auseinander und gibt dem Blick eine Gasse frei. Hinten werden von Schwarzen große Truhen vorbeigetragen, so als nähmen sie die Richtung auf den rückwärtigen Zelteingang. Indem sich Helena wendet, stürzen drei bis auf die Augen verhüllte Mädchen zu ihren Füßen, in goldenen Schalen Ambra und Myrrhen darbietend. Die Mädchen sind schnell aufgesprungen, und ihre Stelle hat eine kleine Schar von schlanken Jünglingen eingenommen, fast noch Knaben – unter ihnen Da-ud –, die sich vor Helena mit gesenkten Häuptern auf die Knie werfen.

ALTAÏR
dies alles mit gebietender Gebärde beherrschend, aber den Blick leidenschaftlich auf Helena geheftet
Eilig zusammengeraffte Gaben,
unwert des Hauches
deiner furchtbaren Lippen!
Befiehl, und im spielenden Kampfe
fließet das Blut dieser Knaben.
Jauchzend vergossen
für einen einzigen Blick
aus deinen goldenen Wimpern!
Er wirft sich nun auch vor ihr nieder und drückt den Saum ihres Gewandes an die Lippen.

MENELAS
auf dies alles hinblickend, leidvoll entrückt
O Spiegelgebild!
So stand meine Frau
auf den Zinnen von Troja!
Lodernd so brannten
die Könige auf,
ach, und die Greise

bei ihrem Anblick,
und alle riefen:

DIE JÜNGLINGE – UND ALTAÏR –
*springen auf, und indem sie ihre Schwerter aus der Scheide rei-
ßen und gegen den Himmel stoßen, rufen sie wild*
Heiße uns sterben im Sande
für einen einzigen Hauch
von deinen verschlossenen Lippen!

DA-UD
*mit höchst gesteigerter Ergriffenheit eines jungen Herzens einen
Schritt hervortretend*
Denn es ist recht, daß wir kämpfen
und daß wir sterben im Blachfeld
um dieser willen –
denn sie ist die Schönste auf Erden!
Dann verhüllt er sich und tritt hinweg.
*Altaïr winkt und die Jünglinge, ihre blanken Schwerter gehoben,
treten nach rückwärts und sind verschwunden.*

HELENA
sucht mit dem Blick Menelas und tritt zu ihm
Liebster, was ist dir? Bleib mir zur Seite!
Mich ängstigt dein Blick!

MENELAS
Mich ängstigt der deine, schöne Göttin!
Er ist mir zu jung, und zu wenig umnachtet!

HELENA
Du willst mir fliehen! Du willst mich lassen?

MENELAS

Was bedarfst du des armen Begleiters!
Der Namenlosen, der Fremdlingin, die über Nacht kam –
knien sie hin und zücken die Schwerter und rufen:

DIE STIMMEN DER JÜNGLINGE

Heiße in spielendem Kampfe
fließen das Blut unserer Adern
für einen funkelnden Blitz
aus deinen furchtbaren Augen!

MENELAS

Bleibe bei ihnen! und mögen die Tage dir herrlich verstreichen!
Aber dies Schwert dort und ich, wir müssen uns leise verziehen.
Anderswo müssen wir hin!

HELENA

Ich lasse dich nicht von der Seite!
*Menelas löst sich von ihr, er will zu dem Schwert hinüber. Sie
umschlingt ihn fester.*

ALTAÏR
für sich

Vermessene Gunst dem schönen Begleiter!

MENELAS
mit einem fast irren Ausdruck

Anderswo, anderswo müssen wir hin!

HELENA

Umschling ich dich nicht mit wirklichen Gliedern?

MENELAS

Stille, wir müssen uns beide verziehen!
Anderswo, anderswo müssen wir hin!

HELENA
Kann nicht die Lippe der Lippe erwidern?
Sagt dir mein Kuß nicht, wer ich dir bin?

MENELAS
Anderswo, anderswo müssen wir hin!

ALTAÏR
für sich, zornig
Unerträgliches Spiel! – Worüber zürnet dein Günstling?
Auch für ihn sind Geschenke im Zelt!
Er klatscht in die Hände
Zu Menelas
Schöne Waffen! vielleicht gefällt dirs,
Liebling der Göttin, aus ihnen zu wählen!
Schwarze, Jagd- und Kriegswaffen tragend, treten hervor.

MENELAS
mißt Altaïr mit einem hoheitsvollen Blick, nun völlig seiner selbst
bewußt, stolz und ernst
Herrliche Waffen hab ich geführt –
auf blachem Feld und in flammenden Gassen!

ALTAÏR
mit kaum verhohlener Geringschätzung
Auch die Jagd kann Tapfre ergetzen.
Dir zu Ehren stell ich ein Jagen jetzt an,
Mit einem wilden Blick auf Helena
und das Wild wird, ich hoff es, der Jäger wert sein!
Da-ud tritt auf den Wink Altaïrs hinter einer Palme hervor
und neigt sich vor Menelas, die Hand aufs Herz gelegt.

MENELAS
die beiden nicht beachtend, blickt sein Schwert an, das bei der Zeltstange hängt
Das Wild wird, ich hoff es, der Jäger wert sein!

ALTAÏR
zu Menelas, mit zweideutiger Zudringlichkeit
Gazellen spüren die Hunde dir auf,
der Jagd zum Begleiter gab ich Da-ud,
von meinen Söhnen den kühnsten!
Menelas steht seinen Gedanken hingegeben.

ALTAÏR
Ein junger Held
und Hirt über Herden,
von Hüften trocken,
von Händen kühn!

MENELAS
aus seinen Gedanken auffahrend, wie Teile des Gehörten in ihn eindringen
Ein junger Hirt?
ein Königssohn?
Paris ist da!
Paris aufs neu!

ALTAÏR
Seines Schwertes Blitzen
ist Schreck den Räubern,
aber sein Auge
scheut noch Frauen,
fürstliche, fremde,
wie er zuvor nie gesehen!

MENELAS

Frech und verwegen
reckt er die Arme
nach meiner Frau!
Wo ist mein Schwert?

Da-ud steht mit gesenktem Haupt, in Bescheidenheit eines Befehls gewärtig.

Altaïr wirft Menelas einen Blick der Verachtung zu, gebietet Da-ud durch einen Wink, zu bleiben, und geht.

MENELAS

dreht sich jäh um und gewahrt den Jüngling
Was ficht mich an?
Ein fremder Knabe –
Jagdhörner tönen lebhaft.
Ein fremdes Weib! ein fremdes Land!
Ein Abenteuer! ein bunter Traum!
Und Hörner laden zur Jagd!

Die drei Schwarzen treten heran, Jagdspeere und ein Hifthorn, auch einen leichten, silbernen Helm darbietend.

MENELAS

indem er gegen das Zelt-Innere tritt, wo andere Schwarze bereitstehen und sich anschicken, ihm statt des langen Oberkleides ein kurzes zu reichen

Gerne, du Schöne,
folg ich dem Rat!
Wie du gebietest,
fremde Nymphe,
so stell ich mich an.

Er tritt hin und wird für eine kurze Zeit unsichtbar.

Helena betrachtet Da-ud.

DA-UD
schmilzt unter ihrem Blick und wagt nicht, die Augen zu heben,
dann, mit plötzlicher Kühnheit
Ich werde neben dir reiten!
Ich allein! jener nicht!
dein Begleiter – er darf nicht!

HELENA
lacht
Knabe, hüte dich vor dem Feuer,
oder du schmilzest wie Wachs.

DA-UD
den brennenden Blick zu ihr hebend
In den Armen des landlosen Königs,
des Abendländers mit falbem Haar,
hast du das Feuer nicht fürchten gelernt!
Er kennt es selber nicht!
Er kommt aus dem Mondscheinland –
Du aber bist geboren zur Herrin
über die Länder der Sonne,
und ich bin geboren
zu deinem Knechte
bis in den Tod!
So seh ichs geschrieben,
und so wird es geschehen.
Er sinkt vor sie hin, die Stirn auf ihrem Fuß, dann erhebt er sich
blitzschnell und verschwindet.
Helena wendet sich lachend von ihm.
Menelas zur Jagd gekleidet, aber noch nicht gewaffnet, tritt aus
dem Zelt.
Helena nimmt dem Sklaven den Helm ab und reicht ihn Menelas.

MENELAS

So schön bedient,
du reizende Nymphe,
zog ich schon einmal
hinaus zur Jagd!
Am nächsten Morgen
dann kam ich nach Haus –
leer das Nest!
Fort war das Weibchen –
und kam nicht wieder!
Das ist ein Lied von einer Toten.
Wie ist dein Name, schönes Wesen?
Gestern zur Nacht
war ich verwirrt!
Ich hab ihn nicht richtig gehört!

HELENA

Meinen Namen?
O du Verstörter!
Deiner Seele Seele
hauchst du von dir,
wenn du ihn rufest!

MENELAS
mit zerstreutem Blick
Was du redest, ist lieblich,
schöne Sirene!
Gerne stünd ich und lauschte
bis an den Abend
der silbernen Stimme!
Aber dies Schwert
will fort auf die Jagd,
und Hörner rufen nach mir!
Er nimmt das Schwert und drückt es an sich.

Helena
Zur Jagd auf Gazellen
die furchtbare Waffe!
Sie will ihm das Schwert aus der Hand nehmen
Fort mit ihr! ins Zelt hinein.

Menelas
entzieht ihrs
Vergiß nicht, Göttin: dies Schwert und ich,
wir beide gehören zusammen.
Dein ist dies Zelt
und viele Schätze,
schiffbrüchig irr ich,
ein gramvoller König,
in fremdem Bereich.
Dies Schwert ist alles,
das mir geblieben;
nicht rühre daran!
Die Jagdhörner rufen stark.
Menelas küßt das Schwert und steckt es in den Gürtel.

Helena
Mit einem Blick der sehenden Augen
erkenne mich wieder!

Menelas
Solche Blicke
kosten zu viel
dem armen Herzen!
Und sie fruchten zu wenig.
Denn wer wegging zur Jagd
und kehret heim zu seinem Weibe –
er kann nie wissen,
ob er die gleiche wiederfindet!

Die Hörner rufen mit Entschiedenheit. Er eilt weg, nachdem er das Schwert in seinen Gurt gesteckt hat. Die ihm nacheilenden Sklaven bieten ihm Jagdwaffen dar: der eine Bogen und Köcher, der andere leichte Spieße – von diesen ergreift er zwei und verschwindet.

HELENA

Menelas! Steh! – er ist dahin!
Und kehrt er zurück – wie ihn entzaubern?
Zu kindlich ist ihm die Miene der Nymphe,
zu jung und arglos des Auges Blick
und zu fremd seinem Herzen!

Drei Sklavinnen, die Gesichter hinter Goldschmuck verborgen wie hinter einem Visier, kommen spähend aus dem Zelt-Innern hervor.

HELENA
ohne ihrer zu achten

Zaubergerät zieht uns hinüber –
zurückzukehren – das ist die Kunst!
Aïthras Becher war zu stark –
und nicht stark genug – für Menelas' Herz!

Die drei Frauen haben in Helenas Rücken die andere Seite der Bühne gewonnen. Auf einen Wink der Mittelsten eilen die beiden andern zur Truhe hin, öffnen sie und suchen nach etwas. Die Mittelste, Aïthra, schiebt das goldene Visier auseinander und enthüllt sich.

HELENA
freudig

Aïthra! Liebe, Herrliche!
O Zauberin! schnellhörende!

AÏTHRA
Schweig! Dich zu retten flog ich her!
Sie blickt mit Spannung auf die beiden, welche die Truhe durchwühlen.

DIE EINE VON AÏTHRAS DIENERINNEN
das goldene Gehäuse emporhebend
Die Fläschchen beide unberührt!

AÏTHRA
freudig
Oh, unberührt! Nun küß ich dich
vor Freude – du Gerettete!
O hör, was mich in wilder Hast
herjagt zu dir –

HELENA
dunklen Tones
Nicht um den Trank
bedarf es, daß du fliegend eilst!
Ich will ihn nicht! Ich brauch ihn nicht!

AÏTHRA
Versteh mich doch, du Liebliche!
Die Dirne dort, die lässige,
ihr schläferte, so legte sie
das Goldgehäuse in die Truh –
zwei Fläschchen hält es: siehe die,
wie leicht du die verwechseltest!

HELENA
Und was enthält das andere dann?

AÏTHRA
Erinnerung! die gräßliche,
vor der mit meinem letzten Hauch
ich deine Lippe wahren will!

HELENA
Erinnerung!

AÏTHRA
ohne ihren Ton zu achten
Der Höllentrank,
vor dem wie Gift des Tartarus
die Götter fliehn, die seligen!

HELENA
greift nach dem Fläschchen
Dies ist —

AÏTHRA
entzieht ihrs, hebts hoch empor
O nicht den Duft davon,
solang ich dir es wehren kann!

HELENA
sehr bestimmt
Dies ist der Trank, den ich bedarf!
Erinnerung!

AÏTHRA
Du rufst das Wort,
du Ahnungslose, silbern hin —
und schaffst, wenn dirs die Lippe netzt,
dich zur Lebendig-Toten um!

HELENA
Zur Tot-Lebendigen hat dein Trank
mich umgeschaffen diese Nacht.

AÏTHRA
Gerettet, Liebste, hat er dich
vor nahem Tode durch sein Schwert.
Besänftigt herrlich schlief er ein
und kannte dich für Helena
und küßte dich für unberührt.

HELENA
Er kennt mich für ein fremdes Weib,
das du zur Nacht ihm zugeführt,
und wähnt, daß er mit mir betrog
die Helena, die tot er wähnt!

AÏTHRA
Du Selige, so bist doch dus,
die immer wieder siegt und siegt!

HELENA
Die eitle Freude laß dahin!
Ich siege heute oder nie
und hier durch diesen Trank allein!
Sie ergreift das Fläschchen, ungeachtet Aïthras Widerstand.
Auf Helenas Wink haben die beiden Dienerinnen aus dem Zelt-
Innern einen Dreifuß gebracht, darin ein Mischkrug, sowie zwei
andere Krüge, worin Wein.
Unter dem Folgenden geschieht das Mischen des Trankes und das
Einträufeln des Balsams aus dem Fläschchen von ihnen und
Helena zusammen.

AÏTHRA
O dreifache Törin!
den Trank, du Göttin,
verschmähest du mir!

HELENA
Gehorchet und mischet,
was einzig mir frommt,
wenn heiß mein Jäger
zum Zelte mir kommt!

AÏTHRA
schmerzvoll
O dreifache Törin!

HELENA
zu den Mischenden und Umgießenden
Und noch und noch!
und nicht genung
vom dunklen Trank
Erinnerung!

AÏTHRA
Den einzigen Balsam –

HELENA
Aufzuckt die Flamme
alter Qual:
vor ihr das Hier
wird öd und fahl.

AÏTHRA
– das süße Vergessen! –

HELENA
Doch was dahin,
das tritt hervor
geistmächtig aus
dem dunklen Tor.

AÏTHRA
— verschmähest du mir!

HELENA
Und was von drunten
wiederkommt,
ist einzig, was
dem Helden frommt!

ZU DREIEN, HELENA UND DIE DIENERINNEN
Und noch und noch
und nicht genung
vom Zaubertrank
Erinnerung!

AÏTHRA
indem sie schnell das goldene Schmuckvisier vor ihr Gesicht fallen läßt
Habet acht!
Altaïr nähert sich dem Zelt, zwischen den Palmen hervortretend.

HELENA
Wer kommt?
Sie winkt den Dienerinnen, schnell mit den Geräten ins Zelt-Innere zu verschwinden.

ALTAÏR
stehenbleibend
Der begnadete Vogelsteller,
dem der herrlichste Vogel der Welt

mit rauschendem Fittich flog in sein Netz!

HELENA
O Wirt ohnegleichen! welche Rede!

ALTAÏR
einen Schritt auf sie zu
Diese, die dem Liebenden ziemet!

HELENA
Mit was für Schritten wagst du zu nahen?

ALTAÏR
Mit denen des Jägers, naht er der Hindin.

HELENA
Was für ein Blick?

ALTAÏR
Bald dir der vertraute!
Hörst du die Pauken?
Dir zu Ehren geb ich ein Fest,
ein nächtliches Gastmahl ohnegleichen!
Dicht bei ihr
Meine Gastmähler sind gefährlich
für landlose wandernde Fürsten –
aber die Schönheit weiß ich zu ehren!
Das wirst du erkennen,
du Ahnungslose,
du pilgernde Unschuld!
Helena lacht.

ALTAÏR
Lache nicht, Herrin!

Du hast wenig erlebt, und dürftiges Land nur betreten
als eines fahrenden Mannes scheue, geduldige Sklavin.
Aber ein Ohne-Land, solch ein Herr ohne Knechte
darf nicht die Fackel der Welt in seinem Bettelsack tragen:
denn sie ist stärker als er und zündet ihm nachts das Gezelt an.

DIE DIENERINNEN
*sind unterdessen ohne die Geräte wieder herausgetreten, und
folgen mit den Augen der Jagd*
Hei! die Gazelle!
Der Falke hat sie!
Sie bricht zusammen.
Beide zugleich
die kühnen Reiter
stürmen dahin!
Herrliche Jagd!

ALTAÏR
Du bist die Schönste auf Erden:
um einen Blick deiner Augen
schmachtend im Sande verderben,
das überlaß ich den Knaben!
Denn ich weiß anders zu werben!

HELENA
Hüte dich, Fürst,
du Schnellentflammter!
Über den Gast
wachen die Götter,
und einen jeden
gleich einer Wolke
hüllen sie ein
in sein Geschick!

Aïthra
zwischen den Zeltvorhängen halbverborgen Helena zurufend
>Helena, ich lache!
>deine Bedrängnisse alle,
>ach, deine Schmerzen
>sind die Kinder
>deiner Schönheit –
>und sie gleichen
>immer doch wieder
>ihrer goldenen Mutter!
>Ja, sie glänzen wie Purpur und Gold!

Altaïr
Helena Schritt für Schritt folgend, indessen sie vor ihm zurückweicht
>Flammen und Waffen
>statt Blumenketten,
>dich zu erraffen
>aus stürzenden Städten!
>Über dem Brande
>hoch der Altan –
>des Herrschers Zelt –
>und die Schönste
>dem Stärksten gesellt!
>Und stürben darüber
>Zehntausende hin,
>verwehe ihr Seufzen
>der nächtliche Wind,
>verwehe ihr sterbendes Stöhnen!

Die Stimmen der Jünglinge
>Im Sande verschmacht ich als ein Verfluchter
>der dich gesehen und nicht besessen!

DIE DIENERINNEN
lachen hell auf
Beide zugleich
werfen den Spieß!
Beide treffen!
Herrliche Jagd!

DIE ERSTE
Aber was jetzt?
Helena, sieh!

DIE ZWEITE
voll Staunen
Sie heben die Waffen!

DIE ERSTE
Der das Schwert!
Menelas, ha!

DIE ZWEITE
Der den Spieß!
sich zu wehren!

BEIDE
Gegeneinander!
Gellend
Elelelei!

ALTAÏR
nur seiner Leidenschaft hingegeben
Hörst du die Pauken?
Heute zur Nacht

dir und mir
und keinem Dritten
bereit ich ein Fest!
Aïthra wendet sich nach rückwärts zu den Dienerinnen.

DIE ERSTE
Den Rappen herum
reißt Da-ud.
Vor Menelas flieht er.

DIE ZWEITE
Menelas jagt
hinter ihm her!

AÏTHRA
Der Rappe ist schneller –
den Hügel hinan!

DIE ERSTE
Er fliegt ihm nach!

DIE ZWEITE
Er holt ihn ein!

AÏTHRA
Ha, der Abgrund
hinterm Hügel!
Achte dein Leben!

DIE ZWEITE
schreit
Elelelei!

ALLE DREI
Ah! er stürzt!
Weh, Da-ud!
weh Da-ud!
Die Hörner blasen heftig die Jagd ab.

ALTAÏR
den trunkenen Blick auf Helena
Der Knabe stürzt!
Stürze er hin!
Pfeile im Köcher,
Söhne im Zelt
hab ich genug!

Aïthra und die Dienerinnen laufen zu Helena, umgeben sie schützend.

AÏTHRA
Was immer dir nahe,
ich bin bei dir!

Schwarze bringen von rückwärts auf einem Teppich den toten Da-ud getragen und legen ihn in die Mitte nieder.
Altaïr ist Schritt für Schritt zurückgewichen und tritt jetzt hinter den äußeren Vorhang des Zeltes.
Aïthra und die Dienerinnen nähern sich dem Toten.
Die Sklaven sind sogleich verschwunden.
Helena steht rechts von den sich um Da-ud mühenden Frauen.
Indem tritt Menelas, das bloße Krummschwert in der Hand, rechts hervor.
Sein Auge ist starr und furchtbar, als verfolge er einen Schritt für Schritt vor ihm zurückweichenden Feind. So dringt er mit schweren Schritten bis gegen die Mitte vor, wie angezogen von Da-uds Gegenwart, aber ohne ihn eigentlich zu sehen. Aïthra

und die Dienerinnen werden den Herannahenden gewahr und springen erschrocken auf, ihm die Hände in Abwehr entgegenstreckend.

ALTAÏR
links hinter dem Zeltvorhang hervorspähend
Sein Schwert wird schwingen
der Mann der Schönsten –
so steht es geschrieben!
bis ihn erreichet
das stärkere Schwert!
Menelas, wie ein Mondsüchtiger, bleibt vor dem Toten stehen.

HELENA
ihm entgegentretend, ihn sanft anrufend
Mein Geliebter! Menelas!

MENELAS
wird mit einem Schlag wach und lächelt sie unbefangen an
Helena, du?
Wie kamest du her?
O Traumgebild!

HELENA
Die Waffe da,
die furchtbare, gib!
Sie windet ihm sanft das Schwert aus der Hand.

MENELAS
lächelnd
Die Waffe hier –
was sollte sie mir?
Er läßt ihr das Schwert.

Helena

Gegen den Knaben,
den arglosen, sieh!
gegen den Gastfreund,
der mit dir jagte,
hobest du sie zu tödlichem Streich!
Sprech ich die Wahrheit? Menelas! Rede!

Menelas

Gegen ihn erhob ich die Waffe? Warum nur?
Er sinnt nach
Ja, er reckte frech und verwegen
seine Arme –

Aïthra
schnell einfallend
Nach der Gazelle!

Die beiden Dienerinnen und Aïthra
Nach dem Wilde! Hahahaha!
Schien dir das Wild deine Frau?
Menelas steht betreten, sein Gesicht verdunkelt sich.

Helena
geht nach vorne und winkt Menelas, ihr zu folgen
Menelas, merke jetzt meine Rede!
Du wähltest wissend die tödliche Waffe –
Menelas hebt erschrocken die Hände übern Kopf.

Helena
Du wolltest, daß in diesem Knaben
Paris von Troja noch einmal stürbe!

MENELAS
Wer spricht das? Furchtbares Wort!

HELENA
Helena spricht.

MENELAS
Sie spricht zu mir —
Vor sich
und ich höre die andre!
Mein Leib ist hier,
die Seele drunten —
gedoppelt leb ich
am zwiefachen Ort!
Das darf nicht sein!
Sich Helena zuwendend
Wo berg ich mich,
in welcher Höhle,
daß dich mein Schicksal
nicht beflecke,
o Reine du!

HELENA
Uns birgt keine Höhle
vor unserm Geschick,
sondern wir müssen ihm stehn. —
Freventlich hassest du Paris
über sein Grab
und verfolgst in der Welt
noch sein schuldloses Bildnis
in einem wehenden Baum
oder einem Knaben —
aber nicht um der Rache willen,

sondern dies ist der einzige Weg,
nahezukommen – Menelas, sage mir, wem?

MENELAS
Ihr, die tot ist, und allen Toten,
die um mich starben, unbedankt!

HELENA
Ihr, die lebt und bei der zu bleiben
einzig trachtet dein Herz,
mich verschmähend.
Denn sie und nicht ich –
sie ist deine Frau!

MENELAS
zurücktretend
Wer hat dich gelehrt,
das zu wissen,
was selber zu ahnen
ich mir verbiete?
Er birgt das Gesicht in die Hände.

HELENA
Die Waffe da hat michs gelehrt!
Sie winkt einer der Dienerinnen und gibt ihr das Schwert, es
wegzutragen
Zu Menelas
Du aber bedarfst
einen heiligen Trank,
einen gewaltig starken!
Dank sei den Göttern,
sie sind weise,
den hab ich im Zelt!

Sie winkt den Dienerinnen, die mit dem Mischkrug und den kleineren Krügen herantreten und mit fürchterlichem Ernst unter streng vorgeschriebenen Gebärden und Handreichungen das unterbrochene Werk der Bereitung des Trankes fortsetzen. – Indem sie Helena in rhythmisch wiederkehrenden Abschnitten den Mischkrug reichen, träufelt diese aus dem Fläschchen den Zaubersaft hinein.

MENELAS
indessen zu dem toten Da-ud hintretend, den sodann Schwarze von der Erde heben und nun, ihn haltend, regungslos dastehen
    Unter geschlossenem Lid
        straft mich dein brechendes Auge.
        Aber, mein Freund, dahin er dich sandte –
        den gleichen Weg gehet nun Menelas auch.
Die zum Fest ladende Pauke scheint sich indessen zu nähern. Das Annahen von Menschen, die Einholung zum Fest wird fühlbar.

DIE ERSTE DIENERIN
von der Arbeit aufstehend, nach hinten horchend
    Wahre dich, Herrin!
    Hörst du die Pauke?
    Altaïrs Feste
    sind gefährlich.

AÏTHRA
hinzutretend, nachdem sie auf das Herankommende gehorcht hat
    Gefahr umgibt dich!
    Nicht jetzt den Trank,
    es ist nicht die Stunde:
    ich warne dich!

DIE ZWEITE DIENERIN
    Seine verschnittenen Knechte,
    unter dem weibischen Kleid

tragen sie Panzer
und schmeidige Klingen!

AÏTHRA
Ich warne dich.

HELENA
ist mit dem Mischen des Trankes fertig
Aïthra! Schweige!
Jetzt und hier
beginnet Helenas Fest.

Während des Obigen und im gleichen feierlichen Rhythmus wie links die Zeremonie des Mischens vor sich geht, haben rechts Schwarze Menelas umgeben, ihm den Panzer abgeschnallt, den Helm vom Kopf genommen, setzen ihm eine funkelnde Tiara auf.
Es ist indessen im Bereich des Zeltes dunkel geworden, von draußen her naht Halbhelle vor Mondaufgang. Links leuchten Sklavinnen, rechts schwarze Sklaven zu den beiden Zeremonien. Nun wird draußen die Spitze des Zuges sichtbar: Gestalten in prächtigen Gewändern, mann-weibisch, die Hälfte des Gesichtes verhüllt, Schwarze und Weiße vermischt. Etliche tragen Lampen in den Händen. Hinten im Zug werden Banner sichtbar, sowie die dröhnende Pauke.

DIE SKLAVEN ALTAÏRS
vor dem Zelt auf den Knien
Die wir zum Feste dich laden,
empfange die Boten in Gnaden!
Liebessklaven –
o rasende Schickung,
qualgeschieden
vom Reich der Entzückung!

Aïthra
zu Helena

Gefahr ist nah:
wir müssen uns wahren,
laß den Trank!
All unserer Sinne
bedürfen wir jetzt.

Die Sklaven

Wächter der seligen Stunde,
wir unausdenklich Betrübten!
Aus unserem weibischen Munde
höre den Schrei des Verliebten:
Im Sande verschmacht ich als ein Verfluchter,
der dich gesehen und nicht besessen!
Helena tritt hin.
Die Sklaven werfen sich nieder, die Stirnen in den Staub.

Helena

Zurück und harret
an der Erde,
bis man euch ruft.
Auf einen Wink Helenas ziehen die Dienerinnen den Zeltvorhang zu.

Helena
zu einer der Dienerinnen

Des Königs Schwert!
Eine der stummen Sklavinnen geht ins Zelt-Innere.

Aïthra
zur ersten Dienerin

Das Ohr an dem Boden! Was erhorchst du?
Poseidon, höre! Aïthra ruft!

DIE SKLAVEN
außen
Weh dem Unterliegenden,
den die Träne näßte!
Weh dem Ausgeschlossenen
vom Lebensfeste!
Ah hu! Ah hu! Ah hu!

Die Sklavin bringt das Schwert. Helena winkt ihr, es über sich zu halten, wobei die Sklavin ihr Haupt verhüllt.

HELENA
der eine andere der Sklavinnen den Becher gereicht hat, indem sie diesen enthüllt
Menelas, siehe dein Schwert!

MENELAS
Den Becher seh ich, den du mir bringst!

DIE ERSTE DIENERIN
zu Aïthra
Ein Rollen hör ich
von Meereswogen,
als stürze Springflut
ins innere Land.

AÏTHRA
Das sind die Meinen.
Helena, hörst du?
Rosse und Reiter
aus der Kraft des Meeres:
Poseidon schickt mir
die herrliche Schar!

HELENA
indem sie den Becher hinhält und ihn aus dem kleinen Kruge füllen läßt
Störe mich nicht!

AÏTHRA
Gefahr ist nahe!
Rettung auch!
Wahre dein Leben!
Du wagst zu viel!

HELENA
Alles wage ich jetzt!

AÏTHRA
Vom lieblichen Lotos
einen Becher,
und lebet selig
heute wie gestern
immer aufs neu!

MENELAS
vortretend
Weib, tritt hinweg!
Unnahbare Stunde
hebt jetzt an.
Aïthra und ihre Dienerinnen kauern rechts hin, verhüllen sich.

MENELAS
vor Helena hintretend
Helena – oder wie ich sonst dich nenne –
Zaubergebild, mir zum letztesten Gruß auf Erden gesendet,
mich zu trösten, bist du dort auf die Insel gekommen,

um den verlorenen Mann, der mit der furchtbaren Waffe
rechtmäßig grausam seines Schicksals Gefährtin ermordet,
schlangest du sanft deinen Arm – für eine Nacht ihm gegeben,
Reinigerin! und nun stehst du vor mir und reichst mir den
Becher,
und wenn der Trank mir die Adern durchfließen wird, bin ich
ein Toter.

HELENA
Warum macht dich dies lächeln? Du lächeltest jetzt wie ein
Knabe!

MENELAS
Weil ich gedenke, daß Ehegatten der Tod nicht scheidet,
o Herrin!
Darum lächle ich jetzt.

HELENA
So völlig gehörest du jener?

MENELAS
Warum zitterst du da?

HELENA
Soll ich dich auf immer verlieren?

MENELAS
Hast du mich jemals besessen? Laß mich der Toten und lebe!
Helena führt den Becher an ihre Lippen.

MENELAS
Nicht netze die Lippen,
mir ist er bestimmt!

HELENA

Du trinkst es der andern –,
ich trinke mit dir!
Sie trinkt und hält den Becher dann empor.

MENELAS

in düsterer Ungeduld
Gefährten warten
tausend dort!
Um Menelas' willen
und seines Weibes,
der untreuen Schönen,
zogen sie hin.
Sie heben die Hände,
sie rufen kläglich –

DIE SKLAVEN

draußen schauerlich kläglich
Weh dem Unterliegenden,
den die Träne näßt!
Weh dem Ausgeschlossenen
vom Lebensfest!
Ah hu! Ah hu! Ah hu!

MENELAS

Gräßlicher Laut!
Wer rief so gräßlich!
Sind es die Meinen?
Um ein Gespenst
starben sie hin? –
Man hört das Lachen der Elfen, jäh und stark.
Gespenster nun selber –
entmannte Schatten!
Wer narrt mich?

Den Todestrank mir!
oder ich sterbe
durch dieses Schwert.

Helena
ihm feierlich den Trank darbietend
Bei jener Nacht, der keuschen, einzig einen –
die einmal kam, auf ewig uns zu einen –
bei jenen fürchterlichen Nächten,
da du im Zelte dich nach mir verzehrtest –

Menelas
vor sich
Welche Worte
aus diesem Mund –
Unverrückt,
ihr ewigen Götter,
laßt meinen Sinn!

Helena
Bei jener Flammennacht, da du mich zu dir rissest
und mich zu küssen strenge dir verwehrtest,
und bei der heutigen endlich, da du kamest,
aus meiner Hand den Trank des Wissens nahmest:
In großer Erhebung
Bei ihr, die mich aufs neu dir schenkt,
trink hier, wo meine Lippe sich getränkt!

Menelas
nachdem er den Becher geleert, in einem jähen Aufschrei
Wer steht vor mir?
Er greift nach dem Schwert.

HELENA
lächelnd
Aïthra! er wird mich töten!

AÏTHRA
springt auf die Füße
Helena! Lebe! sie bringen dein Kind!

MENELAS
läßt das Schwert sinken und starrt Helena an
Tot-Lebendige!
Lebendig-Tote!
Dich seh ich, wie nie
ein sterblicher Mann
sein Weib noch sah!
Er wirft das Schwert weg und streckt die Arme nach ihr, wie nach einem Schatten.
Helena blickt ihn voll an.

MENELAS
Ewig erwählt
von diesem Blick!
Vollvermählt!
O großes Geschick!
O wie du nahe,
Unnahbare, scheinest,
beide zu einer
nun dich vereinest!
Einzige du,
Ungetreue,
Ewig-Eine,
Ewig-Neue!
Ewig geliebte

einzige Nähe!
Wie ich dich fasse,
in dich vergehe!

AÏTHRA
Ohne die Leiden,
was wärst du gewesen,
ohne die beiden
herrlichen Wesen!
Ohne die deine
Ungetreue,
Ewig-Eine,
Ewig-Neue!

HELENA
Deine, deine
Ungetreue,
schwebend überm
Gefilde der Reue!

ALTAÏR
mit seinen Sklaven, welche die Dolche schwingen, durch die seitlichen Zeltvorhänge jäh hereindringend
Zu mir das Weib!
In Ketten den Mann!
Er brach das Gastrecht,
raffet ihn hin!
Die Sklaven bemächtigen sich Helenas und Menelas' und reißen sie auseinander.
Hinter dem Zelt erhebt sich ein dumpfes Klirren, immer gewaltiger, als schüttle ein Sturm einen Wald von Eisen.

AÏTHRA
jubelnd
Das sind die Meinen!
Helena, Heil!

Sie reißt den Zeltvorhang zurück. Draußen im vollen Mond steht wie eine Mauer eine Schar Gepanzerter in blauem Stahl, die Gesichter vom Visier verhüllt, die Arme über dem Heft des bloßen Schwertes gekreuzt, die Schwerter auf den Boden gestützt. Im Halbkreis, den sie bilden, mittelst auf einem weißen Rosse das Kind Hermione, völlig in Goldstoff gekleidet.

DIE GEPANZERTEN
höchst gewaltig, ohne sich zu regen
Nieder in Staub!
Zitternd entfleuch!
Oder wir stürzen
wie Blitze auf euch!

AÏTHRA
in der Mitte, ihr Antlitz enthüllend
Aïthra ist da!
Böser Knecht!
Unbotmäßiger
wilder Vasall!

ALTAÏR
mit den Seinen sich in den Staub werfend
Aïthra! wehe!
Weh Altaïr!

AÏTHRA
Helena! siehe! sie bringen das Kind!
Das Kind Hermione wird von zwei Gewappneten vom Pferde gehoben und tritt heran.

In der Mitte, auf einen Wink Aïthras, bleibt sie stehen. Das volle Licht fällt auf sie: in ihrem goldenen Gewand und goldenem Haar gleicht sie einer kleinen Göttin.

HERMIONE
Vater, wo ist meine schöne Mutter?

MENELAS
den Blick trunken auf Helena geheftet
Wie du aufs neue
die Nacht durchglänzest,
wie junger Mond
dich schwebend ergänzest!
Er wendet sich gegen das Kind
O meine Tochter,
glückliches Kind!
Welch eine Mutter
bring ich dir heim!
Zwei der Gepanzerten heben Hermione wieder in den Sattel. Zugleich werden die für Menelas und Helena bestimmten beiden herrlich gezäumten Pferde vorgeführt.

HELENA UND MENELAS
zusammen
Gewogene Lüfte, führt uns zurück!
Heiliger Sterne salbende Schar!
Hohen Palastes dauerndes Tor,
öffne dich tönend dem ewigen Paar!
Indem sie sich anschicken, die Pferde zu besteigen, fällt der Vorhang.

DIE RUINEN VON ATHEN

Ein Festspiel mit Tänzen und Chören

Musik unter teilweiser Benutzung des Balletts
»Die Geschöpfe des Prometheus«
von
Ludwig van Beethoven
neu herausgegeben und bearbeitet von
Hugo von Hofmannsthal
und
Richard Strauss

PERSONENVERZEICHNIS

EINE ALTE GRIECHIN
DIE GRÖSSERE TOCHTER
DIE KLEINERE TOCHTER
EIN ALTER GRIECHE
DER FREMDE
PALLAS ATHENE

Derwische, Janitscharen, Faune und Nymphen, Hirten und Hirtinnen, Priester und Priesterinnen, Chöre von Jünglingen und Mädchen

Ouvertüre
»Die Geschöpfe des Prometheus«

Nr. 1 CHOR
bei geschlossenem Vorhang

Trümmer der herrlichen Welt – erwachet,
ein Ruf ertönt!
Geschwunden sind die Jahre der Rache –
er ist versöhnt:
Der Zeitengeist, er ist versöhnt!

Der Vorhang hebt sich. – Ein kleiner Platz in Athen wird sichtbar. Dürftige Häuser; da und dort sind Trümmer von Säulen, ja von Statuen eingebaut. Ein Minarett dahinter. Im Hintergrunde die Akropolis in ihrem Zustand von 1800 als mittelalterliche Festung mit dem Halbmond darüber.

Eine Alte, ihren Spinnrocken in der Hand, sitzt auf der Schwelle eines niedrigen Hauses. Ihr gegenüber Kinder, eine Matte flechtend. Ein schönes Mädchen, sitzend, bietet Früchte feil, die auf ein paar Brettern ausgelegt sind. Ein älterer Mann stampft Reis in einem Mörser. Seitwärts verzehrt ein Bettler seine dürftige Mahlzeit. – Die jüngere Schwester der Verkäuferin tritt aus dem Haus hinter der alten Spinnenden hervor, sieht sich um, tritt zur Schwester hin.

DIE KLEINERE
Wo bleibt heute der Fremde? Die Sonne ist schon unten und er nicht da. Wunderts dich nicht?

DIE GRÖSSERE
nachdenklich
Was das für ein Mensch ist. – Er kommt daher und steht und starrt.

DIE KLEINERE

Auf dich!

DIE GRÖSSERE

Lüg nicht. Auf die Mauer dorthin. Auf die zerbrochenen Steine. – Er sieht, was nicht da ist.

DIE ALTE

Was für ein Mensch! Nicht alt und nicht jung. Nicht gesund und nicht krank, – kauft nichts – will nichts, sagt nichts; steht da und schaut.

DER MANN

Wer kanns wissen! Ein Deutscher! Wer versteht Leute, die von so weit her sind.

DIE GRÖSSERE

Es müssen gute Leute sein. – Er sieht sanft aus.

DIE ALTE

Sie sollen einen Unglauben haben, noch ärger als die Katholischen. Es heißt, sie wissen nichts vom Erlöser, nichts von der Jungfrau, nichts von den Heiligen! – Da! grüßet den Pascha!

Steht auf

Verneigt euch vor dem Pascha!

Neigt sich mehrmals.

Ein älterer vornehmer Türke geht würdevoll vorüber, achtet ihrer nicht.

Die Alte, sich wieder setzend, seufzt.

Das größere Mädchen und der Mann singen:

Nr. 2 Duett

DER MANN
Ohne Verschulden
Knechtschaft dulden,
harte Not!

Unserer Tage
öde Plage
um das bißchen liebe Brot!

   Die Grössere
Von den Zweigen
winkt der Feigen
süße Frucht
nicht dem Knechte,
der sie pflegte,
nur dem Herren, dem er flucht!

Die Grössere, der Mann
Hingegeben wilden Horden,
tiefgebeugt in ihrer Hand!
Ach, was ist aus uns geworden,
armes, armes Vaterland!
Nach dem Gesang der beiden horcht die Alte nach hinten.

   Die Alte
Weh, da kommen die! Die Satanssöhne! Hinein mit euch! –
So ist es und so bleibts. Das ist unsere Heimsuchung!
*Die beiden Mädchen schlüpfen schnell ins Haus. Ein Trupp
Janitscharen marschiert quer über den Platz, allerlei Volk,
Kinder und Bettler mit dem Gewehrkolben vor sich hertreibend.*

  Nr. 3 Marcia alla Turca

*Der Mann indessen trägt die paar Körbe mit Gemüse ins Haus;
die Mädchen kommen wieder hervor und holen ihre Früchte.
Die Größere und der Mann singen:*

   Nr. 4 Duett

  Die Grössere, der Mann
Hingegeben wilden Horden,

tiefgebeugt in ihrer Hand!
Ach was ist aus uns geworden,
armes, armes Vaterland!

Der Fremde ist unter ihrem Singen leise aus einer engen Gasse hervorgetreten. Das jüngere Mädchen macht der Größeren Zeichen, sowie sie ihn gewahr wird. Der Fremde blickt auf die Mädchen hin. – Die Alte tritt dazwischen, schiebt die Mädchen ins Haus. – Es fängt an zu dämmern. – Der Mann ist fort, der Bettler gleichfalls.

Der Fremde ist höchst einfach gekleidet, um die Schultern hängt ihm ein dunkler Reisemantel. – Er blickt um sich – hinauf zur Akropolis, sein Auge beseelt sich. Da gewahrt er, er ist nicht allein. Erschrocken, in sich selber erstaunt, mit einer Gebärde des Grausens verbirgt er sich hinter einer Säule. Denn es sind Derwische, tanzende und singende, aus einem seitlichen Gebäude hervorgetreten.

DIE DERWISCHE
singen:

Nr. 5 Chor

Du hast in deines Ärmels Falten
den Mond getragen, ihn gespalten.
Kaaba! Kaaba! Kaaba! Kaaba!
Mahomet! Mahomet!

Du hast den strahlenden Borack bestiegen,
zum siebenten Himmel aufzufliegen.
Großer Prophet! Großer Prophet!
Kaaba! Kaaba! Kaaba! Kaaba!

Sie vollführen ihren Tanz und verschwinden wieder dorthin, von wo sie gekommen sind. Der Fremde tritt wieder hervor, sich scheu vergewissernd, ob er allein. – Das Abendlicht fällt von oben voll herein und umspielt die Trümmer mit Leben.

DER FREMDE
spricht:

Nr. 6 Melodram
Einlage von Richard Strauss

Hinauf zu deiner Burg, meine Göttin! – Empfängst du mich mit dem ganzen Licht deines Abends? Lässest du mich mein Antlitz spiegeln in deinem goldenen Schild, – daß ich mir selber entschwinde und schön und unverwelklich werde vor dir – einer von den deinigen?

Oder soll ich hier unten an deines Abends Schatten mich stillen, göttliche Herrin, der ich ein Kind des Abends bin und zu später Stunde den heiligen Jugendpfad der Welt betrete – scheu, wie die nachgeborne Waise, demütig unterm Abendstern, daß er mir die Herrlichen zusammenführe, die Götter der Erde, die der grausame Morgen mit rosigen Händen mir immer wieder zerstückelt – – –

DER FREMDE
singt:

Nr. 7 Arie

Willst, Göttin, du den höchsten Wunsch gewähren,
den dieses Herz dir stumm entgegenträgt,
oh, so erwecke, erwecke an deinen Altären
ein göttlich Leben, das um mich im Tanz sich regt!
Ich sei in ihres Reigens Mitte,

sei ihnen gesellt – gesellt ihrem Kreis!
gesellt ihrem Kreis!
sei ihnen gesellt!

Es wird dunkel. Der Vorhang fällt.

Nr. 8-15 Ballett

*Griechische Tänze zur Beethovenschen Ballettmusik
»Die Geschöpfe des Prometheus«.
Choreographie von Heinrich Kröller.*

*Langsam aus dem Dunkel erscheint ein mondbeglänzter altgriechischer Hain. Wie Silhouetten gegen den südlichen Nachthimmel stehen Statuen griechischer Götter.
Der Fremde tritt auf. Seine Sehnsucht ist verwirklicht, er sieht sich zurückversetzt ins alte Griechenland. Er läßt sich auf einen Stein nieder und genießt schwärmerisch Natur und Kunst. Da belebt sich vor seinem träumenden Auge der Hain:
Eine Reliefgruppe tanzender Bacchantinnen, leise lockend, dann eine Schar harfenspielender und reigentanzender Mädchen in ruhig plastischen Gruppen und Bewegungen. In seinen Träumen sieht sich der Fremde selbst verwandelt als junger Grieche und schreitet den Reigen mit.
Nach einem fröhlichen Knabentanz verschwinden alle im Dunkel des Hains. Der Fremde sieht weiter ein Liebes-Tanzduett zwischen einem Jüngling und einer Bacchantin, das durch als Faune verkleidete junge Burschen unterbrochen wird. (Spotttanz der Faune.) Dann wird durch einen bacchantischen Aufzug der ganze Hain belebt. Ein Jüngling tanzt einen Kriegertanz, ein Kampfspiel zweier Männer folgt, an das sich ein Bacchanale anschließt. Währenddessen ist der Fremde aus seinen Träumen erwacht, er sieht nun alles als Wirklichkeit.
Liebliche Mädchen fordern ihn auf, am Bacchanale teilzunehmen, und wollen ihn mit Weinlaub bekränzen. Er lehnt sanft ab. Nicht diese dionysische Lust ist seine Sehnsucht, er strebt Höheres, Idealeres zu erschauen. Wie von diesem Gedanken geführt, erscheinen würdige Priester aus dem nachfolgenden feierlichen Zug und führen ihn aus dem Trubel des noch weitertollenden Bacchanals hinweg. Der Hain verschwindet im Dunkel.*

Nr. 16 Marsch und Chor

Die Schleier heben sich langsam. – Allmählich erfüllt die Szene rosiger Schein; im Hintergrund erhellt sich in magischer Beleuchtung die Akropolis in der ursprünglichen Form, mächtige Stufen führen zur Höhe.

Hinter der Szene:

CHOR DER JUNGFRAUEN, CHOR DER PRIESTER
Schmückt die Altäre!

Auf dem Theater:

EINIGE STIMMEN
Sie sind geschmückt!

CHOR DER JUNGFRAUEN, CHOR DER PRIESTER
Streut Weihrauch!

EINIGE STIMMEN
Er ist gestreut!

CHOR DER JUNGFRAUEN, CHOR DER PRIESTER
Pflücket Rosen!

EINIGE STIMMEN
Sie sind gepflückt!

CHOR DER JUNGFRAUEN, CHOR DER PRIESTER
Harret der Kommenden!

EINIGE STIMMEN
Wir harren der Kommenden!

CHOR DER JUNGFRAUEN, CHOR DER PRIESTER
Seid bereit!

EINIGE STIMMEN
Wir sind bereit! Wir harren der Kommenden! Wir sind bereit!

ACHILLES AUF SKYROS

Ballett in einem Aufzug

Personenverzeichnis

Achilles, verborgen unter den Töchtern des Königs von Skyros
Die dreizehn Töchter des Königs von Skyros
Drei alte Weiber, ihre Hüterinnen
Odysseus
Sieben seiner Gefährten, alle als Kaufleute verkleidet
Nymphe
Dryas
Triton

Gang der Handlung

Die Ouvertüre größtenteils bei offenem Vorhang, aber nur schwach erhellter Bühne. Nach den ersten Takten hebt sich der Vorhang. Im sanften Halblicht einer wolkigen Mondnacht die Liebenden (Achilles und Deidamia) inmitten der Bühne liegend, einander umschlungen haltend, unter einer Art von niedrigem Gezelt aus ein paar in die Erde gesteckten Zweigen und Deidamias Obergewand. Dahinter zur Rechten das Meer, zur Linken die gelbe Bergstadt auf einer Klippe. Zuunterst, schwarz, das Tor der Stadt. In die Ouvertüre verflochten ein leiser Gesang, als Stimmführer Dryas, links zwischen Bäumen Triton, der sich ans Ufer hebt, Nymphe aus einem Erdspalt heraus. Mit dem Ende der Ouvertüre wird es Tag. Die Liebenden sind eingeschlafen. Das niedrige Gezelt bedeckt sie fast völlig.

Erster Auftritt

Das Stadttor öffnet sich, hervor die drei Alten, spähend, dann die Mädchen paarweise. Die Alten spähen die Gegend aus, die Mädchen laufen vor, sechs stellen sich mit aufgelöstem Haar so, daß sie eine Wand zwischen den Alten und dem Liebespaar bilden. Sechs andere wecken durch Klatschen die Schlafenden. Dann bilden alle eine Grotte, durch die Deidamia und Achilles, beide in Weiberkleider gehüllt – denn Achilles ist auf Befehl seiner Mutter, um der Teilnahme am Trojanischen Krieg entzogen zu werden, unter die Töchter des Königs von Skyros gemischt –, hervorschlüpfen.

Die drei Alten setzen sich zusammen auf einen flachen Stein und sonnen sich, nachdem sie den Mädchen durch ein Zeichen die Freiheit gegeben haben. Sie spielen. Achilles durch Wildheit wird auffällig. Zieht eine am Haar nieder. Diese, weinend, flüchtet zu Deidamia. Achilles reuig zu ihren Füßen. Die Alten auf, mahnend. Achilles nun mit Absicht doppelt weibisch. Von der Meerseite her ein Fremder sich annähernd. Dunkle Silhouette gegen das Meer, wie Sindbad der Seefahrer. Die Alten sichten den Fremden, geben ein Warnungszeichen.

Zweiter Auftritt

Alle nach allen Seiten verbergen sich. Die Alten zuvorderst. Der Fremde, dem Anschein nach ein Kaufmann, nähert sich mit gespielter Unbefangenheit, als glaube er sich allein. Erblickt die Quelle, begrüßt sie, tränkt sich, genießt der Waldesstille, des Vogelgesanges. Eines Kindes, der jüngsten Prinzessin, Lachen hinter einem Felsen hervor entzückt ihn. Er zieht einen Käfig unterm Mantel hervor, worin ein glänzender Vogel, stellt ihn hin. Spricht zu diesem, in Kehllauten einer fremden Sprache singend; der Vogel antwortet singend. Odysseus ehrerbietig, als wäre der Vogel ein Prinz. Das jüngste Mädchen hinter dem Felsen hervor, nicht zu halten, zu ihm hingezogen wie an Drähten, mit zuckenden Gliedern. Der Kaufmann ehrerbietig, macht ihr den Käfig zum Geschenk. Einen schönen Teppich dazu, den er um den Leib gewunden trug und auf den er den Käfig stellt. Nun die Alten hervor, nehmen die Geschenke an sich, ziehen die Kinder weg. Der Fremde begrüßt sie mit größter Ehrerbietung. Die Alten tanzen, die Begrüßung zu erwidern. Zwei Gefährten herangewinkt, mit eingemachten Früchten, Sorbet und Fächern. Die Alten unter Zeremoniell nehmen Platz. Die Mädchen, neugierig, kommen hervor. Odysseus klatscht in die Hände: drei Musikanten sind auf einmal da, Pfeife, Flöte, Dudelsack oder ähnliches. Der eine mit Schmuck, der andere ganz behängt, sowie er den Mantel abwirft, mit metallenen Spiegeln. Die Mädchen einander schmückend. Odysseus bemüht, jeder ins

Gesicht zu sehen. Sie umtanzen den Spiegel. Achilles am reizendsten. Deidamia hält sich abseits.

Dritter Auftritt

Nun auf Odysseus' Zeichen drei Männer von rechts, die einen Schrein getragen bringen. Geheimnisvolle, fast drohende Musik. Odysseus öffnet den Schrein, der innen leuchtet. Darin eingehüllt ein Stock oder Stab. Er nimmt verschiedene der Hüllen ab, nur ein flirrendes Schleiergewebe bleibt noch zurück. Deidamia, magisch angezogen von weiblicher Neugier, ist nun ganz herangekommen. Jede Abhebung einer Hülle erfolgt auf ihr Gebot. Die Musik wird drohender. Die Mädchen ängstigen sich. Mit Achilles ziehen sie sich nach links zurück, winken Deidamia, zu ihnen zu kommen. Deidamia, mit brennendem Auge, verlangt, das Verhüllte zu sehen. Odysseus enthüllt es: es ist ein langes, leicht gekrümmtes Schwert. Er schwingt es blitzend, sausend über seinem Kopf. Die Alten fallen zur Erde. Der Vogel stößt verzweifelte Schreie aus. Die Mädchen flüchten hurtig, verschwinden hinter den Felsen. Achilles, die Haare fliegend, mit einem Satz, stürzt auf das Schwert zu, will es an sich reißen. Odysseus, nur zum Schein, ihn wilder zu machen, läßt nicht los. Sie ringen um das Schwert, das beide am Griff halten. Die vorgeblichen Kaufleute, alle, werfen die Mäntel ab, stehen blauschimmernd gewaffnet da, schließen den Kreis. Achilles, dem im Ringen die weiblichen Gewänder abgefallen sind, nackt bis auf einen Schurz, stürzt aus dem Kreis, das Schwert schwingend. Deidamia will sich an ihn hängen, er stößt sie fort, kennt sie nicht mehr. Er tanzt mit dem Schwert, mit glühenden Augen, furchtbar. Der Tanz geht bis zum Ausdruck der Selbsttötung, als des sublimiertesten Mordes, höchstem Gebrauch der Waffe. Völlig streng und sakral.

Vierter Auftritt

Jetzt, während Deidamia vor ihm niederfällt, seine Füße umschlingen will, haben die Männer aus dem Felsenengpaß, der hinten querüber läuft und in das Stadttor mündet, den Wagen herangebracht. Man sieht die Pferde und den zweirädrigen Wagen nur zwischen den Felsen. Jetzt, die Mäntel übers Gesicht, tun sie, als wollten sie ihr von hinten her helfen, Achilles zu überwältigen. So ergreift ihn Odysseus von hinten und trägt ihn mit sich auf den Wagen. Die andern stoßen Deidamia zurück. Man sieht, wie Odysseus mit dem Knaben, der das Schwert schwingt, auf dem Wagen steht, die Pferde ziehen an, die Gewappneten laufen hinter dem Wagen drein, sogleich ist alles verschwunden.

Fünfter Auftritt

Deidamia fällt zusammen. Die jüngste Schwester kommt schüchtern zwischen den Felsen von links hervor. Sie trägt auf dem Kopf den Käfig mit dem Vogel, sucht die Regungslose zu erwecken, zu erheitern. Nimmt den Käfig vom Kopf, öffnet, läßt den Vogel auf ihre Hand, will ihn der Schwester schenken. Der Vogel singt – und ein Vogelchor aus den Wipfeln fällt ein. Der Vogel schwingt sich auf. Die kleine Schwester kauert zu den Füßen der Regungslosen.

Vorhang

DER TURM

Ein Trauerspiel

(Neue Fassung)

PERSONEN

KÖNIG BASILIUS
SIGISMUND, sein Sohn
JULIAN, der Gouverneur des Turmes
ANTON, dessen Diener
BRUDER IGNATIUS, ein Mönch, ehemals Kardinal-Minister
OLIVIER, ein Soldat
EIN ARZT
DER WOIWODE VON LUBLIN
DER PALATIN VON KRAKAU
DER GROSSKANZLER VON LITAUEN
DER OBERSTE MUNDSCHENK
GRAF ADAM, ein Kämmerer
DER STAROST VON UTARKOW
DER BEICHTVATER DES KÖNIGS
SIMON, ein Jude
EIN REITKNECHT
EIN OFFIZIER
EINE BAUERNFRAU
DER TATARISCHE ARON ⎫
DER SCHREIBER JERONIM ⎬ Aufrührer
INDRIK DER LETTE ⎭
GERVASY ⎫ Spione des Königs
PROTASY ⎭

Herren vom Hof, Kämmerer, Pagen, ein Stelzbeiniger, ein
Kastellan, Soldaten, ein Pförtner, ein Bettler,
Mönche, Aufrührer

ERSTER AKT

Erster Auftritt

Vor dem Turm. Vorwerke, halb gemauert, halb in Fels gehauen. Zwischen dem Gemäuer dämmerts, indessen der Himmel noch hell ist.

Olivier, der Gefreite, und ein paar invalide Soldaten, unter ihnen Aron, Pankraz und Andreas, sind beisammen.

OLIVIER
ruft nach hinten
Rekrut! Hierher!
Rekrut, ein flachshaariger Bauernbursch, springt herzu.

OLIVIER
Spring, Rekrut, und hol mir Feuer zur Pfeife!

REKRUT
Ja, Herr!
Will weg.

ARON
Zu Befehl, Herr Gefreiter, hast du zu sagen!

OLIVIER
Hols Feuer! Marsch!

REKRUT
Ja, Herr!
Nach einer Pause

ANDREAS
Ist das wahr, Gefreiter, daß du ein Student gewesen bist?
Olivier gibt ihm keine Antwort. Pause

PANKRAZ
So bist du demnach unser neuer Wachkommandant?
Olivier gibt keine Antwort.

Rekrut kommt und bringt eine glimmende Lunte

OLIVIER
Von wo kommt der Wind?

REKRUT
Weiß nicht, Herr.

OLIVIER
Stell dich zwischen die Pfeifen und den Wind, Bestie.

REKRUT
Ja, Herr!

OLIVIER
zündet sich eine Pfeife an
Das verdammte Klopfen soll aufhören. Marsch hin, Aron. Ich befehls. Holzhacken wird eingestellt. Es alteriert mich.

PANKRAZ
Es hackt niemand Holz. Es ist der dahinten: der Gefangene.

OLIVIER
Der Prinz, der nackig geht, mit einem alten Wolfsfell um den Leib?

PANKRAZ
sieht sich um
Sprich: der Gefangene. Nimm das andere Wort nicht auf die Zunge. Es bringt dich vor den Profosen.
Olivier lacht lautlos.

ARON

Die Zeitläufte sind nicht darnach, daß sie einen, wie den, schurigeln könnten.

OLIVIER
sieht nach links

Was treibt die Bestie? Was rumort er in seinem Käfig?

ARON

Er hat einen Pferdsknochen ausgescharrt, damit schlägt er unter die Ratten und Kröten, wie ein Hirnschelliger.

PANKRAZ

Sie kujonieren ihn, kujoniert er sie wieder.

REKRUT

Er hat einen Wolfsleib, aus dem ist ein Menschenkopf gewachsen. Er reckt fünffingerige Händ und faltets wie ein Mensch.

OLIVIER

Sieht das Vieh so kurios aus? Den muß ich sehen. Schmeiß einen Stein, Rekrut, und jag ihn auf.
Er nimmt eine Pike und geht hin.

ARON

Er hält seinen Blick nicht aus! Da schaut, wie er sich verkriecht, der Wolfsmensch.

ANDREAS
tritt dicht an Olivier heran

Ich warn dich, Gefreiter. Denk an die scharfe Instruktion.

OLIVIER

Weiß von keiner.

ANDREAS
Da sind zehn verbotene Artikel – auf die wird hier jedermann vereidigt.

ARON
Auf die pfeift er dir! Gelt, Olivier?

ANDREAS
Nicht auf zehn Schritt dem Gefangenen nahe. Kein Wort mit ihm, kein Wort über ihn, bei Leib und Leben.

PANKRAZ
Die hat hier der Gouverneur erlassen, dem wir allesamt untergeben sind.

ANDREAS
Der hat das schleunige Recht. Dem ist Gewalt gegeben über unsere Hälse.

ARON
Gewalt gegeben! Über alte Kaschbettler vielleicht, über solche Marodierer, wie ihr seid! Nicht über eine Person wie den da!

OLIVIER
Wo ist der Gouverneur? Ich will ihn sehen!

PANKRAZ
Den siehst du nicht. Wenn der uns Ordre zu geben hat, läßt er dreimal Habt acht blasen. Dann schickt er seinen Bedienten.

ARON
Seinen rotzigen Bedienten an dem seine martialische Person? Hast du gehört?

OLIVIER

Halts Maul, bis Zeit ist. – Horcht, da! Der Dudelsack. Jetzt spielts wieder. Und jetzt still. Signale sinds. Juden, Schmuggler.

ARON

Da sollten wir streifen.

OLIVIER

Laß die. Ist uns grad recht, was die schmuggeln.

ARON

Was denn?

OLIVIER

leise

Waffen, Pulver und Blei, Piken, Morgenstern, Äxte. Aus Ungarn herauf, aus Böhmen herüber, aus Litauen herunter.

ARON

Verfluchte Juden!

OLIVIER

halblaut

Die spüren, was los ist. Riechen im voraus den roten Hahn aufm Dach.

ARON

nahe bei ihm

Sind die alle mit einverstanden, sag mirs, gestrenger Kapitän!

OLIVIER

Wirst es erfahren, bis Zeit ist.

REKRUT

geheim, ängstlich

Ein dreibeiniger Has hat sich sehen lassen, ein hageres Schwein ist dahergekommen, ein glühäugiges Kalb rennt durch die Gassen.

OLIVIER
nur zu Aron
Alle gehen gegen alle. Es bleibt kein Haus. Die Kirchen werden sie mit dem Kehrichtbesen zusammenkehren.

ARON
Und was wird mit denen werden, die heute die Herrenleut sind?

OLIVIER
Die werden kopfunter in den Abtritt fahren.

ARON
Das geht mir in den Leib wie ein Schnaps. Und unser werden so viele sein, daß wir die gewältigen werden?

OLIVIER
halblaut
Zehntausend in den Häusern, zehntausend in den Wäldern, hunderttausend unter der Erde.

DER STELZBEINIGE
der bisher geschwiegen hat
Sie werden ihn hervorziehen, und das Unterste wird zuoberst kommen, und dieser wird der Armeleute-König sein und auf einem weißen Pferde reiten.

ARON
Halts Maul, böhmischer Bruder.

DER STELZBEINIGE
In den feuchten Bergen wird von ihm ein Reich gegründet werden.

ARON

Halt dein Maul!

OLIVIER

halblaut, zu Aron

Auch solche wie den da werden wir brauchen. Und den da hinten auch. Den richt ich mir ab wie ein Hund; der soll mir apportieren.

ARON

Ich verstehs nicht, aber ich weiß, daß du kommandieren wirst. Denn du schaust auf Menschen, wie einer auf Steine schaut.

OLIVIER

Der wird kommandieren, dem die politische Fatalität sich anvertraut.

ARON

Ist die so großmächtig, die Fatalität?
Ein Hornsignal. Gleich wieder eines. Ein drittes.

PANKRAZ

leise

Da habt ihrs. Er läßt dreimal Habt acht blasen. Und da kommt der Bediente.
Anton erscheint auf einer hölzernen Brücke überm Vorwerk und schickt sich an herunterzukommen.
Die Soldaten, außer Olivier, verziehen sich.

ANTON

tritt von hinten auf Olivier zu

In hohem Auftrag!
Grüßt.
Olivier gibt keine Antwort.

Anton

In hohem Auftrag Seiner Exzellenz!
Grüßt abermals hinter Oliviers Rücken.
Olivier dreht sich um, mißt Anton mit einem verächtlichen Blick.

Anton
grüßt abermals, sehr freundlich

Dem Herrn Wachtkommandanten einen guten Tag zu wünschen. – In hohem Auftrag: Der Herr zieh Seine Wach hier ab und besetz die Zugäng. Aber Seine Wachposten sollen den Rücken kehren und dabei alles im Aug behalten. Es bekümmert den Herrn nichts, was hier vorgehen wird, aber ich sags Ihm: der Gefangene wird zur ärztlichen Visite vorgeführt. Hat der Herr verstanden? Ich bitt den Herrn, daß Er den Befehl ausführt.

Olivier spuckt aus und geht weg.

Anton
ihm nachsehend

Ein freimütig soldatischer junger Herr. Mit dem einen Moment beisammenstehen, ist wie mit einem anderen eine Stund diskurieren.

Olivier
außen

Wache antreten! Wache rechts um!
Kurzer Trommelwirbel.

Arzt
kommt den gleichen Weg wie Anton auf die Bühne

Wo find ich den Kranken?

Anton

Der Herr will sagen: den Gefangenen. Gedulde sich der Herr. Ich führ Ihm die Kreatur heraus.

ARZT

Wo ist das Zimmer?

ANTON

Was für ein Zimmer?

ARZT

Nun, das Verlies, der Gewahrsam.

ANTON
deutet nach hinten

Dort!

ARZT

Wie dort?
Wendet sich hin
Ich sehe einen kleinen, offenen Käfig, zu schlecht für einen Hundezwinger. – Du willst mir nicht sagen, daß er dort – oder hier ist ein Verbrechen begangen, das zum Himmel schreit!
Anton zuckt die Achseln.

ARZT

Dort? Tag und Nacht?

ANTON

Winter und Sommer. Im Winter wird eine halbe Fuhr Stroh zugeschmissen.

ARZT

Seit wie lange?

ANTON

Vor vier Jahren ist alles verschärft worden. Von da ab schläft er auch nachts im Zwinger da, hat keinen freien Ausgang, die Füß an der Kette, eine schwere Kugel dran, die stinkende

Wildschur am Leib, ob Sommer ob Winter, sieht die Sonn nicht mehr als im hohen Sommer zwei Stunden lang.

Man hört wieder die dumpfen Schläge, wie am Anfang.

ARZT
tritt näher hin

Mein Auge gewöhnt sich. Ich sehe ein Tier, das an der Erde kauert.

Tritt zurück.

ANTON
Das ist schon der Betreffende.

ARZT
Das! – Ruf ihn. Führ ihn her vor mich.

ANTON
sieht sich um

Ich darf vor keiner fremden Person mit ihm reden.

ARZT
Ich trage die Verantwortung.

ANTON
Sigismund! – Er gibt keine Antwort. – Achtung! Er leidet nicht, daß man ihn angeht. Er hat sich einmal mit einem Fuchs verbissen, den die Wächter ihm zur Kurzweil übers Gitter werfen taten.

ARZT
Kannst du ihn nicht rufen? nicht zureden? Ist er denn ohne Vernunft?

ANTON

Der? Kann Latein und wird mit einem dicken Buch fertig, wie wenns eine Speckseiten wär.

Nähert sich dem Zwinger, sanft anrufend

Komm der Sigismund. Wer wird denn da sein? Der Anton ist da.

Er öffnet die Tür mit der Pike, die an der Mauer gelegen hat

Da, jetzt leg ich meinen Stecken weg.

Er legt die Pike auf die Erde

Jetzt sitz ich aufm Boden. Jetzt schlaf ich.

Leise zum Arzt

Geb der Herr Achtung. Erschrecken darf er nicht, sonst wirds bös.

ARZT

Hat er denn eine Waffe?

ANTON

Immer einen Roßknochen. Sie müssen früher in dem Winkel das Vieh verscharrt haben. – Es ist innerst eine gute Kreatur, geb ihm der Herr was ein, daß er wieder sanft wird.

ARZT

Wo die ganze Welt auf ihm liegt. Es ist alles zusammenhängend.

ANTON

Pst! er rührt sich. Er schaut die offene Tür an. Das ist nichts Gewohntes!

Sigismund tritt aus dem Zwinger hervor, in einer Hand einen großen Stein.

ANTON
winkt ihm

Geh, da setz dich zu mir.

SIGISMUND
redet nach

Setz dich zu mir!

ANTON
auf der Erde sitzend

Ist ein Herr kommen.

Sigismund gewahrt den Arzt, zuckt zusammen.

ANTON

Nicht fürchten. Ein guter Herr. Was denkt der Herr von dir? Leg den Stein weg. Er denkt, du bist ein Kind. Bist aber zwanzig Jahr.

Steht auf, geht langsam hin, windet ihm sanft den Stein aus der Hand.

ARZT

ohne den Blick von Sigismund zu verwenden

Ein ungeheurer Frevel! Nicht auszudenken ist das.

ANTON

Grüß den Herrn! oder was soll der Herr denken? Der Herr ist weither kommen.

ARZT
tritt näher

Möchtest du anderswo wohnen, Sigismund?

SIGISMUND

schaut zu ihm auf, dann wieder weg, spricht dann schnell vor sich hin wie ein Kind

Vieher sind vielerlei, wollen alle los auf mich. Ich schrei: Nicht zu nah! Asseln, Würmer, Kröten, Feldteufel, Vipern! Sie wollen alle auf mich. Ich schlag sie tot, sinds erlöst, kommen harte schwarze Käfer, vergrabens.

ARZT

Hol ein Licht, ich muß ihm ins Auge sehen.

ANTON

Ich laß den Herrn nicht allein mit ihm, darfs nicht!
Ruft nach hinten
Einen Kienspan daher!

ARZT

geht hin, legt Sigismund die Hand auf die Stirn. Hornsignal draußen.

Was ist das?

ANTON

Es heißt, daß jetzt niemand heran darf, oder es wird scharf geschossen.

SIGISMUND
sehr schnell

Deine Hand ist gut, hilf mir jetzt du! Wo haben sie mich hingetan? Bin ich jetzt in der Welt? Wo ist die Welt?

ARZT
für sich

Die ganze Welt ist gerade genug, unser Gemüt auszufüllen, wenn wir sie aus sicherem Haus durchs kleine Guckfenster ansehen. Aber wehe, wenn die Scheidewand zusammenfällt!
Ein Soldat kommt und bringt einen brennenden Kienspan.

ANTON

Da ist die Kienfackel!
Reicht sie dem Arzt.

ARZT

Ich muß sein Auge sehen.
Drückt Sigismund, der an seinen Knien lehnt, sanft gegen sich und leuchtet ihm von oben ins Gesicht

Bei Gott, kein mörderisches Auge, nur unermeßlicher Abgrund. Seele und Qual ohne Ende.

Er gibt die Kienfackel zurück, Anton tritt sie aus.

SIGISMUND

Licht ist gut. Geht herein, machts Blut rein. Sterne sind solches Licht. In mir drin ist ein Stern. Meine Seele ist heilig.

ARZT

Es muß einmal ein Strahl in ihn gefallen sein, der das Tiefste geweckt hat. So hat man doppelt an ihm gefrevelt.

Julian, der Gouverneur, von einem Soldaten begleitet, der eine Laterne trägt, erscheint droben auf der hölzernen Brücke, sieht herab.

ANTON

Seine Exzellenz sind selbst hier. Es wird gewinkt von oben. Da soll die Untersuchung zu Ende sein.

ARZT

Das bestimme ich.
Er fühlt Sigismund den Puls
Was gebt ihr ihm zu essen?

ANTON
leise

Es ist für einen räudigen Hund zu gering. Leg der Herr ein Wort ein!

ARZT

Ich bin zu Ende.

ANTON

Jetzt geht der Sigismund schön hinein.

Sigismund zuckt, kniet am Boden. Anton nimmt die Pike auf, öffnet ganz die Tür zum Zwinger. Sigismund bleibt auf den Knien, streckt die Hand aus.

ARZT
verhält sich die Augen
O Mensch! o Mensch!
Sigismund stößt einen klagenden Laut aus.

ANTON
Sollen sie mit Stangen kommen, dich eintreiben?

ARZT
Ich bitte dich, geh für heute an deine Stätte. Ich verspreche dir, daß ich tun werde, was ich vermag.
Sigismund steht auf, verneigt sich gegen den Arzt.

ARZT
vor sich
O mehr als Würde in solcher Erniedrigung! Das ist eine fürstliche Kreatur, wenn je eine den Erdboden trat.
Sigismund ist in den Zwinger zurückgegangen.

ANTON
hat den Zwinger von außen verschlossen
Der Herr erlaubt, daß ich vorangeh. Der Herr ist sogleich droben im Turm erwartet.
Sie gehen hinauf.

Zweiter Auftritt

Gemach im Turm, eine größere, eine kleinere Tür.

Julian, Anton.

JULIAN

Ist der Simon herein? Er soll gesehen worden sein. Sobald er sich blicken läßt, wirds mir gemeldet.

ANTON
deutet hinter sich

Der Herr Doktor.

JULIAN

Eintreten.
Anton öffnet die kleine Tür. Der Arzt tritt ein, verneigt sich. Anton tritt ab.

JULIAN

Ich bin dem Herrn für die beschwerliche Herreise sehr verbunden.

ARZT

Eure Exzellenz hatten zu befehlen.

JULIAN

nach einer kleinen Pause

Ihr habt die Person in Augenschein genommen?

ARZT

Mit Schrecken und Staunen.

JULIAN

Wie beurteilt Ihr den Fall?

ARZT

Als ein grausiges Verbrechen.

JULIAN

Ich frage nach dem ärztlichen Befund.

ARZT

Der Ausgang wird ergeben, ob man, unter anderem, den Arzt nicht zu spät gerufen hat.

JULIAN

Ich will nicht hoffen! Der Herr gebrauche seine gepriesene Überlegenheit. Es sollen keine Kosten gescheut werden.

ARZT

Vom Leib aus allein kann nur Pfuscherei den Leib heilen wollen. Es geht um mehr. Der ungeheure Frevel ist an der ganzen Menschheit begangen worden.

JULIAN

Wie kommt der Herr zu solchen Divagationen? Es ist von einer einzelnen privaten Person die Rede, die unter meiner Obhut steht.

ARZT

Mitnichten. An der Stelle, wo dieses Leben aus den Wurzeln gerissen wird, entsteht ein Wirbel, der uns alle mit sich reißt.

JULIAN

sieht ihn an

Ihr nehmt Euch viel heraus. – Ihr seid eine berühmte Persönlichkeit. Die Fakultät feindet Euch an, aber das hat Euch nur noch mehr in Evidenz gebracht. Ihr habt ein großes Gefühl von Euch selbst.

ARZT

Eure Exzellenz ermangeln der Möglichkeit, sich die Vorstellung zu bilden, wie gering ich von mir selbst denke. Mein Ruhm ist vielfach Mißverständnis. Denen, die im Bodendunst gehen, scheint jede Fackel groß wie ein Kirchentor.

JULIAN

geht auf und ab, dann plötzlich vor dem Arzt stehenbleibend
Gerad heraus! Wen vermutet Ihr in dem Gefangenen? Antwortet ohne Scheu. Ich frage als Privatperson.

ARZT

Ihr möget als was immer fragen. Ich habe nur einerlei Rede: Hier ist das höchste Geblüt in der erbärmlichsten Erniedrigung gehalten. – Eure hochadelige Person allein, die sich hergibt zum Hüter und Kerkermeister eines Unbekannten –

JULIAN

Wir lassen mich aus dem Spiel. Ich sehe, Ihr seid hergekommen in einer sonderbaren vorgefaßten Meinung.

ARZT

Ich schließe nichts aus der Nachricht, alles aus dem Eindruck. Dieses Wesen, vor dem ich da unten stand, bis an die Knöchel im Unrat, ist eine quinta essentia aus den höchsten irdischen Kräften.

JULIAN

Ihr beliebt mit Phantasie zu reden, ohne Einblick in die Umstände. Ich bleibe in der Wirklichkeit, soweit das Staatsgeheimnis mir nicht den Mund verschließt. Das in Rede stehende junge Mannsbild war ein Opfer von Koinzidenzien. Ich habe getan, was an mir lag. Ohne mich wäre es kaum am Leben.

ARZT

Er wäre am Leben, so ohne Euch als ohne mich, und wenn seine Stunde kommt, wird er hervorgehen. Das ist der Sinn der Koinzidenzia.

Es klopft.

JULIAN
sieht ihn an

Ich wünsche mich mit Euch noch zu unterhalten. Vor allem über das, was zu tun ist. Der Gefangene, ich gebe es zu, war vernachlässigt. Ihr werdet mir einschneidende Maßregeln vorschlagen.

Arzt neigt sich. Anton ist eingetreten, mit Bechern auf einer silbernen Platte.

JULIAN

Im Augenblick bin ich behindert. Man hat für Euch im Nebenzimmer einen kleinen Imbiß aufgetragen.

Anton auf einen Wink tritt heran, mit den Bechern.

JULIAN
ergreift einen Becher

Einen Satteltrunk, darf ich bitten. Meinen Dank nochmals, für die Hingabe kostbarer Zeit. Ich tue Bescheid.

ARZT
nachdem er getrunken

Aber nur mit dem Rand der Lippen.

JULIAN

Es nimmt mir neuerdings den Schlaf. Es muß so gut ein Gift in dem edlen Getränk liegen als ein Balsam.

Er wendet sich zu Anton, sie reden heimlich.

ARZT

Al-kohol: das Edelste. Im Innern unserer Muskulatur auftretend im gleichen Augenblick, wo, vierundzwanzig Stunden nach dem Tod, Verwesung ihren ersten Hauch tut. Aus dem Heillosen die Kräfte der Heilung. Das ist encheiresin naturae.

ANTON
meldet halblaut

Der Getaufte Simon ist herein, mit einem Brief für Eure Gnaden.

JULIAN

Her mit ihm.

ANTON

Ist schon da.

Läßt Simon zur größeren Tür eintreten, Arzt ist mit einer Verneigung zur kleinen abgetreten.
Simon überreicht Julian einen Brief.

JULIAN

Auf welchem Weg empfangen?

SIMON

In der bewußten Weise durch die bewußte Person. Es ist hinzugefügt worden, ich soll mich beeilen: es ist wichtig für Seine Gnaden.

Julian erbricht hastig den Brief, winkt Simon abzutreten.
Simon geht ab.

JULIAN
liest den Brief

— Des Königs Neffe auf der Jagd gestorben! Mit dem Pferd in eine Wolfsgrube gestürzt! — Das ist ungeheuer. Der zwanzigjährige baumstarke junge Fürst. Das ist Gottes sichtbarliche Fügung!

Tritt hin und her, liest dann weiter
Der König allein, zum erstenmal allein, zum erstenmal seit
dreißig Jahren verlassen vom allgewaltigen Berater.
Liest
Der Kardinal-Minister, dein mächtiger unbeugsamer Feind, ist
ins Kloster, ohne Abschied vom König — er hat seine Hand aus
den Geschäften gezogen, für immer —
Spricht
Ich träume! es kann nicht möglich sein, daß so viel auf dem
kleinen Fetzen Papier steht!
Tritt ans Fenster ins Helle, liest wieder
— in eine Wolfsgrube gestürzt — der Kardinal-Minister ist in ein
Kloster — alle Würden abgetan — unter dem Namen: Bruder
Ignatius —
Er läutet mit einer Handglocke.
Simon herein.

JULIAN

Ich habe da überraschende Nachrichten. Es sind große Dinge
vorgegangen. — Was gibts in der Welt? Was reden die Leute?

SIMON

Die Welt, gnädigster Herr Burggraf Exzellenz, die Welt ist ein
einziger Jammer. Sobald man mit Geld nix mehr kaufen kann
— nu, kauft das Geld was? Was is Geld? Geld is Zutrauen zum
vollen Gewicht. Wo ist ein lötiger Taler? Hat einer an lötigen
Taler gesehen, hat er gemußt machen ä große Reis.

JULIAN
zu Anton

Den Schlüssel!

ANTON

Die Exzellenz hat ihn in der Hand. —

JULIAN

Den andern!

ANTON

Da liegt er vor Augen.

SIMON

Hat der Krieg angefangen, is gezahlt worden mit silberne Taler der Soldat, der Lieferant. Is der Krieg ins zweite Jahr gegangen, war der Taler ä Mischung, im dritten Jahr war das Silber ä versilbertes Kupfer. Aber genommen habens die Leut. Hat der König erkennt, man kann machen Geld, wenn man sein Gesicht und Wappen prägt auf Zinn, auf Blech, auf Dreck. Haben die großen Herren erkennt, haben die Stadtbürger erkennt, haben die kleinen Herren erkennt. Macht der König Geld, machen die Grafen Geld, wer macht nicht Geld? Bis alles geschwommen is in Geld.

Julian hat die Augen wieder auf dem Brief.

SIMON

Aber wer hergegeben hat schweres Geld, soll der nehmen leichtes? Wie denn nicht? Steht doch dem König
Er nimmt die Kappe ab
sein landesherrliches Bildnis darauf. Aber für Abgab und Steuern wird das neue Geld verboten! Und die Soldaten und die Bergleut sollen nehmen das leichte Geld? Was tut sich? Die Bergleut fahren nicht mehr in Berg, die Bäcker backen nicht mehr, der Arzt lauft vom Krankenbett, der Student von der Schul, der Soldat von der Fahn. Dem König sein Zutrauen ist dahin. Dann is in der ganzen Welt nix geheuer.
Auf einen Blick Julians
Aber was brauch ich Seiner Gnaden Exzellenz zu erzählen? Wenn heut am Abend einer der größten Herren vom Hof wird hieher zu reiten gekommen sein, wird er bereden mit Euer Gnaden Exzellenz die Staats- und politischen Sachen —

JULIAN
stutzt
Wer wird gekommen sein zu reiten hieher? Was ist das?

SIMON

Der großmächtige Herr Woiwod von Lublin, mit einem Gefolg von mindestens fufzig, darunter Edelpagen und Hartschierer, den ich hab hinter mir gelassen um zwei drei Stunden. — Euer Gnaden Exzellenz schaut auf mich, als wenn ich aus dem Mund brächt eine Überraschung, wo doch Euer Gnaden halten in Händen die Briefschaft, darin es muß geschrieben stehen schwarz auf weiß.

JULIAN

Es ist gut. Hinauslassen.

Simon ab. Anton zurück.

JULIAN

Anton! Der stolzeste größte Woiwod am ganzen Hof! Geschickt an mich! Vom Herren selber geschickt an mich! Du! sie machen die Leiche lebendig! Ich — ich — hörst du? Was schneidest du für ein Gesicht?

ANTON

Kann ich mir vielleicht nicht denken, was da in Ihnen vorgeht! Das bedeutet doch nicht mehr und nicht weniger, als daß man Sie zurückholt an den Hof, daß man Ihnen aufdrängt die Ehren, soll heißen die Beschweren, die Würden, soll heißen die Bürden, die Vertrauensstellen, die Sinekuren und Sekkaturen, alles das, wovor Ihnen graust, wie dem Kind vor der bitteren Medizin!

JULIAN

Es wird nicht wahr sein. — Mein Gott, wenn es wahr wäre!

ANTON

O du mein Heiland! Wie echappieren wir jetzt! Wie kommen wir aus? Da ist guter Rat teuer. Wenn sich Euer Gnaden krankstellen täten? Ich mach das Bett auf!

JULIAN

Schweig das Gewäsch! Das getäfelte Zimmer wird eingerichtet für Seine Erlaucht den Woiwoden. Mein eigenes Bett hinein. Aus meinem besten Reitpelz die Marderfelle heraustrennen und eine Fußdecke daraus vors Bett für Seine Erlaucht.

ANTON

Daß er nur in Gottesnamen die Füß bald wieder woanders hinsetzt!

JULIAN

Den Trompeter hinauf aufs Vorwerk!

ANTON

Den Trompeter?

JULIAN

Sobald er die Kavalkade gewahr wird, ein Signal! Eines! ihm einschärfen: sobald es gewöhnliche Reiter sind. Ists aber eine fürstliche Kavalkade –

Er muß sich vor Erregung an dem Tisch halten.

ANTON

Dann?

JULIAN

Dann drei Stöße nacheinander, wie vor dem König! – Was glotzt du so auf mich? Soll ich –

ANTON

Ich sag schon nichts.

Sieht ihn von der Seite an

Muß ein glorioses Gefühl sein, wenn man weiß: meiner bin ich sicher! Komm her, Satanas, breits aus vor mir, die Herrlichkeit, wie einen Teppich — und jetzt hebs schnell wieder weg, sonst spuck ich dir drauf, denn das hab ich überwunden.
Es klopft an der Tür. Anton geht hin
Der Herr Doktor haben abgegessen und bitten aufwarten zu dürfen. — Soll er?

JULIAN

Laß eintreten. Und dann fort, alles ausführen.
Arzt ist eingetreten, er trägt einen Zettel in der Hand.
Anton geht ab.

ARZT

vor Julian stehenbleibend, der in Gedanken verloren dasteht
Ich finde Eure Exzellenz verwandelt.

JULIAN

Ihr seid ein scharfer Physiognomiker. — Was seht Ihr in meinem Gesicht?

ARZT

Eine gewaltige hoffnungsvolle Erregung. Weite Anstalten! Große Anstalten! Ein ganzes Reich umspannend. Euer Gnaden sind aus einem heroischen Stoff gebildet.
Julian muß lächeln, unterdrückt aber das Lächeln sogleich.

ARZT

Aber — ich muß es in einem Atem aussprechen: die Quelle selber ist getrübt. Die tiefste Wurzel ist angenagt. In furchtbarem Schlangenkampf ringen Gut und Böse in diesen gebieterischen Mienen.

Julian
Gebt meinem Puls mehr Stetigkeit, das ist alles was ich brauche. Mir stehen große Aufregungen bevor. — Ich brauche andere Nächte.
Schließt die Augen, schlägt sie schnell wieder auf.

Arzt
den Blick auf ihm
Euer Puls geht nicht gut, und doch — ich verbürge es — ist der Herzmuskel kraftvoll. Aber Ihr verleugnet Euer Herz. — Herz und Hirn müßten eins sein. Ihr aber habt in die satanische Trennung gewilligt, die edlen Eingeweide unterdrückt. Davon diese bitter gekräuselten Lippen, diese Hände, die sich Weib und Kind zu berühren versagen.

Julian
nickt
Furchtbar einsam waren meine Jahre.

Arzt
Furchtbar, aber gewollt. Was Ihr suchet, ist schärfere Wollust: Herrschaft, unbedingte Gewalt des Befehlens.
Julian sieht ihn an.

Arzt
Der Gang zeigt mir heroischen Ehrgeiz, in den Hüften verhalten von ohnmächtigem, gigantisch mit sich zerfallenem Willen. Eure Nächte sind wütendes Begehren, ohnmächtiges Trachten. Eure Tage sind Langeweile, Selbstverzehrung, Zweifel am Höchsten — die Flügel der Seele eingeschnürt in Ketten!

Julian
Ihr kommt einem nahe! Zu nahe!

ARZT

Auf das Übel hinzuweisen, dort wo ich es gewahre, ist mir gegeben. Die Verschuldung an diesem Jüngling, das ungeheure Verbrechen, die Komplizität, die halbe Miteinwilligung: alles steht in Eurem Gesicht geschrieben.

JULIAN

Genug. Der Herr redet, ohne die Dinge zu kennen.
Geht an die Wand, läßt ein Fach aufspringen, nimmt ein Blatt heraus, daran ein Siegel hängt
Ich habe ihm das Leben gerettet, mehr als einmal. Er sollte verschwinden, ausgetilgt werden. Man mißtraute mir. Ich hatte ihn zu gutherzigen Bauern gegeben vom achten bis zum dreizehnten Lebensjahr. Es wurde imputiert, ich hätte ehrgeizige Pläne auf das Weiterleben des Gefangenen gesetzt. Ich mußte ihn wieder in den Turm setzen.

ARZT

Ich verstehe.

JULIAN

Ich beließ ihn zuerst in einem menschenwürdigen Kerker mit Fenstern. – Durch das Fenster fiel ein Schuß in der ersten Nacht und streifte ihn am Hals, ein zweiter gegen Morgen und ging ihm zwischen Arm und Brust hindurch. – Ohne mich wäre er erwürgt. – Ich wünsche nicht von Euch verkannt zu werden.
Er hält ihm das Blatt hin
Der Herr sieht! Das allerhöchste Siegel. Die eigenhändige Unterschrift der höchsten Person. – Ich gehe sehr weit mit Euch.

ARZT
liest aus dem Blatt
– »überführt eines geplanten Attentates auf die geheiligte

Majestät —« — Dieser Knabe! — Die Schrift ist neun Jahre alt. Damals war er ein Kind!

JULIAN

Sterne haben, bevor er geboren war, auf ihn gewiesen, wie mit blutigem Finger. Das Verkündete traf ein, punktweise, ihn gräßlich zu bestätigen, als den, der außerhalb der menschlichen Gemeinschaft steht. Er war überführt, ehe seine Lippen ein Wort bilden konnten.

ARZT
hebt die Hände zum Himmel

Überführt!

JULIAN

Des Majestätsverbrechens. — Was vermag ich!
Schließt das Blatt ein.

ARZT
nimmt einen Zettel aus dem Gürtel

Ich hatte imwährenden Essen aufgeschrieben, was ich fürs Unerläßlichste hielt. Ein menschenwürdiger Gewahrsam, der Sonne zu, eine reine Nahrung, der Zuspruch eines Priesters.

JULIAN

Gebt her.

ARZT

Nein, es ist zu wenig, ich zerreiße es.
Er tuts
Nur Wiedergeburt heilt einen so Zerrütteten. Man führe ihn in seines Vaters Haus zurück, nicht übers Jahr, nicht über einen Monat, sondern morgen zu Nacht!

JULIAN
auf und nieder
Und wenn es ein Dämon und Teufel ist, vorwitziger Mann?
Ein Aufrührer gegen Gott und die Welt! – Da!
Er horcht.
Trompeten in der Ferne.

JULIAN
schließt erblassend die Augen
Der Herr ist zu auskultieren gewohnt und hat ein scharfes Ohr. Darf ich fragen, ob ich richtig gehört habe?

ARZT
Drei Trompetenstöße in großer Entfernung.
Julian schlägt die Augen wieder auf, atmet tief auf.

ARZT
Jetzt habt Ihr im Nu einen kühnen und furchtbaren Gedanken ausgeboren. Euer Gesicht flackert.

JULIAN
Ich sehe wie durch plötzliche Erleuchtung die Möglichkeit einer Probe.

ARZT
Wodurch man den Unglücklichen retten könnte?

JULIAN
Ich halte für möglich, daß vieles wird in meine Hand gegeben werden. Der Herr ist imstande, einen sicher wirkenden, gewaltigen Schlaftrunk –?

ARZT
Darf ich fragen –

JULIAN
Ich würde einen Reitenden darum schicken.

ARZT
Errate ich? Ihr wollt den Bewußtlosen in eine andere Umgebung schaffen. Ihm gewisse Personen vor Augen bringen?

JULIAN
Wir wollen kein Wort zuviel aussprechen. Ich spiele um meinen Kopf.

ARZT
Und wenn er die Probe nicht besteht? — Wenn er mißfällt. — Was wird aus ihm?

JULIAN
Dann wird es — vielleicht — gelingen, ihm das gleiche Leben zu fristen, das er bisher geführt hat.

ARZT
Dazu biete ich nicht die Hand.
Tritt zurück
Es hieße ein Geschöpf Gottes in den Wahnsinn treiben.

JULIAN
Ich gebe Euch eine halbe Minute Bedenkzeit. Überlegt Euchs.

ARZT
nach einigen Sekunden
Der Reitende kann den Schlaftrunk morgen nacht bei mir abholen. — Die Dosis ist streng bemessen. Euere Exzellenz schwöre mir, daß der Gefangene den Schlaftrunk aus keiner anderen Hand —

JULIAN
Aus meiner eigenen Hand. Wofern ich die Zulassung zur Probe bewirken kann. Das steht bei höheren Personen.
Er zittert, läutet mit der Handglocke.

ARZT
Ich bin entlassen?

JULIAN
Mit der Bitte, diese geringfügige Entlohnung anzunehmen
Reicht ihm eine Börse
und dazu diesen Ring als ein Andenken.
Zieht den Ring vom Finger, reicht ihn hin, die Hand zittert ihm dabei heftig.

ARZT
Euer Gnaden belohnen fürstlich.
Neigt sich, zieht sich zurück.

Anton zur anderen Tür herein, einen schönen Überrock auf dem Arm und Schuhe. Eilig. — Er hilft Julian das Hausgewand ausziehen, den schönen Rock anziehen.

JULIAN
Wie nahe sind sie? Ich habe einen einzelnen Reiter heransprengen sehen.

ANTON
Ja, ja.
Nestelt das Gewand zu.

JULIAN
Ein Vorreiter, ein Kurier? Was?

ANTON
Ich sags nicht, es täte Sie ärgern. Ein aufgeblasener Kerl!

JULIAN
Was will man von mir?

ANTON
Daß sie ein königliches Handschreiben bringen, das steigt so einem Stallputzer in die Nase. Soll der König nicht auch einmal einen Brief schreiben? Hat er keine Hände?

JULIAN
Ein Handschreiben – an meine Person?
Er muß sich setzen.

ANTON
zieht ihm die Schuhe an
Ich hab ja gewußt, es wird Ihnen unangenehm sein. – Aber daß es Sie so grausam angreift –
Julian sagt nichts.

JULIAN
auf, atmet fliegend
Sind meine Leute aufgestellt?

ANTON
Spalier.

Bindet ihm die Schuhe.

JULIAN
Du voraus ans Tor mit dem Leuchter.

ANTON
Sind ja die Kienfackeln an der Treppe. Wer wird sich strapazieren für Leute, die einem nur Unerwünschtes ins Haus bringen!

JULIAN

Angezündet! Du kniest nieder am untersten Treppenabsatz. Wenn Seine Erlaucht, der Woiwod, an dir vorbei ist, springst ihm vor, leuchtest die Treppe hinan. Ich geh ihm entgegen, vom obersten Absatz drei Stufen, keinen Schritt mehr.

ANTON
zündet an

So recht. Er soll verstehen, der Hofschranz, daß wir auf ihn nicht gewartet haben, die neunzehn Jahr lang.

Vorhang

ZWEITER AKT

Erster Auftritt

*Kreuzgang im Kloster. Im Hintergrund die Eingangspforte.
Zur Rechten Eingang ins Klosterinnere.*

*Der Pater Guardian, vor ihm die beiden königlichen Spione
Gervasy und Protasy.*

GERVASY

Wie wir Euer Ehrwürden melden. Er selbst in allerhöchster Person.

PROTASY

Will aber nicht gekannt sein.

GERVASY

Gekannt vielleicht – aber nicht erkannt.

PROTASY

Alles im strengsten außergewöhnlichen Geheimnis.
Man pocht. Pförtner geht aufschließen.

GERVASY

Wir verziehen uns untertänig.

PROTASY

Wir erwarten draußen den erlauchtigen Woiwoden von Lublin. Der ist hierher befohlen.
*Sie verneigen sich tief, verschwinden im Kreuzgang.
Pater Guardian entfernt sich. Pförtner schließt auf. König Basilius und Höflinge treten ein. Ein Bettler kommt hinter ihnen
herein.*

König

Ist dies der Ort, wo der Bruder Ignatius die empfängt, die mit einem Anliegen zu ihm kommen?

Pförtner

Hier stellt euch hin und wartet alle.

Junger Kämmerer

Vorwärts du, und melde, wie ich dir sagen werde.

Pförtner

Ich darf nicht melden. Das ist nicht meines Amtes. Meines Amtes ist Aufschließen, Zuschließen.

Junger Kämmerer

Weißt du, wer vor dir steht?

Pförtner

Weiß nicht. Darfs nicht wissen. Ist nicht meines Amtes. Diesen kenne ich.
Weist auf den Bettler, tritt zu diesem
Stell dich daher. Er wird sich freuen, daß du wiedergekommen bist.
Bettler stellt sich schweigend abseits.

König

Dies ist ein schwerer Gang. Ich will die Vettern, die ihn mit mir getan haben, über alle Woiwoden, Palatine und Ordinaten erhöhen.
Die Höflinge neigen sich.

Junger Bruder
tritt von rechts heraus; schön, leise, mit einem beständigen Lächeln

Seiet leise!

KÖNIG
Schläft er so früh am Tag, daß man ihn nicht stören darf?

JUNGER BRUDER
Gegen Morgen, wenn die Sterne bleich werden, erst dann schläft er ein, und wenn die Vögel sich rühren, ist er wieder wach.
Tritt zum Bettler, der betet, das Gesicht in den Händen
Was begehrst du?
Bettler regt sich nicht.

PFÖRTNER
Es ist der ohne Namen, der herumzieht von einer heiligen Stätte zur anderen und Winter und Sommer übernachtet auf den steinernen Stufen der Kirchen. Er hat schon einmal mit ihm gesprochen.

BETTLER
nimmt die Hand von den Augen, und man sieht, daß eines seiner Augen ausgestochen ist
Unwert!

PFÖRTNER
Verlaufene Soldaten, wie es jetzt überall gibt, haben ihm ein Auge ausgeschlagen. Er aber hat ihnen vergeben und betet für sie.

BETTLER
Unwert!
Stellt sich hinter die Höflinge.

KÖNIG
Melde! melde, es ist einer da, Basilius, und in großer Not, und sein Anliegen ist dringend.

JUNGER BRUDER
neigt sich
Er wird bald kommen. Gedulde sich die Herrschaft.

Geht rechts hinein.
EIN DUMPFER GESANG
wird hörbar
Tu reliquisti me et extendam manum meam et interficiam te!

KÖNIG
tut einen Schritt vor, sieht nach oben
Heut ist St. Ägydi Tag: da geht der Hirsch in die Brunft. — Ein schöner, heller Abend: die Elstern fliegen paarweise vom Nest ohne Furcht für ihre Jungen, und der Fischer freut sich: sie laichen bald, aber sie sind noch begierig und springen im frühen nebligen Mondschein, ehe es noch Nacht ist. Es bleibt lange noch schußlicht zwischen dem Fluß und dem Wald, und groß und fürstlich tritt der Hirsch aus dem Holz und löst die Lippen, daß es scheint als ob er lache, und schreit machtvoll, daß die Tiere im Jungholz ihre zitternden Flanken aneinanderdrücken vor Schreck und Verlangen. — Wir waren wie er und haben majestätische Tage genossen, ehe das Wetter umschlug, und den schönen Weibern lösten sich die Knie beim Laut Unseres Kommens, und wo Wir beliebten einzutreten, da beschien der silberne Leuchter oder der rosige Kienspan die Vermählung Jupiters mit der Nymphe.
Er stützt sich auf den jungen Kämmerer
Und diesem schien kein Ende gesetzt, denn Unsere Kräfte waren fürstlich. — Nun aber ist seit Jahr und Tag die Hölle los gegen Uns, und es lauert eine Verschwörung gegen Unser Glück unter Unseren Füßen und über Unseren Haaren, die sich sträuben, und Wir können die Rädelsführer nicht greifen. Wir wollen dahin und dorthin und Unsere Gewalt befestigen, und es ist, wie wenn der Boden weich würde und Unsere

Schenkel ins Leere sänken. Die Mauern wanken von den Grundfesten aus, und Unser Weg ist ins Nichtmehr-Gangbare geraten.

Einer der Höflinge

Das haben die feisten Bürger in den Städten verschuldet, die Pfeffersäcke und Wollkratzer, und über alles die Juden: sie haben dem Land das Mark aus den Knochen geschlürft. Sie haben aus dem Geld das Silber herausgesogen und in unseren Händen das rote stinkige Kupfer gelassen, dessengleichen sie als Haar auf den Köpfen tragen, die Judasse!

Ein Zweiter
tritt von hinten hinzu

Sie liegen auf königlichen Schuldverschreibungen wie auf Gansdaunen, ihr Fuchsbau ist tapeziert mit Pfandscheinen von Grafen und Bannerherren – und wenn du ihrer zehntausend in deine geharnischten Hände nimmst, bis sie ausgepreßt sind, so wird Blut und Schweiß auf die Erde fließen, und aus den Ähren wird das Gold und Silber fallen auf die polnische Erde.

Der Erste

Lasse die Königliche Majestät uns reiten mit unseren getreuen adeligen Vasallen gegen die Juden und Judenknecht, die hinter Pfählen sitzen, gegen Aufrührer, entlaufene Mönch, entsprungene Schullehrer, und in sie arbeiten mit so viel Schwertern, Piken, Kolben, als uns noch in unseren fürstlichen Händen verblieben sind – ehe es zu spät wird.

König

Ich kann das Geschmeiß nicht greifen. Ich reite an: sie sind Bettler. Aus abgedeckten Hütten kriechen sie mir entgegen und recken abgezehrte Arme gegen mich. Sie fressen die Rinde von den Bäumen und stopfen sich die Bäuche mit Klumpen Erde.

Er schaut vor sich, der Kopf fällt ihm nachdenklich auf die Brust
Auch dies war in der Prophezeiung. Es waren Greuel darin, von denen jeder gesagt hätte, daß sie nur können bildlich gemeint sein, und sie fangen an im wörtlichen Verstande einzutreffen. Der Hunger ist in der Prophezeiung; die Seuche ist in der Prophezeiung; die Finsternis, erleuchtet von brennenden Dörfern – der Soldat, der die Fahn abreißt und seinem Oberen die Halfter ums Maul schlägt, der Bauer, der vom Pflug läuft und seine Sense umnagelt zur blutigen Pike, – es ist alles in der Prophezeiung.
Er seufzt tief auf, der andern vergessend
Nun aber kommen die Hauptstück: daß die Rebellion ihre Fahne bekommt: die ist ein Bündel klirrender, zerrissener Ketten an einer blutigen Stange, und der, dem sie vorangetragen wird, das ist mein leiblicher Sohn, – und sein Gesicht ist wie eines Teufels Gesicht, und er ruht nicht, bis er mich findet und seinen Fuß auf mein Genick setzt. – So prophezeit! wortwörtlich geschrieben, wie ich es spreche!
Er stöhnt und besinnt sich dann, blickt zurück auf sein Gefolge
Ich fühle mich sehr krank, meine Getreuen! Ich hoffe, ihr habt mich zu einem Arzt begleitet, der mir helfen kann.

Der Großalmosenier wird von rechts herausgeführt. Zwei Mönche stützen ihn. Der junge Mönch von früher schreitet daneben, ein aufgeschlagenes Buch in der Hand; ein Laienbruder folgt, der einen Faltstuhl trägt. Sie stellen den Faltstuhl hin und lassen den Großalmosenier darauf nieder. Er ist ein neunzigjähriger Greis; seine Hände und sein Gesicht sind gelblich weiß, wie Elfenbein. Die Augen hält er meist geschlossen, doch wenn er sie öffnet, so vermag ihr Blick noch Schreck und Ehrfurcht zu verbreiten. Er trägt das Habit der einfachen Mönche. Alle sind von seinem Eintreten an still.

Der Gesang
wird deutlich hörbar: eine einzige drohende Stimme
Ecce ego suscitabo super Babylonem quasi ventum pestilentem. Et mittam in Babyloniam ventilatores et ventilabunt eam et demolientur terram eius.

Grossalmosenier
mit halbgeöffneten Augen
Das Licht des Tages. Eine fahle Finsternis. Lies aus dem Guevara. Hier ist ein Blumengarten – ein Gallert, bunt und stickig.
Er schließt die Augen.

Chor
Et demolientur terram eius! Et cadent interfecti in terra Chaldaeorum.

Grossalmosenier
schlägt die Augen auf, gewahrt den Bettler, winkt ihm lebhaft
Sieh da, welch ein Gast ist über unsere Schwelle getreten!
König beziehts auf sich, will vortreten.
Großalmosenier, ohne ihn anzusehen, winkt ihm verächtlich ab, wie einer eine Fliege scheucht.

Höflinge
fahren auf
Ha! Was! was untersteht er sich?
König winkt ihnen, sich zu bezähmen.

Grossalmosenier
zu dem Bettler in gespannter Teilnahme
Wie geht es dir, mein Teurer? und wirst du nun bei uns bleiben, zumindest einen Tag und eine Nacht?
Bettler schweigt.

GROSSALMOSENIER
Führet mich zu ihm, wenn er nicht zu mir kommt, daß ich ihn umarme und seinen Segen empfange.
Will auf, von den Mönchen unterstützt.

BETTLER
Unwert!
Entspringt.

CHOR
Et demolientur terram eius! Et cadent interfecti in terra Chaldaeorum.

GROSSALMOSENIER
Lies im Guevara, solange Licht ist.

JUNGER BRUDER
hebt das Buch und liest
Fahr hin, Welt, in deinen Palästen dient man ohne Bezahlung, man liebkost, um zu töten, man ehrt, um zu schänden, man straft ohne Verzeihen.

KÖNIG
tritt an den Großalmosenier heran
Herr Kardinal, Euer König und Herr wünscht Euch einen guten Abend.
Großalmosenier fährt mit der Hand durch die Luft, als scheuchte er eine Fliege.

HÖFLINGE
murren, wenden sich, als wollten sie gehen
Unerhört! Unwürdiges Schauspiel!

KÖNIG
tritt auf sie zu
Bleibet, meine Getreuen! Gehet nicht von mir!

Ein Höfling
in Wut, aber mit gedämpfter Stimme
Man sollte ihn aus dem Sessel reißen und ihm das Maul an die Erde drucken!
König
Ich will den königlichen Städten ihre Freiheiten nehmen! Ich will die Juden aus meinem Schutz stoßen, und alles soll in eure Hände gegeben werden, wie es zu Zeiten Unserer Vorfahren war. Bleibet!
Höflinge beugen ihre Knie, küssen ihm Hände und Saum des Gewandes. – Der König lächelt. Der Gesang hat aufgehört.

Grossalmosenier
Lies im Guevara. Ich bins müde, daß noch immer Tag ist.

Junger Bruder
liest
Da wird der Aufrichtige in den Winkel gestellt und der Unschuldige verurteilt. Da ist für den Herrschsüchtigen Kredit, und für den Redlichen ist kein Kredit. –

König
zu den Höflingen
Tretet alle hinweg. Wendet euch ab. Es muß sein.
Die Höflinge gehen weg und bleiben unsichtbar. Auch die Mönche, außer einem.
König geht hin, fällt vor dem Großalmosenier auf die Knie und steht wieder auf.

Grossalmosenier
sieht ihn lange und durchdringend an
Ich kenne den Herrn nicht!
Lacht lautlos.

KÖNIG

Kardinal Großalmosenier! Großkanzler der Krone! Großsiegelbewahrer des Reiches! Ich hebe zu dir die Hände und begehre deinen Rat!

GROSSALMOSENIER
lacht noch stärker, aber lautlos

Du hast deinen Krieg verloren, Basilius. Eitel war dein Krieg, unzeitig war dein Krieg, frech und freventlich war dein Krieg. Und als er verloren war, da ist der vom Ratstisch gejagt worden, der seine Hände aufgehoben hatte und geschrien wider diesen Krieg. – Denn es bedurfte der Selbstbezwingung, so war dieser Krieg zu vermeiden, – und der Weisheit: und hart ist der Pfad der Weisheit zu treten, denn er ist voller Dornen. Aber leicht war es, das Eitle zu tun und zu reiten, anstatt zu raten!

KÖNIG

Genug!

GROSSALMOSENIER
nickt

Es steht geschrieben: Der verdorbene Mensch liebt nicht den, der ihn strafet. Das Wort Eitel, merke, hat zweierlei Sinn. Einmal heißt es: prahlen von sich selber, Zuschauer sein sich selber, geistige Buhlschaft treiben mit sich selber. Zum zweiten heißt es: nichtig, für nichts, im Mutterleib verloren. – Eitel war dein Gedachtes, dein Getanes, dein Gezeugtes, von dir selber im Mutterleib vereitelt.

KÖNIG

Du Basilisk, daß ich aus dir herausreißen könnte die Wahrheit, denn immer hast du das Letzte vor mir verborgen, wie die boshafte Stiefmutter vor der armen Waise.

GROSSALMOSENIER

Die Wahrheit, die da ist hinter allem Scheine, wohnt bei Gott.

KÖNIG

So ist es Gott oder der Satan, der durch die Sterne redet? Antworte mir! — Lügen die Sterne?

GROSSALMOSENIER

Wer sind wir, daß sie uns lügen sollten?

KÖNIG

Ich habe meinen einzigen Sohn von mir getan, dahin wo ihn die Sonne nicht bescheint. Denn es ist prophezeit, er wird seinen Fuß auf meinen Nacken setzen, bei hellichtem Tag und in Angesicht meines Volkes!

GROSSALMOSENIER

Und du wirst wackeln mit dem Steiß vor ihm, wie ein Hund vor seinem Herrn, und wirst begehren das Schlachtmesser zu küssen, mit dem er dich abtut.

KÖNIG

Verhöhnst du mich? Glaubst du nicht an die Prophezeiung? Dann antworte mir! Wie können sie gesehen haben, was nicht ist? Wo ist der Spiegel, der auffängt, was nirgends gewesen ist?

GROSSALMOSENIER

Recht so! Halte dich an das, was deine Augen sehen, und ergetze dich mit Ehebrecherinnen und Jagdhunden! — Aber ich sage dir: Es gibt ein Auge, vor dem ist heute wie gestern und morgen wie heute.

Rückt ihm näher

Darum kann die Zukunft erforscht werden, und es steht die Sibylle neben Salomo und der Sterndeuter neben dem Propheten.

KÖNIG
vor sich

Ich war unfruchtbar, so viele Jungfrauen und Weiber ich erkannte, und es wurde gesagt: fruchtbar im Brachmond an der Königin, und meine Königin wurde guter Hoffnung im Brachmond. Das Kind wurde geboren und zerriß der Mutter den Leib, widerstrebend der weisen Frau und dem Arzte. — Es wollte da sein, nackt aus dem Nackten, tödlich aus dem Tödlichen, und wahrmachen die Prophezeiung vom ersten Schrei an. —

GROSSALMOSENIER

Und es ist dein Kind, gewonnen in heiliger Ehe!

KÖNIG

Aber ich habe ihn nie gesehen und muß mich gegen ihn verbergen mit Riegeln und Ketten und Spießen und Stangen.

GROSSALMOSENIER

Es entflieht keiner der großen Zeremonie, der König aber und der Vater ist in die Mitte gesetzt.

KÖNIG

Wenn ich das Geschöpf unschädlich gemacht habe in einem Turm mit Mauern, zehn Schuh dick — und der Aufruhr soll zu keinem Haupt gelangen —, zu welchem Ende — ich frage dich! — ist dann der Aufruhr über mein Reich gekommen? Soll ich der Verlierer sein bei Tag und Nacht und geprellt um meines Reiches Glanz und um meines Gewissens unbefleckten Spiegel, zugleich um beides? Sind das Spiegelfechtereien? Ist Gott wie der Herzog von Litauen, der sich aufs Blüffen legt?

GROSSALMOSENIER

Wunderbar gefügt aus zwei Schneiden ist die Zange, und auch

die schlaffe Frucht, wenn man sie preßt, gibt einen Tropfen Öl!

KÖNIG

Schweig und höre. Ich habe befohlen, den Mann vor mein Angesicht zu bringen, der ihn bewacht.

GROSSALMOSENIER

Nein! Du hast nicht gewagt den Schleier zu lüpfen, der behütet war von allen Schrecken der Majestät und bewacht von zehnfacher Drohung des Todes!

KÖNIG

Ich habe befohlen, den Mann herbeizubringen, der ihn bewacht, und ihn vor mein Angesicht zu stellen und vor das deine. Und du, du wirst heraussteigen aus deinem hölzernen Sarg und wirst vorsitzen einem Gericht über diesen Knaben, dessen Angesicht Wir nie gesehen haben. – So wird es an den Tag kommen, ob dieser ein Dämon ist und ein Aufrührer von Mutterleib: dann wird sein Haupt fallen und vor deine Füße rollen. Oder aber: ich werde mein Kind in meine Arme nehmen, und die Krone, geflochten aus dreien Kronen, wird nicht ohne Erben sein. – Daran will ich erkennen, ob Gott dich zu meinem Ratgeber bestellt hat – oder der Satan.

GROSSALMOSENIER

Gott! Gott! nimmst du das Wort in deinen nassen Mund? Ich werde dich lehren, was das ist, Gott! – Du kommst zu mir um Hilfe und Erquickung und findest, was dich nicht freut. Statt eines vertrauten Wesens, worein du wie in einen Spiegel dich hineintust, als in die Gesichter der vor dir wedelnden Menschen, findest du eine ungerührte Miene, vor der dich graust. Ein Etwas spricht mit meinem Mund, aber wie aus dir selbst heraus, auf dich selber zielend; es nimmt dich nicht, und es läßt

dich nicht los; statt daß du von einem zum andern kommst, kommt eines ums andere zu dir: nichts Neues, nichts Altes, abgelebt, doch nicht ausgelebt, öd, lahm, doch wirbelnd. — Du kannst nichts mehr, ermachst nichts mehr, zergehend und zugleich Stein: in nackter Not doch nicht frei. Aber da ist noch etwas! Du schreist: es ist hinter deinem Schrei und zwingt dich und heißt dich deinen Schrei hören, deinen Leib spüren, deines Leibes Schwere wiegen, deines Leibes Gebärde wahrnehmen, wie Wälzen von Schlangen mit schlagendem End, dein Zergehen einatmen, deinen Gestank riechen: Ohr hinterm Ohr, Nase hinter der Nase. Es verzweifelt hinter deiner Verzweiflung, durchgraust dich hinter deinem Grausen und entläßt dich nicht dir selber, denn es kennt dich und will dich strafen: das ist Gott.
Er sinkt zusammen mit geschlossenen Augen.

KÖNIG
schreit

Herbei meine Getreuen, faßt ihn an. Mein Herr Minister ist mir Rat schuldig und will mir sein Schuldiges veruntreuen! —
Höflinge mit einem Sprung heran, Mönche hervor, heben abwehrend die Hände. Großalmosenier liegt wie ein Toter.

GESANG
Ecce ego suscitabo super Babylonem quasi ventum pestilentem.

KÖNIG
kehrt sich ab

Hebet ihn weg.
Mönche nehmen den Großalmosenier auf und tragen ihn weg.

Es pocht draußen. Pförtner schließt auf, läßt den Woiwoden von Lublin und Julian eintreten sowie Gervasy und Protasy, hinter ihnen Anton.

Gervasy und Protasy
treten auf den König zu, beugen die Knie und melden
Der Woiwod von Lublin.

Woiwod
tritt vor den König, beugt sein Knie
Vergebe deine Hoheit die Verspätung. Die Straßen sind verlegt von Rebellen. Wir haben uns durch die Wälder ziehen müssen. Hier bringe ich den Edelmann!
Julian tritt vor, kniet vor dem König hin.

König
Dieser? Sein Wächter?
Er tritt argwöhnisch zurück.
Julian bleibt knien.

König
Wir erinnern Uns gnädig einer früheren Begegnung.
Reicht die Hand zum Kuß, winkt aufzustehen
Wir werden zu belohnen wissen. – Aber Wir fürchten, in deinem Aug das Spiegelbild eines Dämons zu gewahren.

Julian
aufstehend, aber mit gebogenem Knie
Es ist ein sanfter, schöner, wohlgeschaffener Jüngling.

König
Voll Haß im Innern?

Julian
Arglos. Ein weißes unbeschriebenes Blatt.

König
Ein Mensch? Ah!

JULIAN

Oh! gefiele es dem undurchdringlichen Ratschluß —
König runzelt die Stirn, tritt zurück.

JULIAN

— den Jüngling einer Prüfung zu unterziehen —
König tritt noch einen Schritt zurück.

JULIAN

Man ließe ihn, bestünde er sie nicht, in ewiger Kerkernacht wiederum verschwinden.

KÖNIG

Der Traum einer Nacht? Kühn — und zu kühn! Wer könnte sich verbürgen —

JULIAN

Ich! Eurer Majestät für alles! Mit diesem Kopf!

KÖNIG
lächelt

Ein Berater! Endlich ein Berater! —
Mit Beziehung auf das Vorige; er winkt ihn ganz nahe zu sich
— Wie viele Jahre waltest du des schweren Amtes?

JULIAN

Zweiundzwanzig Jahre weniger einen Monat. Sein Alter.

KÖNIG

Beispiellos! Lernet, meine Großen, lernet, was Hingabe ist. Zweiundzwanzig Jahre!

JULIAN
beugt sich über die dargereichte Hand, er hat gleichfalls die Tränen in den Augen
Sie sind in diesem Augenblick ausgelöscht.
Anton nähert sich von hinten, unmerklich, spitzt seine Ohren.

König

Das Wiedersehen hat Uns sehr bewegt. Es sind deine Arme, die Unseren Verwandten betreuen.
Er zieht ihn an sich, mit der Gebärde einer Umarmung
Wie würden Wir es ertragen, ihn selbst –
Sein Gesicht verändert sich, aber nur für einen Moment
Die Nähe eines treuen Mannes, welch ein Schatz! Berater! Tröster! Du hast mir das Leben wiedergegeben.
Winkt Julian vertraulich zu
Er folgt Uns an Hof. Wir haben viel mit Ihm vertraulich zu beraten.
Julian neigt sich tief. König winkt dem Pförtner, der aufschließt. Höflinge treten zu Julian heran. Anton trachtet unauffällig seinem Herrn immer näher zu kommen.

Ein Höfling
unter einer leichten Verneigung
Wir sind nahe Verwandtschaft. Euer Gnaden Großmutter war meines Herrn Großvaters Schwester. Ich wollte nicht hoffen, daß Euer Gnaden dessen wären uneingedenk worden in den Jahren, da man Sie nicht bei Hofe gesehen hat.
Anton spitzt die Ohren.

Zwei Andere
ebenso
Gebe der Herr uns seine Protektion. Wir sterben des Herrn bereitwilligste und verpflichtetste Diener!

Junger Kämmerer
an Julian herantretend, mit einer tiefen Verneigung
Ich küsse Eurer Exzellenz die Hände!
Alle gehen.

Zweiter Auftritt

Im Turm. Fünfeckiges Gemach mit engem vergitterten Fenster. Hinten in einer Ecke eine kleine eiserne Tür. An der Wand ein großes Kruzifix. Eine hölzerne Bank, ein Eimer, ein Waschbecken.

Im Hintergrund auf halbverbranntem Stroh sitzt Sigismund. Er trägt einen reinlichen Anzug aus Zwilch und hat nackte Füße, aber ohne Ketten. Man hört von draußen aufsperren.
Anton tritt herein. Er nimmt einen Besen, der nächst der Tür lehnt, sprengt aus dem Eimer Wasser auf den Boden und fängt an auszukehren. Sigismund sieht auf ihn, schweigt.

ANTON
im Kehren, er schnuppert in die Luft
Was ist das? Hast gezündelt im Stroh? Mächtig viel Stroh verbrannt, Reiser, alles! – Gnad dir Gott, wenns ein Wächter bemerkt hätt. – Was hast getrieben und zu welchem End?

SIGISMUND
schnell
Mein Vater war im Feuer.

ANTON
Wie hat er denn ausgschaut? Ein Feuergesicht, ein rauchiger Mantel, ein glühblauer Bauch und rote Schuh?

SIGISMUND
sieht weg
Mein Vater hat kein Gesicht!

ANTON
Du Fledermaus!
Sprengt geweihtes Wasser über ihn aus einem kleinen bleiernen Becken, das unterm Kruzifix an der Mauer hängt

Aufräumen jetzt! Bist ein Mensch? der graust sich, wenn ein Zimmer ausschaut wie dem Teufel seine Bettstatt.

SIGISMUND
angstvoll
Anton, was ist denn das: ein Mensch – wie ich ein Mensch bin?

ANTON
gießt ihm Wasser ins Becken
Da, wasch dir dein Gesicht, so kommst auf andere Gedanken.
Man hört die Tür von außen aufsperren.
Da hast ein Tüchel.
Wirft ihm ein bunt baumwollenes Tuch zu, Sigismund wischt sich ab.
Und jetzt! Da schau hin! Heimgsucht wirst!
Von außen ist die eiserne Tür geöffnet worden. Eine Bauernfrau, Sigismunds Ziehmutter, ist eingetreten, bleibt unweit der Tür stehen. Sigismund kehrt sein Gesicht gegen die Wand.

BÄUERIN
tritt näher, zu Anton
Ist derselbige krank? Weiß er nichts von sich?
Sigismund verbirgt Kopf und Hände im Stroh.

BÄUERIN
Sieben Jahr hab ich ihn nicht gesehen. Ists wahr, daß ihm Krallen gewachsen sind? Glühende Augen, wie bei einem Nachtvogel?

ANTON
Gelogen! Zeig deine Händ, Sigismund. – Dort ist er, schau Sie!

SIGISMUND
faßt sich
Mutter, bist du zu mir gekommen?

BÄUERIN
tritt zu ihm
Dein Haar ist wirr. Wo hast du deinen Kamm? Gib ihn mir, daß ich dich kämme.
Anton reicht ihr aus einer Wandnische einen bleiernen Kamm.

BÄUERIN
kämmt Sigismund das Haar
Ebenbild Gottes, halt auf dich. Weißt nicht mehr, wie die Bäuerinnen durch den Zaun gespäht wegen deiner weißen Wangen, rabenschwarzen Haare? Milch und Honig vor die Tür gestellt, ich dich hab verstecken müssen, Fensterladen zurammeln! Streng war das Verbot!

SIGISMUND
Wo ist der Mann?

BÄUERIN
Der Ziehvater ist tot seit vier Jahren. Bet mit mir für seine Seele.

SIGISMUND
Wo ist aber meine Seele?

BÄUERIN
Wie denn? Wie fragst du da?

SIGISMUND
Ich frag recht. Weißt du noch das Schwein, das der Vater geschlachtet hat – es schrie so stark, und ich schrie mit. Dann ist es an einem queren Holz gehangen, im Flur an meiner Kammertür, ich konnte bis in das Innere schauen. War das die Seele, die aus ihm geflohen war bei dem entsetzlichen Schreien, und ist meine Seele dafür hinein in das tote Tier?

BÄUERIN
betet
Vater unser, der du bist im Himmel —

SIGISMUND
Wo ist mein leiblicher Vater, daß er mich im Stich läßt! Da er mich doch gemacht hat!

BÄUERIN
zeigt aufs Kruzifix
Da ist dein Vater und dein Erlöser! Sieh hin auf den! — Drück dir sein Bild ins Herz, drücks ein, wie einen Stempel und Prägestock!

SIGISMUND
sieht lange hin, ahmt die Stellung nach, mit ausgebreiteten Armen, dann läßt er die Arme sinken
Ich brings nicht auseinander, mich mit dem dort und aber mich mit dem Tier, das aufgehangen war an einem queren Holz und innen blutschwarz. Mutter, wo ist mein End und wo ist dem Tier sein End?
Er schließt die Augen.

BÄUERIN
Auf die Augen! Schau hin! Verlassen vom Vater im Himmel! Mit Dornen gekrönt, mit Ruten geschlagen, ins Gesicht gespien die Kriegsleut! Erschau das! — Schau hin, Widerspenstiger!

SIGISMUND
schreit auf
Mutter, erzürne mich nicht!
Er stößt sie von sich.

BÄUERIN
faltet ihre Hände, betet
Ihr heiligen vierzehn Nothelfer, ihr starken Kämpfer und

Diener Gottes, verherrlichet und gekrönet mit goldenen Kronen, fahret herbei, diesem zu Hilfe, tuet ab von ihm gefletschte Zähne, geballte Fäuste, lieber lasset die Hände abfallen, die Füße lahmen, die Augen erblinden, die Ohren ertauben und bewahret seine Seele vor der Gewalttat und dem Übel. Amen.
Sie schlägt das Kreuz über ihn.

SIGISMUND
schreit angstvoll

Mutter!
Hinten ist die Tür abermals aufgesperrt worden, und Julian ist eingetreten. An der Tür wird eine andere Person sichtbar, die wartet. Bäuerin neigt sich, küßt Julian den Rock. Julian bleibt stehen. – Sigismund flüchtet auf sein Strohlager.

JULIAN
In der Art ist er gesänftiget? Hat das Weib nichts Besseres vermocht? und du –
Tritt näher
Sigismund, ich bin zu dir gekommen.
Winkt, Anton gibt ihm einen niedrigen Holzstuhl ohne Lehne, auf den er sich setzt
Ich komme, um dir Freude zu bringen, Sigismund. Achte gut auf das, was mein Mund jetzt spricht: du hast eine schwere, lange Prüfung überstanden. Fassest du meine Rede?
Sigismund verbirgt seine Hände unter den Zwilchärmeln.

JULIAN
Achtest du auf mich?

SIGISMUND
Du bist oberste Gewalt über mir, vor dir zittere ich. Ich weiß, daß ich dir nicht entrinnen kann.
Er verbirgt unwillkürlich seine Hände

Ich sehe auf deine Hände und deinen Mund, damit ich wohl verstehe, was du willst.

JULIAN
Gewalt ist von oben verliehen. Von einem Höheren als ich bin, merke wohl. Ich war aber dein Retter. Heimlich goß ich Öl deiner Lebenslampe zu; durch mich allein ist noch Licht in dir. Das merke dir. – Dünke ich dir so fremd, Sigismund? Hab ich dich nicht neben mir an einem hölzernen Tische sitzen lassen und vor dir das große Buch aufgeschlagen und darin dir Bild für Bild die Dinge der Welt gewiesen und sie dir mit Namen genannt und dich dadurch ausgesondert unter deinesgleichen?

Sigismund schweigt.

JULIAN
Hab ich dir nicht erzählt von Moses mit den Tafeln und Noah mit der Arche und Gideon mit dem Schwert und David mit der Harfe, von Rom, der großen, mächtigen Stadt und ihren Kaisern, und daß von ihnen unsere erlauchten Könige abstammen? Hab ich dir nicht Begriff gegeben, von Herr und Knecht, von Fern und Nah, von Schuld und Strafe, von Himmlisch und Irdisch? Antworte mir?

Sigismund starrt zu Boden.

SIGISMUND
Ungleich dem Tier hab ich Begriff von meiner Unkenntnis. Ich kenne, was ich nicht sehe, weiß, was fern von mir ist. Dadurch leide ich Qual wie kein Geschöpf.

JULIAN
Wunderbarer Vorzug! Danke mir! Denn dadurch wird der Mund des Menschen gewaltig, daß er in die Buchstaben seinen Geist eingießt, rufend und befehlend! – Warum stöhnst du?

SIGISMUND

Ein furchtbares Wort aber ist: das wiegt alle anderen auf!

JULIAN

Was ist das für ein Wort? Wie heißt das Wort? Ich bin begierig, was das für ein Zauberwort ist!

SIGISMUND

Sigismund!
Er fährt sich mit den Fingern über die Wangen und den Leib hinab
Wer ist das: ich? Wo hats ein End? Wer hat mich zuerst so gerufen? Vater? Mutter? Zeig mir sie!

JULIAN

Deine Eltern haben dich von sich getan. Du warst schuldig vor ihnen.

SIGISMUND

Grausig ist das Tier. Es frißt die eigenen Jungen noch feucht aus dem Mutterleib. Meine Augen habens gesehen. Und doch ist es unschuldig.

JULIAN

Forsche nicht, bis der Vorhang zerreißt. Steh auf dir selber! Allein! So hab ich dich ausgestattet! Lichtgeist, vor dem Engel knien! Feuersohn, oberster! Erstgeborener!

SIGISMUND

Warum redest du so groß zu mir? Was schwingst du in der Hand, das funkelt und glüht?

JULIAN

Wonach Hirsch und Adler und Schlange lechzen: daß sie durch Pflanzen und Steine, durch Tränke und Bäder ihr Le-

ben erneuern: denn zweimal geboren wird der Auserwählte. Feuerluft schwinge ich in der Hand, Elixier des neuen Lebens, balsamische Freiheit! Trink dies und lebe!
Sigismund schaudert vor dem Fläschchen in Julians Hand zurück.

ANTON
Hurra! Sigismund! Wir machen eine Reis! Groß ist die Welt! Auf ausm Stroh!

SIGISMUND
Muß ich ganz ins Dunkle zurück! So jung ich bin! O weh! so wird mein Blut über euch kommen!

JULIAN
Ans Licht! So nah ans Licht, daß nur ein junger Adler nicht blind wird. – Trink dies.

SIGISMUND
Du selber hast mich gelehrt, daß sie Gefangenen in einem Trunk vergeben.
Julian ist zur Tür getreten und hat gewinkt. Ein vermummter Diener, der einen Becher trägt, ist eingetreten. Julian nimmt den Becher, gießt aus dem Fläschchen ein, birgt das Fläschchen wieder in seiner Gürteltasche. Der Diener verschwindet.

JULIAN
Trink dies!

SIGISMUND
fällt nieder
Sag mir zuvor, wer ich bin?

ANTON
Sie werdens dir schon sagen, bald du wo eingetroffen bist! Nur nicht im voraus viel fragen, das macht die Leut aufsässig! Bürst ihn weg, den Trank!

JULIAN

hält Sigismund den Trank hin

Du bist du. Höre: Durch Taten ist die Welt bedingt. Hast du Begriff, was Taten sind? Trink und sieh zu.

SIGISMUND

Hilf mir, Anton!

JULIAN

Sollen dich die Knechte mit den Fäusten packen? Ich werde sie holen – vorwärts, ihr da!

An der Tür.

ANTON

kniet neben Sigismund nieder

Nur leben lassen, Euer Gnaden, nur am Leben lassen!

SIGISMUND

nimmt den Becher und trinkt ihn schnell aus

Indem du hart redest, hab ich es ausgetrunken um deinetwillen.

Er geht ein paar Schritte nach hinten und setzt sich auf den Boden, nachdem er Anton den Becher gegeben hat.

ANTON

läßt den Becher fallen

Ich muß ihm den Kopf halten, er soll nicht sterbender am harten Stein lehnen.

JULIAN

hält ihn

Schweig, Narr! wer redet vom Sterben! Der fängt jetzt erst zu leben an.

ANTON

kniet bei Sigismund, streichelt ihm die Füße

Sieht denn Euer Gnaden nicht, er hat einen Heiligenschein überm Gesicht! O du heiliger verklärter Marterer du!

JULIAN

Schweig und ruf die Knechte!

ANTON

geht gegen die Eisentür, die angelehnt ist

Sind schon da!

Zwei vermummte Knechte sind leise eingetreten, halten sich nahe der Tür.

SIGISMUND

zu Julian und Anton, aber wie zu Fremden

Es hebt mich auf. Ganz weg ist alle Furcht. Nur die Füße werden kalt. Wärm sie mir, Anton.

ANTON

bei ihm

Erkennst mich denn?

SIGISMUND

Heb sie mir in den feurigen Ofen, darin wandeln singend die Jünglinge, meine Brüder: Herr Gott, dich loben wir! Von Angesicht zu Angesicht! Auserlesen!

Er wirft die Hände nach oben

Vater – jetzt komme ich –

Fällt zusammen.
Die zwei vermummten Knechte treten vor.

JULIAN

Das fürstliche Gewand bereitgelegt? Die Schuh, der Gürtel, alles? Ihn einkleiden, ehrerbietig!

Die Knechte nehmen Sigismund auf.

JULIAN

hat einen Mantel über ihn gebreitet, dann zu Anton

Den Reisewagen anschirren lassen! Die Eskorte soll bereit sein zum Aufsitzen! Die Wache ins Gewehr treten. Gib 's Zeichen! Vorwärts!

Anton zieht sein Tüchel heraus, läuft hinaus. Die Knechte tragen Sigismund hinaus. Julian folgt.
Trompetensignal draußen.
Julian winkt Olivier zu sich.
Olivier tut die Mütze ab, die ihn vermummt hat.

JULIAN

Du reitest mit deinem Kumpan den näheren Weg. Wo wir uns begegnen, kennst du mich nicht. Du quartierst dich in der Vorstadt ein und knüpfst Bekanntschaft an mit Unzufriedenen, Steuerverweigerern, verlaufenen Soldaten.

OLIVIER

Ist schon geschehen. Die Brüderschaft der Nichtbeter ist verständigt und die der Nichtzahler auch.

JULIAN

Wer hat dir erlaubt vorzugreifen?

OLIVIER
verschmitzt
Ich bin ein Drach mit vielen Schweifen. Meiner Person muß man sich so bedienen, wie sie geschaffen ist.

JULIAN
tritt hart an ihn heran
Muß man?

ANTON
läuft herein
Er liegt im Reisewagen. Alles bereit zum Aufsitzen.

JULIAN

In Gottes Namen.

Er geht hinaus.
Nochmaliges Trompetensignal draußen.

Vorhang

DRITTER AKT

Das Sterbegemach der Königin, in der Königsburg. Im Hintergrund ein hohes Fenster. In der rechten Wand ein Alkoven mit dem Bett, durch einen Vorhang verschließbar. Links vorne ein Oratorium, von welchem man in die Kirche hinabsieht. In der Mitte der linken Wand der Eingangstür gegenüber ein Kamin. Aus dem Oratorium führt eine geheime Tür in einen schmalen Gang, von dem der Anfang noch in der linken Kulisse sichtbar ist. Die Fensterladen sind zu. Im Alkoven brennt ein ewiges Licht.

Der Kastellan sperrt von draußen auf und tritt mit zwei Dienern ein, indem sie nur einen Flügel der Haupttür öffnen. Die Diener öffnen die Holzladen an dem hohen Fenster im Hintergrund: draußen ist heller Tag.

KASTELLAN
mit dem großen Schlüsselbund klirrend
Das Sterbegemach der hochseligen Königin! unbetreten durch diesen Haupteingang seit einundzwanzig Jahren. Die ehrwürdigen Schwestern von der Heimsuchung, deren zwei hier von Mitternacht bis Morgengrauen im Gebet verharren, betreten es durch diese kleine Tür, welche durch eine Wendeltreppe, die im Pfeiler verborgen ist, zur Sakristei hinabführt.
Man hört von unten die Orgel und den Gesang der Nonnen. Der Kastellan tritt an den Alkoven, besprengt das Bett mit Weihwasser aus einem silbernen Becken am Eingang des Alkovens, schließt dann ehrerbietig den Vorhang. Man hört draußen die Annäherung von Menschen. Dann das dreimalige Stoßen einer Hellebarde auf den Steinboden. Auf einen Wink des Kastellans eilen die Diener hin und öffnen die Flügeltür sperrangelweit. Der Hof tritt ein: Trabanten, Stabträger, Pagen mit Wachs-

lichtern. Dann der Träger des Reichsbanners mit dem silbernen Adler, sodann ein Page, der auf karmesinrotem Kissen des Königs Gebetbuch und Handschuhe trägt. Der König, den krummen Säbel umgehängt, seinen polnischen Hut in der Hand. Dicht hinter ihm sein Beichtiger. Hofherrn paarweise, zuvorderst Julian allein; hinter den Hofherren vier Kämmerer. Zuletzt der Arzt, mit ihm sein Gehilfe – ein junger Mensch mit einer Brille –, hinter diesem Anton, der ein verdecktes silbernes Becken trägt. – Der König bleibt in der Mitte des Gemaches stehen, hält seinen Hut hin. Ein Page springt vor, nimmt den Hut mit gebogenem Knie. Der König nimmt seine Handschuhe von dem knieend dargereichten Kissen, zieht den linken an, steckt den rechten in den Gürtel. Die Trabanten und die Stabträger sind rund ums Gemach und wieder zur Flügeltür hinaus gegangen, ebenso der Kastellan und die Diener. Die Flügeltür wird geschlossen. Zwei Stabträger nehmen an der Tür innen Stellung. Die Herren stellen sich, Julian am äußersten rechten Flügel, vor dem Oratorium auf. Der Arzt und der Gehilfe stehen nächst der Tür. Der König tritt auf den Alkoven zu. Ein Kämmerer eilt hin, zieht den Vorhang auf. Ein anderer Kämmerer reicht dem König den Weihwasserwedel. Der König besprengt das Bett, kniet dann nieder, verharrt einen Augenblick im Gebet. Der Beichtiger kniet mit ihm. Der König steht auf, tritt in die Mitte, Beichtiger seitlich etwas hinter ihm. Der Gesang und die Orgel haben aufgehört.

KÖNIG
zum Beichtiger

Ich habe vor dem Sterbebette meiner seligen Gemahlin für mich gebetet und für ihn. Das kurze Gebet hat meine Seele wunderbar erfrischt.

Er winkt den Arzt zu sich

Ihr beharrt darauf, Euch zurückzuziehen?

ARZT

Eure Majestät hat mir diese einzige Bedingung bewilligt, daß es mir erlassen bleibe, selbst vor das Angesicht des Prinzen zu treten, wenn sich die Nötigung ergeben sollte, nochmals eine Betäubung vorzunehmen. Mein Gehilfe ist von allem unterrichtet, das heißt von den Handgriffen, die nötig werden könnten – nicht von dem Tatbestand.

Leiser

Er sieht in dem Prinzen einen geistig Kranken, an dem Eure Majestät um entfernter Verwandtschaft willen Anteil nehmen. Möge alles – – Ich habe einen Schwamm getaucht in Essenzen von unfehlbarer Wirkung. Der Diener dort trägt ihn in einer verdeckten Schüssel. Er war dem Gefangenen vertraut, er kann, wenn es notwendig ist, Beistand leisten. – Mögen sich diese Vorbereitungen als überflüssig erweisen, darum bete ich zu Gott.

KÖNIG

So beten Wir unablässig seit neun Tagen und Nächten. – Ihr seid Uns in diesen Tagen sehr nahegekommen. Wir betrachten Eure illustre Person von Stund an als die Unseres zugeschworenen Leibarztes.

Reicht die Rechte zum Kuß, der Arzt beugt sich über die Hand.
Der Arzt schreitet zur Tür, Stabträger öffnet ihm, der Arzt
geht hinaus, an der Tür verneigt er sich nochmals.

KÖNIG

Stärke mich unaufhörlich mit deinem Rat, ehrwürdiger Vater. – Ich habe mich von meinen Ratgebern überreden lassen. – Ich habe meine weiche menschliche Natur der höheren Einsicht unterworfen.

BEICHTIGER

Auch die Heilige Schrift –

KÖNIG
Ich weiß, auch die Heiden. Selber die Heiden. Sie standen nicht an, den eigenen Sohn –

BEICHTIGER
Zweien Söhnen ließ der Konsul das Haupt an einem Tage vor die Füße legen.

KÖNIG
Zweien! an einem Tag! Was waren seine Argumente?

BEICHTIGER
Damit dem beleidigten Gesetz Genugtuung werde.

KÖNIG
Wie, dem Gesetz? Das Gesetz? Ja – –

BEICHTIGER
Das Gesetz und der Souverän sind eins.

KÖNIG
Vatersgewalt – der Vater ist der Schöpfer – die Gewalt abgeleitet unmittelbar –

BEICHTIGER
Von der Gewalt des schaffenden Gottes, dem Quell alles Daseins.

KÖNIG
tritt einen Schritt von den Höflingen weg, zieht den Beichtiger nach sich
Und die Absolution, wenn ich mich genötigt sehe, ihn dorthin bringen zu lassen, wiederum – meinen leiblichen Sohn – wiederum hin, wo die Sonne ihn nicht bescheint –?

BEICHTIGER
Du zweifelst? Zur Verhütung unabsehbaren Übels!

Es hat von draußen an der Tür gescharrt.
Kämmerer ist hingegangen, spricht mit jemandem durch die
halboffene Tür. Tritt dann zum König, mit gebeugtem Knie,
spricht heimlich zu ihm.
König winkt.

Stabträger öffnet, läßt Gervasy und Protasy eintreten. Gervasy
und Protasy eilen zum König, stehen mit gebeugtem Knie.
König leiht Gervasy sein Ohr, der zu ihm flüstert.

KÖNIG
Dieser Knabe sitzt zu Pferde wie ein fürstlicher Kavalier?
Er sieht Julian streng an.

JULIAN
Er ist nie im Leben auf einem Pferde gesessen. Ich war des strengen Verbotes immer eingedenk.
Protasy flüstert indessen in des Königs anderes Ohr.

KÖNIG
strenge zu Julian
Er würdigt die Personen, die wir ihm zum Gefolge gegeben haben, keines Blickes! Welche Sprache ist von ihm zu erwarten, wenn er vor Uns tritt?

JULIAN
Die vielleicht die Engel sprechen. Seine Sprache ist Zutagetreten des inwärts Quellenden – wie beim angehauenen Baum, der durch eben seine Wunde einen balsamischen Saft entläßt.
Gervasy und Protasy ziehen sich mit gebeugtem Knie zurück.

KÖNIG
zu Julian, leise
Der oberste Begriff der Autorität ist diesem Knaben eingeprägt? der Begriff unbedingten Gehorsams?
Er sieht ihn scharf an.

JULIAN
hält den Blick aus
Mein König bedenke, daß der Jüngling diese Welt nicht kennt, so wenig als seine Stellung in ihr. Er kennt ein Höchstes: er hebt seine Augen zu den Sternen und seine Seele zu Gott.

KÖNIG
Wir wollen hoffen, daß dies genüge.
Sehr hörbar
Denn die Welt ist außer Rand und Band, und Wir sind entschlossen, das um sich greifende Feuer zu ersticken, – und wenn nötig, in Strömen Blutes.
Die Höflinge, die zuhinterst, dem Fenster zunächst stehen, spähen hinab. Die Pagen drängen sich in der Nähe des Fensters zusammen und suchen unter einiger Unruhe hinunterzusehen.
König bemerkt es, sieht hin.

KÄMMERER
Der Prinz steigt vom Pferde. Er wendet sich gegen das Portal und tritt in die Burg.

KÖNIG
zu Julian, sich mit Mühe beherrschend
Ich will ihn noch nicht sehen.
Er führt Julian von den Höflingen weg, nach vorne
Ein großer Augenblick, ein furchtbar entscheidender Augenblick.

JULIAN
fällt auf die Knie
Seine Worte klingen zuweilen heftig und jäh – bedenke Eure

Majestät in ihrer Weisheit und Langmut: das Wesen hat nie einen Freund gehabt.

KÖNIG

Auch ich habe nie einen Freund um mich gehabt.

JULIAN
auf den Knien

Sein junger Fuß hat nie einen Schritt getan, ohne eine schwere hündische Fessel!

KÖNIG

Auch ich, Graf Julian, habe nie einen freien Schritt getan.

JULIAN
auf den Knien

Sei langmütig, großer Fürst, mit dem Geprüften!

KÖNIG
sieht ihn an

Sei du für immer sein Berater, mein weiser Julian, milder ihm als der meine mir. – Du bist mir wert – fast schäme ich mich es zu zeigen, wie sehr!

Er nimmt die goldene Kette mit dem Weißen Adler in Diamanten
vom Hals und hängt sie ihm um, dazu sprechend

Sic nobis placuit!

Reicht Julian die Hand zum Kuß, hebt ihn auf. Mit veränder-
tem Ausdruck

Und dieses nicht zur Ruhe kommende Volk? Dieser halb erstickte, immer wieder fortschwelende Aufruhr? Wie denkst du darüber? Du hast allerorten deine Verbindungen, deine ruhelosen Hände sind überall –

Er sieht ihn zweideutig an.

JULIAN
will sprechen

Mein König –

KÖNIG

Diese geheimen Brüderschaften – diese lichtscheuen unheimlichen Bündnisse? – Ich bin unterrichtet.

JULIAN

Mit e in e r fürstlichen Gebärde – mit e in e r Tat, mein König –

KÖNIG

Du meinst, Wir werden sie leicht niederwerfen, wenn Wir dir Vollmacht geben?

JULIAN

Es ist leicht für einen großen König, das Vertrauen seines Volkes wiederzugewinnen.

KÖNIG

Ah, du meinst, daß ich ih r Vertrauen wiedergewinnen muß – nicht sie das meinige?

Er sieht ihn starr an.

JULIAN

Beides, mein Fürst, wird in einem geschehen.

KÖNIG

Wenn ich abgedankt haben werde?

JULIAN

Da sei Gott vor! – Die Milde gegen den einen wird die Herzen überwinden. Jeder einzelne wird sich vor Dankbarkeit überwältigt fühlen – da er einen solchen Born der Gnade springen sieht.

KÖNIG

Oh, Ursache mir dankbar zu sein – er wird sie bekommen. Und meine Völker auch. – Wenn ich dir mein Inneres enthüllen könnte –

Man hört nun wieder die Orgel, aber ohne Gesang.

König
winkt einen der Höflinge zu sich

Versammle den Hof außen.

Die Stabträger öffnen die Tür, die Pagen laufen ab, die Stabträger treten ab. Die beiden jungen Kämmerer und einige Höflinge treten ab. – Der König zu der Gruppe, die geblieben. Der Kastellan ist eingetreten mit den Schlüsseln und übergibt sie dem Ältesten unter Verneigen, geht wieder ab.

König

Ihr meine Vertrautesten, durch heilige Eide gebunden – wartet hier innen. Die Anticamera, woselbst der Kleine Dienst der Königin sich vor der Messe zu versammeln pflegte – dort haltet euch auf. Was ich mit dem Prinzen zu sprechen habe, verträgt keine Zeugen. Trete ich aber mit meinem jungen Gast auf den Altan und lege ihm als Zeichen des Einvernehmens väterlich den Arm um seine Schulter, dann lasset Posaunen erschallen: denn dann ist für dieses Königreich eine große Stunde gekommen.

Die Höflinge verneigen sich und gehen. Man sieht sie durch die geheime Tür des Oratoriums in den kleinen Korridor links treten und sich nach links entfernen: außer dem Beichtvater. Ihnen folgt der Gehilfe des Arztes, hinter ihm Anton.

Anton
im Vorübergehen zu Julian

Mir hat von schmutzigem Wasser geträumt! es geht schlecht aus.

König
winkt dem Beichtvater zu warten, ruft dann Julian durch einen Wink des Auges

Jene Worte meines hochseligen Großoheims, Kaiser Karls des Fünften, treten mir vor die Seele, mit denen er seine Krone und Länder seinem einzigen Sohne, Don Philipp, übergab.

Julian
kniet nieder und küßt ihm die Hand
Möge sich seine Seele dir offenbaren. Erringt nicht der Kristall unter gräßlichem Druck seine edle Gestalt? So ist er, wenn ihn dein Auge recht gewahrt.

König
Vielleicht werde auch ich mich für den Rest meiner Tage in ein Kloster zurückziehen – möge ein würdiger Sohn meinen Untertanen bezahlen, was er an Dank mir schuldig zu sein glaubt.
Sein Gesicht verändert sich, er winkt den Beichtiger zu sich, Julian tritt zurück.

König
zum Beichtiger, schnell
Wo aber läuft der schmale Grenzrain, dessen Überschreitung – vor Gott und der Welt – die äußerste Härte rechtfertigen würde? wo? mein Vater? – Du schweigst. Wenn er seine Hand gegen mich erhübe?

Beichtiger
Das verhüte Gott!

König
Welche werden auch dann noch sagen: das Opfer der Staatsräson sei seiner verstörten Sinne nicht mächtig gewesen.

Beichtiger
Weise Richter, mein König, haben das Erkenntnis gefällt: ein fünfjähriges Kind wird straffällig und kann durch das Schwert vom Leben zum Tod gebracht werden, wofern es zu wählen versteht, zwischen einem vorgehaltenen Apfel und einem kupfernen Pfennig.

KÖNIG
lächelt

Ein fünfjähriges Kind! Höchst weise ersonnen! Ein wunderbares Paradigma! Ein Prinz, der zu Pferde sitzt wie ein geborener König und ein fürstliches Gefolge vor Stolz keiner Anrede würdigt, ist jedenfalls kein fünfjähriges Kind.

KÄMMERER
kommt eilig durch die Tür rechts, meldet knieend
Sie kommen!

KÖNIG

Wer ist mit ihm?

KÄMMERER

Der Prinz hieß mit einer gebietenden Gebärde die Diensttuenden zurückbleiben. Graf Adam allein ist pflichtschuldig gefolgt und führt ihn die Treppe herauf hierher.

KÖNIG

Fort, dort hinein. Zu den übrigen. Auch du, ehrwürdiger Vater.

Beichtiger und Kämmerer ab.
Zu Julian

Du bleibst!

Man sieht den Beichtiger, hinter ihm den Kämmerer, durch den Korridor abgehen. Dann treten der König und Julian in den Korridor und bleiben sichtbar stehen, indem sie durchs Fenster in das Gemach spähen. Das Gemach bleibt eine Sekunde leer, dann wird der junge Kämmerer, Graf Adam, an der Tür, die aufgeht, sichtbar: er öffnet von außen. Läßt Sigismund eintreten, tritt hinter ihm ein und schließt die Tür. Sigismund ist fürstlich gekleidet, trägt aber keine Waffe im Gürtel. Er tritt herein, sieht sich um, dann ans Fenster, sieht hinaus: dann wieder in die Mitte des Zimmers.

König
mit Julian außerhalb des Gemaches als Zuschauer sichtbar
Höchst edel! fürstlich in jeder Gebärde!
Er stützt sich auf Julian.

König
Meine Frau, wie sie leibt und lebt! Gegen jedes Zunahetreten gewappnet mit schierer stummer Unmöglichkeit.
Zu Julian
Hinein! und bereite ihn vor! ganz! Sag ihm alles!

Julian
leise
Alles, auch das Letzte?

König
von Tränen übermannt
Auch das Letzte! Und dann öffne mir die Tür und laß mich allein mit ihm. Geh!
Julian tritt durch die geheime Tür ins Oratorium und von dort ins Gemach. Die Orgel war einen Augenblick stärker hörbar, weiterhin ist sie hie und da sehr leise vernehmlich. Der Kämmerer wird ihn zuerst gewahr, tritt zurück und verneigt sich. Auf einen Wink Julians geht er an die Tür, verneigt sich nochmals tief gegen Sigismund hin und geht hinaus. Sigismund wendet den Kopf, erblickt Julian, richtet sich jäh auf, kehrt Julian den Rücken. Er zittert heftig.

Julian
läßt sich hinter Sigismund, drei Schritte von ihm, auf ein Knie nieder. Auch er kann seine Erregung kaum bemeistern.
Leise
Prinz Sigismund!
Sigismund hebt die Hände wie flehend abwehrend vor sich hin,

aber ohne sich Julian zuzuwenden, mit einem leisen, kaum hörbaren Laut des Schreckens.

JULIAN
Ja, ich.
Eine Stille
Dies war die Reise, die ich dir versprach. Dies Haus ist ihr Ziel.
Sigismund sieht sich hastig um, wendet ihm sogleich wieder den Rücken.

KÖNIG
Wie er ihn schräg von unten anblickt. Er haßt ihn offenkundig. Das ist Manna für meine Seele!

JULIAN
erhebt sich und spricht aus der gleichen Entfernung
Du hast dir gesagt, daß es dein Vater ist, der so über dich gebietet. Du begreifst, daß deines Vaters Wege dir unerforschlich sein mußten, wie dem Getier deine Wege übers Getier. Du möchtest nicht leben, wenn nicht Höheres über dir wäre, so ist dein Sinn. – Du fragst nicht: Was ist mir geschehen? –
Sigismund schüttelt den Kopf.

JULIAN
Noch: Warum ist es mir geschehen? –
Sigismund schüttelt den Kopf.

JULIAN
Denn dein Herz ist uneitel. Du verehrest Gewalt, die über dir ist, dir ahnt immer das Höhere, weil du selbst von Hohem bist. Und nun bist du bereit?
Sigismund verbirgt die Hände.

JULIAN
Bleibe. Verbirg nicht deine Hände. Zeige sie ohne Scheu. Dies

halte fest: ich bin deines Vaters Diener. Ein Mann ist bei jedem Atemzug des Höheren eingedenk.

KÖNIG
außerhalb, aber sichtbar, kniet nieder und betet
Tu ein Wunder, Herr im Himmel! und versöhne ihn mit seinem Schicksal, dessen unschuldiges Werkzeug ich war. Amen.
Sein Gesicht, wie er wieder aufsteht, ist von Tränen überströmt.

JULIAN
nachdem er sich umgesehen hat
Sigismund, Kronprinz von Polen, Herzog von Gotland, ich habe dir den Besuch deines königlichen Vaters anzukündigen.
Sigismund fällt auf die Knie, birgt sein Gesicht in den Händen. Julian eilt hin, öffnet die Tür, läßt den König eintreten. Die Orgel wird leiser. Der König steht im Gemach, Sigismund liegt noch auf den Knien, das Gesicht in den Händen, wie sein Vater schon vor ihm steht. Julian tritt auf den Korridor hinaus, verschwindet nach links.
Die Orgel tönt nun stärker, schwillt mächtig an, die vox humana tritt gewaltig hervor.
Sigismund steht entgeistert, dann sucht er mit den Augen, wo dieser Klang herkomme, er sieht nach oben, zittert heftig. Tränen schießen ihm in die Augen.

KÖNIG
nach einer Pause
Sprich, mein Sohn, laß mich deine Stimme hören.
Sigismund auf den Knien, den Kopf zur Erde.

KÖNIG
Sohn, Wir haben dir verziehen. Du bist heimgekehrt. Unsere Arme sind offen. Laß Uns dein Antlitz sehen!

Sigismund zittert, zuckt; wendet sein Gesicht gegen die Wand; kniet dort nieder, abgewandt. Drückt das Gesicht gegen die Mauer.

KÖNIG

Nein, es ist an Uns. Wir demütigen Uns vor dem, der gelitten hat. Wir neigen Uns.
Er neigt sich ein wenig.
Sigismund zittert stärker, birgt den Kopf hinterm Sessel.

KÖNIG

Wie Sankt Martin, da er den Bettler fand, den nackenden, vor Kälte zitternden. –
Er greift ans Schwert
Sieh auf! Sollen wir Unsern königlichen Mantel mit dir teilen? oder
Er stößt das Schwert wieder in die Scheide
kommst du an Unser Herz in seine ungeteilte Wärme?
Er öffnet seine Arme.
Sigismund steht auf.

KÖNIG

Laß Uns deine Stimme hören, junger Fürst! Wir sind begierig nach ihr. Wir haben ihren Klang zu lange entbehrt.
Sigismund redet, aber es dringt kein Laut über seine Lippen.

KÖNIG

Was flüsterst du in dir? Möge es ein guter Geist sein, der aus dir flüstert!
Sigismund kann nicht reden.

KÖNIG

Dein Auge in Unseres! Vernimm einmal für alle Male, Erbe von Polen! Wir vermögen nicht mißzuhandeln als König an dem Untertan, als Vater an dem Sohn; und hätten Wir dir ohne Gericht das Haupt auf den Block gelegt: so war Uns heilige Gewalt verliehen, und da ist niemand, der wider Uns klagte. Denn Wir waren vor dir – so bist du in Unsere Hand gegeben von Gott selber.

Sigismund
deutet durch Zeichen, er habe Furcht vor Gewalt, Furcht vor des Königs Händen.
Stöhnt auf

Woher – so viel Gewalt?

König
lächelt

Nur die Fülle der Gewalt frommt: in der Wir sitzen, als der Einzige, einsam. So ist Gewalt des Königs. Alle andere ist von ihr geliehen und ein Schein.

Sigismund

Woher so viel Gewalt? woher?

König

Von Gott unmittelbar. Vom Vater her, den du kennst. Am Tage, da es Gott gefiel, – sind Wir in Unser Recht getreten als Erbe. Ein Heroldsruf erscholl in die vier Winde, die Krone berührte das gesalbte Haupt, dieser Mantel wurde Uns umgetan. So war wieder ein König in Polen. Was ist dir?

Sigismund

Gib schon dein Geheimnis preis! Laß schon dein Gesicht vor mir aufgehen!
Er kommt mit seinen Augen dem Gesicht des Königs ganz nahe, tritt zurück.
König sieht ihn starr an.

SIGISMUND

Ich habe nie einen Menschen geküßt. Gib mir den Friedenskuß, mein Vater!

KÖNIG

Genug. Ich liebe solche Worte nicht. Komm zu dir, Prinz von Polen. Besinne dich, von wo ich, dein König, dich gerufen habe und wohin ich dich erhöht habe.

SIGISMUND

Erhöht! Erhöhst du mich jetzt über mich selber zu dir? Ja? – Laß aufgehn dein Gesicht. Gib dich mir so, wie du mich genommen hast. Mutter, Vater! nimm mich zu dir.

KÖNIG

Dich verzehrt die Begierde nach Macht. Das lese ich in deinen Zügen. – Aber man hat dich gelehrt, mit gefühlvollen Worten die Herzen gewinnen.
Mit einem ironischen Lächeln
Mögen solche Gaben dir nach meinem Tode zugute kommen. – Jetzt aber setz dich hier zu meinen Füßen, mein Sohn.
Er setzt sich auf den hohen Stuhl, Sigismund zu seinen Füßen auf
den niedrigen
Mir vertraue und keinem sonst. – Eines ist Königen not: daß sie sich ihrer bösen Ratgeber erwehren lernen. Sie sind die Schlangen an unserem Busen. Hörst du mich, mein Sohn? Antworte mir.

SIGISMUND

Ich höre, mein Vater.

KÖNIG

sieht ihm ins Gesicht

Du hörst? Ich suche kindliche Ergebenheit in deinem Blick, und ich finde sie nicht. Du bist verschlossen, mein Sohn. Du

bist schlau und selbstgewiß. – Gut. Ich sehe, du bist jedem Geschäft gewachsen. – Ich übertrage dir das erste und größte.
Er steht auf, Sigismund gleichfalls.

KÖNIG

Mache uns frei von der Schlange Julian, die uns beide umstrickt hat.

SIGISMUND

Wie, mein Vater? was redet mein Vater?

KÖNIG
spielt auf Sigismunds Hand
Wie, mein Vater? Wie?
Jählings fürchterlich
In Ketten dich? unter seiner Peitsche den Erben dreier Kronen? und mir deine Wildheit vorgespiegelt? Meine Tage vergiftet, meine Nächte ausgehöhlt mit dem Schauermärchen von einem tobenden Knaben mit Mörderaugen! mit dem Gespenst eines geborenen Aufrührers! –
In geändertem Ton
Und zu welchem Ende? Schwant dirs, mein armer Sohn? Dich an ihn zu ketten durch die Gemeinsamkeit des an mir begangenen Frevels – ihn zu deinem Herrn und Meister zu machen für immer – dich zu erniedern zum Werkzeug deines Werkzeugs – einen zweiten Basilius aus dir zu machen, einen zweiten Ignatius aus ihm –
Er knirscht wild die Zähne
wenn du ihm nicht zuvorkommst. –
Sigismund sieht ihn entsetzt an, schlägt die Hände vors Gesicht.

KÖNIG

Her zu mir!

Leise

Was ist das für ein allgemeiner Aufruhr, mit dessen Androhung er nun wieder mein ahnungsloses Herz bestürmt!

SIGISMUND

Was für ein Aufruhr? ich weiß von keinem Aufruhr!

KÖNIG

zieht ihn an sich

Ich frage dich nicht: wer schürt seit einem Jahr diesen Aufruhr in meinen Landen? in wessen Hand, wenn nicht in der seinigen, laufen diese Fäden zusammen? Still!

Er legt ihm die Hand auf den Mund

Ich verhöre dich nicht. Ich begehre nicht, daß du mir deinen Lehrer preisgibst. Ich gebe ihn dir preis.

SIGISMUND

Du gibst ihn mir preis? meinen Lehrer? Er hat mich gelehrt in einem Buch lesen. Alles hat er mich gelehrt.

KÖNIG

In deinen Händen sei sein Geschick. Still. Nimm diesen Ring. Ich stecke ihn an deinen Finger.

SIGISMUND

Diesen Ring!

KÖNIG

Wer ihn trägt, ist der Herr. Meine Garden gehorchen ihm. Meine Minister sind die Vollstrecker seiner Befehle. Tritt hervor aus meiner Umarmung und sei wie der Blitz. Deine erste Tat sei jäh, erschreckend, besinnungraubend!

SIGISMUND

Meine erste Tat! Sie ahnte mir, wenn ich den Roßknochen schwang überm Getier – ruf das nicht auf!

KÖNIG
dicht an seinem Ohr
Verhafte diesen Verräter Julian und sieh zu, ob der angezettelte Aufruhr nicht dahinfällt wie ein Bündel Reisig!
Sigismund wortlos.

KÖNIG
zieht ihn an sich
Mit diesem Blick, den du jetzt auf mich wirfst, tritt vor ihn. Die Prärogative dieses Ringes an deiner Hand sind unermeßlich. Sie machen dich mir gleich, mein Sohn.

SIGISMUND
Dir gleich? Deine Macht – ist jetzt da? –
Er hält ihm den Ring vor.

KÖNIG
leise zutraulich
Sie legen den Griff des Richtbeils unmittelbar in die Hand des Trabanten, der dich auf einem nächtlichen Gang begleitet. Es ist auch von nun an nur ein König in Polen –

SIGISMUND
Nur einer!

KÖNIG
Aber er wandelt in zwei Gestalten, und eine davon ist neu und fürchterlich. Weh unseren Feinden!
Er drängt ihn sanft hinweg
Geh! geh!

SIGISMUND
tritt zurück
Wer bist du, Satan, der mir Vater und Mutter unterschlägt?
Er schlägt ihm ins Gesicht.

KÖNIG

Trabanten! Zu mir! Auf deine Knie, Wahnwitziger!

SIGISMUND
packt ihn

Was fletschest du? Warum wird dein Gesicht so gemein? – Ich habe schon einmal einen alten Fuchs mit Händen erwürgen müssen! Er hat gerochen wie du!
Stößt ihn von sich.

KÖNIG

Nieder auf deine Knie, rebellisches Tier! Hört niemand! Wir werden dich züchtigen! Wir werden nicht anstehen, dich im Angesicht des Volkes auf den Richtblock zu schleifen.

SIGISMUND

Ich bin jetzt da! – Ich will! An mir ist nichts vom Weib! Mein Haar ist kurz und sträubt sich. Ich zeige meine Tatzen. Diese Stunde, zu deinem Schrecknis, hat mich geboren.

KÖNIG

Unantastbar! Die Majestät! Zu Hilfe!
Er will nach links, Sigismund vertritt ihm den Weg.

PAGE
von links

Der König ruft!

SIGISMUND
*bedrängt den König, reißt ihm das Schwert aus der Scheide,
schwingt es*

Ich befehle! Da hinüber! Nieder auf den Boden! Ich will treten auf dich! – Seitdem ich da bin, bin ich König! Wozu riefest du mich sonst?
König stöhnt unter seinem Griff.

Sigismund
Röhr doch! Mach Lärm! Rufe! Schrei dich tot! Her den Mantel!

König will entspringen. Julian wird in dem Korridor links sichtbar, stürzt herein und durch die Tür rechts wieder hinaus. Sigismund läuft dem König nach mit geschwungenem Schwert. König fällt zusammen. Sigismund reißt ihm den Mantel ab und hängt ihn sich um die Schultern.

Pagen
im Korridor links, schreien auf

Zu Hilfe!
Etliche Höflinge stürzen herbei, dringen durchs Oratorium ins Zimmer. Der Korridor füllt sich mit Hofherren, Kämmerern, Pagen.

Alle
schreien durcheinander

Wer ruft? Was ist geschehen? Da hinein! Es ist verboten! Der König ist tot!
Die ins Zimmer Eingedrungenen halten sich links.

Sigismund
den Blick fest auf ihnen

Stille! Keinen Blick auf die alte Leiche! Auf die Knie mit euch! Küsset die Erde vor den Füßen eures neuen Herrn und werfet das alte Fleisch dort in die Grube – vorwärts hier! Die vordersten zwei!
Die Höflinge regen sich nicht. Hinter ihnen haben sich mehrere ins Zimmer geschoben. Die Tür rechts öffnet sich, Julians Kopf erscheint. Er sieht nach allen Richtungen, springt dann herein.

Julian
hat das Reichsbanner an sich gedrückt, wirft sich vor Sigismund

auf die Knie, indem er ihm das Banner überreicht, und ruft
Es lebe der König.
>   SIGISMUND
>   *ergreift das Banner mit der Linken*

Herein da mit euch! Hier seht euren Herrn! Bereitet euch! Ich will mit euch hausen wie der Sperber im Hühnerhof! Mein Tun wird meinem Willen genugtun. Versteht mich! Meine Gewalt wird so weit reichen als mein Wille. Auf die Knie mit euch!
>   *Er wirft ihnen das nackte Schwert vor die Füße*

Da! Ich brauche das nicht! Ich bin der Herr!
>   *Einige der vordersten knien nieder.*

>   GRAF ADAM
>   *zwischen den Höflingen, schreit auf*

Der König lebt! Zu Hilfe Seiner Majestät!
>   *Er reißt aus Sigismunds Hand das Panier an sich*

Es ist nur ein König in Polen! Vivat Basilius!
Zwei Kämmerer schieben sich an der linken Wand entlang und kommen Sigismund in den Rücken. Der eine wirft seine Arme von hinten um Sigismund und bringt ihn zu Fall. Mehrere stürzen sich nun noch auf ihn. Er wird in den Alkoven halb gerissen, halb getragen. Die älteren Höflinge und die Pagen eilen zum König, helfen ihm sich aufzurichten. Pagen bringen von hinten den Mantel, hängen ihn dem König um. Der Beichtiger stützt ihn.

>   *Gleichzeitig*
>   EINE STIMME
>   *aus dem Alkoven*

Er liegt!
>   EINE ANDERE STIMME

Her mit dem Arzt!
Der Gehilfe des Arztes, Anton mit der verdeckten Schüssel neben

ihm, sind als letzte aus dem Oratorium getreten. Der Gehilfe geht gegen den Alkoven, von wo man ihm winkt. Er sieht sich nach Anton um. Anton preßt die verdeckte Schüssel gegen sich. Mehrere kommen gelaufen, reißen Anton die Schüssel weg, tragen sie hastig nach dem Alkoven. König hat sich aufgerichtet.

KÖNIG
zittert

Es ist geschehen, wie prophezeit war. Er hat seinen Fuß auf mich gesetzt in Angesicht des Volkes. – Aber Wir sind Unserer Krone mächtig geblieben und können über ihn die Strafe verhängen! Ah! wer hätte das gewagt zu hoffen! Mich dürstet.

EIN HÖFLING
Zu trinken für den König!
Etliche Pagen gehen eilig ab.

KÖNIG
berührt seine rechte Hand mit der linken

Mein Ring!
Einer läuft hin zu dem Bette, bringt den Ring, überreicht ihn knieend.

KÖNIG
Auch er muß mit Blut abgewaschen werden.
Sieht ihn an. Er winkt mehrere nahe zu sich

In das niedrige Volk ist ja die Hirnwut gefahren! Sie liegen, höre ich, in den Kirchen und beten um einen neuen König, einen unschuldigen Knaben, der in Ketten ein neues Reich heranbringen wird. – Wir wollen ihnen ein heilsames Schauspiel geben. Man wird mitten auf dem großen Markt das Schafott errichten, höher als je eines errichtet war. Dreimal zwanzig Stufen hoch soll er steigen, bis er den Block findet, sein Haupt darauf zu legen.

Lauter zu allen
Ich will alle Stände meiner Hauptstadt feierlich geladen wissen, und es sollen die Angeschmiedeten aus meinen Bergwerken und von meinen Galeeren losgemacht werden. Man soll sie in reinlichen Festgewändern aufstellen, und er soll auch vor ihnen vorbeigeführt werden, damit auch die letzten meiner Untertanen nicht ohne eine Ergetzung bleiben an einem solchen Freudentag.
Die Tür geht auf.

ZWEI PAGEN
Platz für den Wein des Königs!
Drei Pfeifer spielend. – Der Obermundschenk.
Der Pokal, von einem Pagen getragen.

OBERMUNDSCHENK
reicht knieend den Pokal, steht wieder auf und ruft, indem der König den Pokal an den Mund setzt
Der König trinkt!

ALLE
Heil Eurer Majestät!
Obermundschenk empfängt knieend den geleerten Pokal, geht ab mit den Pfeifern und Pagen.

KÖNIG
steht auf
Den Leibarzt! Wir bedürfen seiner Geschicklichkeit. Die Kreatur soll heil und ihrer selbst bewußt unter das sühnende Schwert!
Pagen ab.
König tut einige Schritte.
Höflinge geben den Blick auf diese Gruppe frei: Julian an der

Wand von dreien umgeben, die ihre Dolche auf ihn gezückt halten.
Julian mit geschlossenem Auge, stöhnt.

ANTON
in seiner Nähe

O mein, ist Ihnen so schlecht? Muß man Euer Gnaden zur Ader lassen?
König behält Julian im Auge, flüstert mit einem Höfling. Drei Pagen stehen nahebei.

HÖFLING
Edelknaben, tut euren Dienst!
Pagen fallen Julian an und reißen ihm die Ordenskette ab und das königliche Siegel aus dem Gurt.

JULIAN
Stehen! Aufrecht hier hinausgehen.
Er fällt zusammen.
Arzt tritt schnell ein und auf den König zu.

KÖNIG
Nicht Wir! – Wir haben Uns eben eines sehr bösen Anfalles allein erwehrt. Dort bedarf man Euer. Und auch den Helfershelfer will ich bald seiner Sinne mächtig haben. Ich werde ihm in diesen drei Tagen noch einige Fragen stellen lassen. Dann sollen sie ihn auf einer Kuhhaut zum Hochgericht schleifen, und der Scharfrichter soll ihn als zweiten abtun.
Arzt tritt zu dem Bette, dort stehen Höflinge und Trabanten.
Man macht ihm Platz.
Gervasy und Protasy treten lautlos ein, schleichen auf den König zu, tief gekrümmt, jeder einen Zettel in der Hand.

König

Ihr kommt zurecht, immer zurecht, meine Braven. – Jetzt bin ich Herr im eigenen Haus.

Gervasy und Protasy ab, mit gebogenen Knien.

König

durchfliegt die Zettel, steckt sie zu sich, in den Gürtel, blickt um sich. Der Hof im Halbkreis.

Zdislaw!

Ein Großer tritt hervor.

König

Dein Sohn hat sich gestern nacht vor Zeugen so geäußert: Wenn es sich ergeben sollte, daß dieser geheimnisvolle Fremde wirklich königlichen Blutes wäre, und wenn dieser Prinz nach der Krone trachten sollte, so würde er sein Schwert nicht gegen ihn ziehen. – Das sind verräterische Wenn und mörderische Und! Es steht ein Turm leer im Gebirge, dort wollen Wir ihm Zeit geben, seine Reden zu bereuen. Steh auf. Tritt zurück.

Zum Starost von Utarkow, den er heranwinkt

Du hast mit deiner Frau, als du mit ihr allein warst, gesprochen, es gäbe innerliche Stockungen und verrottete Säfte, deren Wirkung die sei, daß sie unversehens das überfüllte Haupt strangulieren. Mit dieser verdeckten Rede hast du angespielt auf Uns, das Haupt dieses Reiches.

Starost von Utarkow

Ich weiß nichts! Niemand kann das gehört haben!

König

Geh dort hinüber, Rebell. Die Wache wird dich abführen. – Ihr sollt euch alle ansehen und nicht wissen, welcher noch nicht verraten ist. Bohuslaw!

Ein alter Höfling tritt vor.

KÖNIG
Was zitterst du so, wenn ich dich gnädig heranwinke?
Leise
Deine beiden jungfräulichen Nichten sind sehr schön. Wir müssen, ob Wir wollen oder nicht, aus ihrer beiden Schönheit das Juwel dieser nahenden Festtage machen.
Lauter
Unser gutes Volk wird sich nicht nehmen lassen, einen Freudenpfennig darzubringen.
Zum Kanzler
Sorge, daß die Steuerlisten neu aufgelegt werden. Von der Judenschaft erwarten Wir ein freiwilliges Geschenk, solches Anlasses würdig.
Wieder zu dem alten Höfling
Deiner Nichten Schönheit ist von köstlicher Besonderheit.
Zum Kastellan von Krakau
Das Schafott mit schwarzem Stoff verkleiden. Auch die Statue der allerseligsten Jungfrau, dem Gerüst gegenüber, einhüllen in schwarzes Gewebe. – Ihn aber lasset ein Hemd aus blutfarbenem Scharlach tragen, denn wer die Hand gegen den geweihten König erhob, ist einem Vatermörder gleichzuachten – nicht wahr,
Zum Beichtiger gewandt
mein Vater?
Zu dem alten Höfling
Führe Uns die beiden Fräulein herbei, heute abend, und sei du allein der Wächter ihrer Ehre. Ordne alles an, nimm die Schlüssel Unseres Jagdschlosses an dich, sei Unser Zeremonienmeister. Geh! geh!
Er drückt ihm die Hand, ehe der Alte sie küssen kann, entläßt ihn, wendet sich dann jäh zu Graf Adam
Adam, Wir stehen sehr in deiner Schuld für deine Geistesgegenwart. Steigere nur deine Verdienste nicht zu hoch, daß

Wir in Sorge kämen, sie nicht mehr würdig vergelten zu können. Zu hoch gespannte Gunst verkehrt sich leicht in Abgunst. Da sei Gott vor! Folgt mir, mein Hof. Wir wollen heute noch einen starken Hirsch hetzen.
Er geht mit starken Schritten durch die Tür rechts, der Hof folgt ihm.

Arzt
im Alkoven
Verbände an die Füße. Dies leichte Tuch über sein Gesicht – Wesen aus einem einzigen Edelstein, du darfst keine Schmach erleiden!

Anton
läuft zu ihm
Kommen dorthin, mein gnädiger Herr ist der ärgere Patient.
Julian liegt auf der Erde, das Haupt an einen Stuhl gelehnt, schwer atmend.

Arzt
tritt hin, reicht ihm ein Fläschchen aus seiner Tasche
Trinken der Herr von diesem, es wird Ihnen die Kräfte geben, daß Sie auf meinen Arm gestützt bis in mein Zimmer kommen, wo ich Ihnen eine Ader schlagen werde.
Zu den Wachen, die Julian fassen wollen, indem er sie abhält
Vorwärts! Hier befehle ich und bin der Majestät verantwortlich, sonst keinem.
Leise zu Julian, der mit Antons Hilfe sich aufgerichtet hat
Jetzt mehr als je hat der Ihnen anvertraute hohe Jüngling Anspruch auf Ihre ganzen Kräfte.
Die Diener unter Aufsicht des Gehilfen haben Sigismund vom Bette aufgenommen und tragen ihn langsam hinaus.

Julian
Was wollen Sie von mir? Welche Hoffnung ist noch zurück?

ARZT
Die größte. Denn er lebt und wird leben, das verbürge ich.
— So und nicht anders
Er deutet auf den, der hinausgetragen wird
war von jeher den Heiligen gebetet zur Erwachung.

JULIAN
Überm Haupt die Faust des Henkers! Sie hämmern schon an dem Gerüst!

ARZT
führt ihn noch einen Schritt gegen den Vordergrund, leise
Acheronta movebo. Ich werde die Pforten der Hölle aufriegeln und die Unteren zu meinem Werkzeug machen: der Spruch war von Geburt an auf der Tafel Ihrer Seele geschrieben.
Sie gehen langsam der Tür zu, wo die Wache Stellung genommen hat.

JULIAN
Wie darf ich Euch verstehen? So wisset Ihr —?

ARZT
stehenbleibend
Gewaltig ist die Zeit, die sich erneuern will durch einen Auserwählten. Ketten wird sie brechen wie Stroh, granitene Mauern wegblasen wie Staub. Das weiß ich.

JULIAN
Ja! Gewaltiger Mann! Wie dein Sehstern wissend leuchtet. Bleibe bei mir. Mit dir vereint —

ARZT
Die Kräfte freizumachen ist unser Amt, über dem Ende waltet ein Höherer. — Wir müssen fort von hier!
Sie gehen, die Wache folgt ihnen.

Vorhang

VIERTER AKT

Ein Saal in der Burg. An der linken Seitenwand ein erhöhter Thronsitz unter einem Baldachin, daneben eine verborgene Tür. An der Wand gegenüber eine Flügeltür, die auf einen Balkon führt. Rechts vorne und in der Mitte der Rückwand die Haupttüren des Saales.

Einige alte Herren vom Hof und einige Damen. Pagen und Lakaien, Erfrischungen servierend. Ein Teil der Personen auf dem Balkon, ein Teil herinnen. Läuten des Armensünderglöckchens, anhaltend.

ERSTER ALTER HERR
einen Becher leerend
Führt man den Menschen noch immer an den Tribünen vorbei? Das dauert endlos.

ZWEITER ALTER HERR
sieht hin
Jetzt ist der Priester auf dem Schafott. Dort ganz hoch oben. Ein Paulaner.

DRITTER ALTER HERR
vom Balkon hereinkommend
Einen Fächer der Gräfin, sie hat die Sonne im Gesicht.

ERSTER ALTER HERR
Ein Fächer wird benötigt für die Palatina. Schafft einen, Pagen.

ZWEITER ALTER HERR
Und Seine Majestät auf der Estrade mit der Sonne im Gesicht, seit zwei geschlagenen Stunden!

Erster alter Herr
Jetzt geht sie gleich hinter das Dach der Marienkirche.

Zweiter alter Herr
Gott sei Dank.
Die Unruhe gespannter Aufmerksamkeit auf dem Balkon. Page mit einem Fächer geht hinaus. Die drei alten Herren treten gleichfalls hinaus. Graf Adam und der Starost von Utarkow sind durch die mit einer Tapete verhängte Tür neben dem Thronsitz eingetreten. Beide sind sehr bleich. Sie gewahren die Personen auf dem Balkon und verhalten sich lautlos. Das Armensünderglöckchen bimmelt eintönig.

Adam
Wie ist dir zumute, Starost, daß du einer Hinrichtung zusiehst, an dem Tag, auf den deine eigene anberaumt war?

Starost
Meine Nerven sind zu gespannt, um witzige Fragen zu beantworten. Warum fällt der Signalschuß nicht? Da ist etwas nicht in Ordnung.

Adam
Der Schuß wird fallen, sobald das Glöckchen zu bimmeln aufgehört hat. Im gleichen Augenblick werfen sich die zweitausend Sträflinge auf die Garden zu Pferd.

Starost
Warum fällt der Schuß nicht? Eine Sache, die fünftausend Mitwisser hat, ist verloren, wenn sie sich um eine Minute verzögert.

Adam
Der Schuß wird fallen, sobald das Glöckchen zu bimmeln aufgehört hat.

Starost

Es ist nicht möglich, er muß längst auf der Treppe zu dem Schafott sein. Da stimmt etwas nicht. Wir sind verraten, Adam!
Die Hand am Schwert
Lebendig soll mich der Basilius nicht haben.
Das Glöckchen ist stille. Sie horchen angespannt.

Adam

Ruhig, Starost. Jetzt spielen wir das große Spiel. In drei Sekunden stechen wir den König, oder der König sticht uns.
Unten fällt ein Schuß, gleich darauf noch mehrere. Geschrei. Unruhe auf dem Balkon. Ein Paar Damen auf. Ein Aufschrei.

Adam

Wir stechen den König! Vorwärts, Starost, auf deinen Posten.
Der Starost hebt die Tapete auf und verschwindet, Graf Adam läuft an die rückwärtige Tür, öffnet sie und verschwindet dort. Alle Damen, vom Balkon herein.

Die Damen

Was ist denn los? Was ist denn geschehen!

Eine Dame

Sie reißen die Dragoner von den Pferden!

Junge Dame

Ich habe die Bannerherren rings um den König die Säbel ziehen sehen! Was bedeutet denn das?

Ein alter Herr

Aufruhr ist das! Eine hochverräterische Verschwörung ist das!

ZWEITER ALTER HERR
Warum feuern denn die Garden nicht?
Sturmläuten von einer, dann von mehreren Glocken.
Alle herinnen durcheinander.

ERSTE DAME
Man kann nicht unterscheiden. Sie schreien etwas.

ZWEITE DAME
Ich fürchte mich.

ZWEITER ALTER HERR
Warum feuern denn die Garden nicht! Zu Hilfe dem König!
Er zieht.
Damen laufen zur Tür rechts vorne, kommen gleich wieder zurück.
Tafeldecker läuft an die verborgene Tür links.

ALTER HERR
Wohin da?

TAFELDECKER
Das Goldgeschirr in Sicherheit bringen. Es geht drunter und drüber.
Verschwindet durch die kleine Tür.

DIE DAMEN
Die Haupttreppe ist abgesperrt. Man läßt niemand durch!
– Wie, abgesperrt? Mit Truppen?

ALTE DAME
Wir müssen hinaus! Wer kommandiert die Wache?

JUNGE DAME
Dort hinüber! Durch die Kapelle!
Sie wollen nach dem Hintergrund.

GRAF ADAM
mit einem Offizier der Wache betritt den Saal durch die Tür im Hintergrund
Hier geht niemand hinaus. Abführen, wer hier ist.

JUNGE DAME

Was ist geschehen?

GRAF ADAM

Die Damen dort hinüber, bitte. Durch die Kapelle. Die Treppe wird abgesperrt. Der König kommt sogleich hier herauf.
Unten Geschrei. Einige Schüsse.

ALTER HERR

Unser König ist dort unten in den Händen von Rebellen.

GRAF ADAM
nach hinten

Wache antreten!
Zu den vorderen
Seine Majestät König Sigismund wird inmitten seiner getreuen Bannerherren sogleich hier sein.
Zur Wache
Es lebe der König!

WACHE

Vivat Sigismund!
Die Damen gehn durch die Wache ab.

DIE ALTEN HERREN

Hochverrat!
Sie ziehen.

GRAF ADAM
sehr ruhig

Entwaffnen! Abführen!
Die alten Herren werden abgeführt.

Graf Adam und der Offizier folgen ihnen. Die Tür wird sogleich geschlossen. Die verborgene Tür öffnet sich. Gervasy und Protasy heraus, ängstlich spähend.
Gervasy an der rückwärtigen Tür, horcht.
Protasy schleicht sich ans Fenster, hinunterzuspähen, dann an die Tür rechts.
Basilius' Gesicht hinter der Tapete hervorsehend.

PROTASY
leise zu Gervasy

Versperrt?

GERVASY

Das Zimmer ist voller Menschen, sie halten den Atem an, aber es klirrt trotzdem von Waffen.

PROTASY
lautlos zu ihm hin

Dort ist ein Aug am Schlüsselloch. Sie schauen herein.

GERVASY
versucht durchs Schlüsselloch zu sehen

Hier auch.
Basilius tritt hervor, in einem prächtigen aber zerstörten Gewand, das bloße Schwert in der Hand. Niemand ist bei ihm als ein alter Höfling.
Protasy und Gervasy winken ihm warnend.

BASILIUS

Wie bin ich ihnen entkommen?

DER ALTE HÖFLING

Sie haben nicht gewagt, die Hand an den gesalbten König zu legen.

BASILIUS
in bleicher Wut
Nicht einer soll mir mit dem Leben davonkommen. Warum schießen meine Garden nicht? Schaff mir den Offizier, der die Schloßwache kommandiert. Hierher bring ihn mir.
Gervasy und Protasy nahe heran, die Hand auf dem Mund.

DER ALTE HÖFLING
Zurück, mein gnädigster Herr! Zurück! durch die Kapelle. Hier bist du verloren.
Er hebt die Tapete. Basilius ab, der Höfling hinter ihm.
Gervasy will nach, Protasy hinter ihm.

GERVASY
prallt zurück
Die Tür geht nicht auf. Sie ist von außen verriegelt. Jetzt haben sie ihn.
Sie horchen.

PROTASY
In der Mausefalle haben sie ihn.

GERVASY
Und uns mit ihm.
Draußen Fanfare.
Gervasy und Protasy bergen sich hinter einer Tapete. Die Flügeltüren hinter ihnen tun sich auf.
Graf Adam tritt ein, man sieht Garden hinter ihm.
Fanfare abermals.

Sigismund rechts herein, halb geführt, halb getragen von den Woiwoden. Er trägt ein langes weißes Hemd, darüber noch Fetzen des Scharlachgewandes. Zwei geleiten Sigismund auf den

Thronsitz. Die Wache leistet die Ehrenbezeigung. Draußen Fanfaren.
Alle Woiwoden knien vor dem Thron nieder.
Sigismund gibt ein schwaches Zeichen, aufzustehen.

PALATIN VON KRAKAU
bleibt knien

Wir erbitten mit aufgehobenen Händen Verzeihung dafür, daß wir Eurer erhabenen Person diesen Gang über den Marktplatz nicht ersparen konnten. Wir bedurften des Aufruhrs der Niedrigsten, um alle mit fortzureißen und die Truppe zu überwältigen.

SIGISMUND

Ich bitte, stehen die Herrn auf.

Etwas stärker

Ich will niemand knien sehen! – Ich hätte in dieser Minute knien sollen und meinen Kopf auf den Block legen.

PALATIN VON KRAKAU
knieend

Eurer Majestät Haupt umgibt nunmehr, ehe noch die Krone sich darauf gesenkt hat, der Goldglanz eines Heiligen und Märtyrers für ewige Zeiten.

Er steht auf. Alle mit ihm. Sie stehen Sigismund gegenüber. Woiwod von Lublin und Kanzler von Litauen treten zu dem sitzenden Sigismund, zu beiden Seiten des Thrones auf der untersten Stufe stehenbleibend.

WOIWOD VON LUBLIN

Vermag Seine Hoheit uns Ihre Aufmerksamkeit zu gewähren?

KANZLER
nach hinten rufend

Den Arzt! Seine Hoheit bedarf einer Stärkung!

PALATIN VON KRAKAU
nach hinten rufend
Kämmerer her! Schafft Kleider für Seine Majestät!

ANTON
an der Tür im Hintergrund zu den dort Spalier bildenden Soldaten
Lassen mich herein, ich muß zu meinem Herrn.
Er wird durchgelassen.

SIGISMUND
sieht auf Anton, der sich ihm nähert
Anton!

ANTON
Ist mein Herr nicht da?
Sieht sich angstvoll um
Eure Hoheit! Eure Majestät! Wo ist mein gnädiger Herr?
Sigismund sagt etwas, das unhörbar bleibt.
Woiwod von Lublin, Kanzler von Litauen treten ihm näher.

SIGISMUND
Suchen! Meinen Lehrer!

KANZLER
Wen befehlen Eure Hoheit zu suchen?

SIGISMUND
Den, der mit mir im Kerker war! Den sie auf der Kuhhaut geschleift haben.

ANTON
Soll ich gehen?
Sigismund nickt ihm zu.

WOIWOD VON LUBLIN
Der Graf ist, dafür bürge ich, unversehrt. Er war von allem unterrichtet. Man wird ihn später herbeiholen. Aber jetzt be-

dürfen Euer Hoheit Ihrer ganzen Stärke zum unaufschieblichsten Staatsgeschäft.
Unruhe an der vorderen Tür.

RUFE AUS DER MITTE DER WOIWODEN
Die Schreiber herein, durchlassen die Schreiber! sonst niemanden!

KANZLER
geht hin, läßt zwei Staatsschreiber eintreten
Jetzt tritt niemand mehr ein, der kein Bannerherr ist.

WOIWOD VON LUBLIN
ruft über die Wache hinüber
Die Treppe hinabdrängen den kleinen Adel! In den Vorhof die Landboten. Absperren!

PALATIN
Hier tagt der Staatsgerichtshof, und niemand betritt diesen Saal.

OFFIZIER
Wache, kehrt euch!
Wache wendet sich gegen außen.

SIGISMUND
Man soll ihn mir herbringen, den sie auf der Kuhhaut geschleppt haben.

ANTON
reißt die Scharlachfetzen von Sigismund ab
Es sind welche gegangen, Eure Majestät!

MEHRERE
Herbei mit dem Basilius! Keine Zeit zu verlieren!

KANZLER
Hauptmann der Wache!
Offizier zu ihm.

KANZLER

Der Herr übernimmt mit sechs Offizieren im Karabiniersaal die Person des ehemaligen Königs und macht dieselbe hier stellig.

OFFIZIER

Zu Befehl, Euer Erlaucht.

Sigismund flüstert indessen mit Anton.

ANTON
geht hinten ans Spalier
Ich muß Kleider holen für den König.
Er wird durchgelassen.

SIGISMUND
will vom Thron herab
Ich will mit ihm gehen und den suchen, den sie auf der Kuhhaut geschleift haben.
Woiwod von Lublin und Kanzler von Litauen nötigen ihn sanft auf seinen Thronsitz zurück.

WOIWOD VON LUBLIN

Wir bitten untertänig, sich zu fügen. Ein hochwichtiger Staatsakt verlangt Euer Hoheit Fassung und Geistesgegenwart.

KANZLER

Es ist notwendig, gnädiger Herr! Es ist notwendig.
Trommel, langsam, umflort, von außen. Wache gibt die Tür rechts vorne frei und macht Spalier für den eintretenden Zug.
Die Herren treten zurück und geben Raum.
Basilius, bloßköpfig, ohne Waffen, in einem prächtigen, aber zerstörten Kleid, zwischen den Hellebarden zweier Hartschierer. Vier andere nach, der Offizier mit gezogenem Degen voraus.
Offizier salutiert mit dem Degen.

Kanzler
winkt ihm, mit der Wache beiseitezutreten, nimmt dann aus der Hand des einen Schreibers eine Rolle entgegen
Basilius, Ihr seid vorgerufen worden, um das Manifest Eurer Abdankung mit lauter Stimme vorzulesen und vor unser aller Augen zu unterfertigen.

Basilius
Es soll hier meine Abdankung beraten werden? – Ich begehre einen Kronanwalt. Wer steht hier für meine Rechte? Was ist das für ein Gerichtshof?

Einige Stimmen
sehr scharf
Genug!

Kanzler
die Urkunde ihm reichend, leise aber nachdrücklich
Lest und unterschreibt!

Basilius
entfaltet die Urkunde und sieht hinein, dann
Ich bin hier eingetreten, nachdem man mir im anderen Saal feierlich mein Leben zugesichert hatte. Wo sind die Herren? Warum haben sie mich nicht begleitet?

Woiwod von Lublin
Verlies das Manifest, zu reden ist nichts!

Basilius
sieht Sigismund an, der ihn nicht zu beachten scheint, entfaltet die Urkunde und liest
Ich, Basilius, ehedem König von Polen – – Hier fehlen die übrigen Titel!

Kanzler
Sie werden nachgetragen werden. Beeilt Euch!

BASILIUS
liest

– – König von Polen, von Gottes strafendem Blitz erleuchtet in der Blüte meiner Sünden, meine Unwürdigkeit zu erkennen, und herabgestürzt vom Gipfel meines Hochmuts, habe den Rat meiner allzeit getreuen, freundwilligen Vettern, der Fürsten, Palatine und Bannerherren – –

WOIWOD VON LUBLIN

Verneigt Euch!

BASILIUS
sieht ihn an, verneigt sich dann übermäßig, liest weiter
– – gesucht, dem ich mich unterwerfe, unbedingt und ohne Murren.

Er seufzt.

PALATIN VON KRAKAU

Weiter!

BASILIUS
liest

Erkannt für einen Tyrannen und Räuber, Verräter am Reich und an meiner eigenen Krone – erkannt, wie? – Ah, von euch erkannt! –

MEHRERE STIMMEN

Weiter!

BASILIUS
liest

– entsage ich dieser Krone, gebe aus der Hand das Siegel, lege nieder den Stab des Kriegsherren und die Standarte – die Standarte auch? –, begebe mich meiner Vorrechte und Ehren, entsage meinem Rang – Das? Inwiefern? Das kann ich nicht!

WOIWOD VON LUBLIN

Stehet ruhig, Basilius!

Stimmen
Zu Ende! Der Kanzler soll lesen!

Palatin von Krakau
zuvorderst stehend, zum Kanzler
Belieben Euer Erlaucht die Urkunde laut zu Ende zu lesen, damit wir zur Unterschrift kommen!

Kanzler
nimmt die Urkunde aus Basilius' Hand und liest
— entsage meinem Rang und bin von Stund an nicht mehr König und Herr über den Ländern der Krone Polen, sondern der schuldbeladenste Untertan gedachter Krone und erharre, solcher Haft mich fügend als man mir verhängen wird —

Basilius
Aber mein Leben ist mir gesichert! Folgt das endlich in der Schrift da?

Kanzler
mit erhobener Stimme
— die Beschlüsse, die der Staatsrat in seiner Weisheit fassen wird.

Basilius
Noch Beschlüsse? Aber nicht mich betreffend! Ich ziehe mich mit einem kleinen Hofstaat auf das Schloß zurück, das man mir anweist.

Kanzler
mit erhobener Stimme
Gegeben in ehemals meiner Königsburg, am letzten Tage —

Basilius
Letzten? Wieso letzten? Das könnte mißdeutet werden! —

KANZLER

– am letzten Tage meines Verweilens in derselben, unter dem Insiegel meines Nachfolgers, auf dem der Segen des Allmächtigen ruhe.

BASILIUS

Nicht Sohnes? Euere Hoheit sind noch in Anwartschaft?
Er verneigt sich übertrieben im Kreise, nur nicht vor Sigismund
Gott segne Eure gesamte Majestät!

KANZLER

Reichet ihm eine eingetauchte Feder.
Schreiber tuts.

BASILIUS
sieht in die Urkunde
Das ist alles? So wenig Worte? So trocken?
Er nimmt mechanisch die Feder aus der Hand des Schreibers
Das Wichtigste fehlt. Die Summe für meinen Unterhalt ist nicht genannt. Hier ist kein Tisch.
Woiwod von Lublin zeigt auf die unterste Stufe des Thrones.

BASILIUS

Der König winkt mir. Er scheint mich sprechen zu wollen.

WOIWOD VON LUBLIN

Hier unterschreibt!

BASILIUS
kniet hin und unterschreibt; steht dann auf, spricht zu Sigismund
Sohn, du hast einen armen Erdenwurm aus mir gemacht.
– Ich gehe.
Zu den Herren
Mein Leben und mein Unterhalt sind mir gesichert!
Nochmals sich zu Sigismund zurückwendend

Unsere Vettern sind geschickter, Könige zu untergraben als zu stützen. Ich warne Eure Hoheit.

WOIWOD VON LUBLIN

Schweiget, Basilius. Verneigt Euch vor Seiner Hoheit und vor den Herren, Euren Richtern, und tretet ab.
Zu dem Offizier, der vortritt
Führt ihn dorthin ab.

BASILIUS

Dorthin? Soll das heißen: in den Turm? Dorthin lasse ich mich nicht führen! Ich habe niemals einem alten Mann diesen Turm angewiesen. Ein Kind kann allein sein – ein alter Mann kann nicht allein sein. Laßt mich!
Er springt beiseite
Ich habe kein todeswürdiges Verbrechen begangen. Ich habe ihn nicht getötet. Es stand bei mir, noch im letzten Moment die Begnadigung vorzunehmen. Wer kann wissen, ob ich nicht entschlossen war, mit einem weißen Tuch zu winken!

KANZLER

Trabanten! Macht ein Ende!
Trabanten stehen unschlüssig, sehen auf ihren Offizier.

BASILIUS

Wartet! Man kann mich in ein Kloster bringen. Das ist zulässig. Ich bin eine geistliche Person. Der König ist der oberste Seelenhirt. Holt den Kardinal, er ist verantwortlich für meine Seele! Ich will keinen Hofstaat, aber man soll mir Bücher geben, die ich beherzigen kann – ich will erbauliche Bücher – deutlich gedruckt –

OFFIZIER

Greift ihn, Trabanten!

BASILIUS

entläuft ihnen, klammert sich an den Fuß des Thronsessels

– deutlich gedruckte mit faßlichen Bildern, denn mein Herz ist kindlich geblieben – nur die Welt hat mich verderbt. Ich appelliere! Ich mache verantwortlich!
Trabanten haben ihn gefaßt und aufgerichtet.

BASILIUS
Man wird ein erbauliches Wunder erleben, wenn man mich sanft behandelt – aber wer mich in einen einsamen Turm sperrt, der wird es mit einem Verzweifelten zu tun haben!
Trabanten führen ihn ab.

Es ist halbdunkel geworden. Zur rückwärtigen Tür treten Diener mit Armleuchtern herein, andere, darunter Anton, mit Gewändern und einem Mantel; zuvorderst der Arzt.

ANTON
Dem König seine Kleider, Herr Kommandant!
Das Spalier läßt sie durch.

WOIWOD VON LUBLIN
Bevor wir Eure Hoheit lehenspflichtig auf den Knien als die Majestät unseres Herrn begrüßen, wird sie mit Hand und Mund einen Eid ablegen auf das Konstitutum, das ich
Er winkt dem zweiten Schreiber
hier in Händen halte.
Sigismund erkennt Julian, der vermummt unter den Dienern eingetreten ist, erhebt sich.

PALATIN VON KRAKAU
Gibt uns Eure Majestät Ihre Aufmerksamkeit? Es ist notwendig.

SIGISMUND
Dürfen meine Kammerdiener zu mir treten? Die Herren sind angekleidet, und ich habe nur ein Hemde an.

Er steigt die Stufen herab.
Die Diener treten hin, auch die mit den Leuchtern, und verdecken Sigismund. Man hört in der Ferne schießen. Etliche der Woiwoden sehen zur Balkontür hinaus.

Erster Diener
Man hört schießen in der Vorstadt. Es wird nicht abgehen, ohne daß man den losgelassenen Pöbel mit blutiger Gewalt wieder an die Kette legt.

Zweiter Diener
Der Teufel sät sein Unkraut zwischen den Weizen; das ist einmal so.

Sigismund tritt hervor.
Julian neben ihn.

Sigismund
leise zu ihm
Bleibe jetzt dicht bei mir, mein Lehrer.

Kanzler
tritt vor Sigismund
Es erscheint nötig, daß durch ein feierliches Konstitutum in allem die Befugnisse des Staatsrates festgesetzt werden. Es handelt sich darum, daß Eure Hoheit eidlich gebunden sein wird –
Sigismund reicht dem Arzt die Hand, der sie küßt. Setzt sich dann auf den Thron.

Woiwod
Geben Eure Hoheit dem Kanzler Audienz. Es ist vonnöten. – Man verzögere nicht den grundlegenden Staatsakt, zu dem wir hier sind.

Sigismund
steigt herunter, geht auf die Woiwoden zu

An euch allen bin ich vorbeigeführt worden – Ich habe dein Gesicht gesehen – deines – deines! Du verbargst dein Gesicht in deinen Händen. Du sahest mich fest an, und ich verstand, daß du mir Trost geben wolltest. Du gabest mir ein Zeichen zum Himmel empor.
Sie neigen sich tief und küssen ihm die Hand.
Aber jetzt gehet, meine Vettern, und lasset mich allein mit diesem Mann,
Er zeigt auf Julian
denn er wird mein Minister sein, und ich will mich mit ihm beraten.

WOIWOD VON LUBLIN
geht mit starken Schritten auf Julian zu
Graf Julian, verlasset diesen Saal, den zu betreten Euch niemand ermächtigt hat.

PALATIN VON KRAKAU
Das Konstitutum enthält die Namen der fürstlichen Personen, mit denen allein der König sich beraten darf.

KANZLER
Das königliche Siegel verbleibet dem Staatsrat und dem König zu gemeinsamer Hand.

JULIAN
Das Siegel ist in meiner Hand. In des Königs Namen: die Herren sind beurlaubt. Wenn man ihres Rates bedürfen wird, wird man sie zu finden wissen.

DIE WOIWODEN
drohend
Wir werden sie zu finden wissen! Wir werden zu treffen wissen! Wir werden zu strafen wissen!

JULIAN
Offizier! In des Königs Namen! Die Herren verlassen uns. Gebt ihnen den Ausgang frei.

DIE WOIWODEN
legen die Hand an die Schwerter
Oho! Das werden wir sehen.

JULIAN
sehr stark
Garden! Wer ist König in Polen?

OFFIZIER
stellt sich etwas neben Sigismund hin
Standarte zu mir!
Standarte tritt hinter den Offizier. Fanfare draußen. Garden, die Piken querhaltend, stellen sich zwischen Sigismund und die Woiwoden, so daß diese einen Schritt zurückweichen müssen.

JULIAN
Die Herren sind geschickter, Könige abzusetzen als einzusetzen, man wird sie danach behandeln.
Garden, die Piken querhaltend, tun einen Schritt, die Woiwoden weichen einen Schritt gegen den Ausgang zurück.

PALATIN VON KRAKAU
Ein königlicher Ratschluß ohne unsere Zustimmung ist null und nichtig!

DIE WOIWODEN
So ist es!
Garden tun einen Schritt.

JULIAN
Wir werden die königlichen Siegel vor Mißbrauch zu wahren wissen!

Woiwod von Lublin
Du Hochverräter hast die Siegel gestohlen! Darauf steht der Tod!
Garden tun einen Schritt.

Julian
Begeben sich die Herren unverweilt in ihre Häuser! Jeder einzeln! Jede Zusammenrottung wird als Hochverrat geahndet.
Garden tun einen Schritt.

Die Woiwoden
schon ganz nahe der Tür, schütteln ihre Fäuste
Wir sprechen uns noch!

Julian
Dazu, Ihr Herrn, sind Könige von Gott gesetzt, daß sie Unordnung in Ordnung überführen.
Die Woiwoden werden hinausgedrängt.
Wache an beiden Türen tritt ab.
Anton rückt für Sigismund einen Armstuhl heran, dann für Julian.
Arzt tritt in den Hintergrund.

Julian
tritt vor Sigismund, indem er sein Knie beugt, dann sich gleich aufrichtet
O du mein König! O du mein Sohn! – denn von mir bist du, deinem Bildner, nicht von dem, der den Klumpen Erde dazu hergegeben hat, noch von ihr, die dich unter Heulen geboren hat, ehe sie dahinfuhr! Ich habe dich geformt für diese Stunde! Jetzt laß mich nicht in Stich! – Ich verstehe deinen Blick. Deine Seele hat leiden müssen um sich zu erheben – und alles andere war eitel.

Sigismund
Du hast mich es fassen gelehrt. Eitel ist alles außer der Rede

zwischen Geist und Geist. – Aber ich nun, dein Gezeugter, bin über dem Zeugenden. Wenn ich jetzt einsam liege, so geht mein Geist, wohin deiner nicht dringt.

Julian
Ja? Erfüllt dich Ahnung? Herrliche Ahnung deiner Selbst? Gewaltige Zukunft?

Sigismund
Zukunft und Gegenwart zugleich.

Julian
Gepriesener, den kein Königsmantel erhöhen kann. Ich habe dich hinausgeführt aus deinem Turm, angetan mit fürstlichen Gewändern, aber was war das gegen die Ausfahrt, die ich dir jetzt bereitet habe!

Sigismund
lächelnd

Richtig! Denn jetzt laufe ich nimmer Gefahr, daß der Wahn als ein Wahn sich ausweist.

Julian
Du sprichst es aus, mein König. Denn diesmal bist du gesichert.

Sigismund
Ja, das bin ich, Herr und König auf immer in diesem festen Turm.

Er schlägt sich auf die Brust.

Julian
Jetzt sind wir die Weissager und die Wahrmacher zugleich.

Sigismund
Das sind wir. Heil uns, daß wir gewitzigt sind!
Er setzt sich.

JULIAN

Taten tun, das ist nunmehr uns vorbehalten.

SIGISMUND

Das ist uns vorbehalten.

JULIAN

Und jetzt sitz auf und reite mit mir dahin, wo du die Legionen der Deinigen so siehst, wie der Mond am Jüngsten Tag die Auferstandenen sehen wird, und sein Auge wird nicht groß genug sein, die Menge zu fassen. – Höre mich! Verstehe mich! Mein Tun, verborgen vor dir, war Verwirklichung; ein Plan, ein riesenhafter, unter dem allem. Noch auf der Kuhhaut war ich der Stärkere als alle zusammen. Hörst du mich? Diese prahlerischen Großen waren die Fanghunde. Jetzt, da der Hirsch liegt, peitscht man sie weg. Ungeheurer Aufruhr, von ihnen nicht geahnt, schüttelt diese Nacht seinen Rachen über dem ganzen Land, wie der Bär, der auf das Dach eines Schafstalles geklettert ist. Ich habe durchgegriffen bis ans Ende, die Erde selber habe ich wachgekitzelt und was in ihr wohnt, dem Bauer, dem Kloß aus Erde, dem fürchterlich starken – ich habe ihm Atem eingeblasen –, aus Schweinsschnauze und Wolfsrachen stößt er deinen Namen hervor und erwürgt mit erdigen Händen die Büttel und Schergen, die sich ihm entgegenstellen. – Ich habe in deinem Namen die Schlachta aufgeboten – ihrer zehntausend von gemeinem Adel reiten und nehmen dich in ihre Mitte, fünfzigtausend Bauern sind auf und haben die Sensen umgenagelt zu Spießen.

Öffnet die Balkontür, Brandröte am Himmel.

ANTON

Jetzt läuten sie Sturm von allen Kirchen in der Vorstadt, und der Wind bringt einen starken Brandgeruch mit. Auch grob schießen hört man. Was wäre denn jetzt das?

Ein Diener mit einem Reitgewand überm Arm ist von links eingetreten und wartet.

Julian

Der lebendige Beweis meines Tuns – Das ist mein Geschütz, und die es bedienen, sind die Meinigen. Die Bergwerke haben ihr lebendiges Eingeweide hergegeben, mit angebrannten Pfählen gehen nackende Leute gegen ein Karree von Musketieren an – der Jüngste Tag ist da für alle, die die Zeichen der Zeit nicht verstanden haben. – Jetzt stehen die großen Herrn auf den Balkonen ihrer Paläste und pissen vor Angst. – Hörst du schreien? Es gibt niemanden, der diese Nacht nicht marschiert und deinen Namen schreit. – Aber ich halte sie dir zusammen: ich bändige die Gewalt mit der Gewalt, den Soldaten mit dem Bauer, das flache Land mit den festen Städten, die großen Herrn mit dem adeligen Aufgebot, das Aufgebot mit den Schweizer Regimentern, die ich auf dich vereidigt habe, und das Heft wird in deiner Hand bleiben. Nimm dort, mein König! Zieh an! Wir reiten. Was siehst du mich so an?

Sigismund

Ich verstehe was du willst, aber ich will nicht.

Julian

Du willst nicht?
Versteht nicht
Ei doch! Vorwärts. Das Gewand her! Den Gürtel!

Sigismund

Ich stehe fest, und du bringst mich nicht von der Stelle. Ich habe mit deinen Anstalten nichts zu schaffen.

Arzt tritt zu Sigismund.

JULIAN

Mein König! Jetzt versag mir nicht, denn jetzt oder nie ist deine Stunde gekommen.

SIGISMUND

Was weißt du von mir? Hast du Zugang zu mir? Der ich unzugänglich bin, wie mit tausend Trabanten verwahrt.

JULIAN

Zieh dich erst an! Schnall nur den Degen um! Pferde sind bereit! Jetzt müssen sie dich sehen. Dann steh ich fürs Ende.

SIGISMUND

Leb wohl, Julian.

Wendet sich.

JULIAN

Mein König! Was tust du mir jetzt an?

SIGISMUND

Du hast mich ins Stroh gelegt wie einen Apfel, und ich bin reif geworden, und jetzt weiß ich meinen Platz. Aber der ist nicht dort, wohin du mich haben willst.

Sie sehen einander in die Augen.

ARZT

Bedenken Euer Exzellenz, welch einen Tag der König hinter sich hat.

SIGISMUND

Nein, mein Freund. Sondern ich will nicht. Wenn ich aber sagen werde: ich will, dann sollst du sehen, wie herrlich ich aus diesem Haus hinausgehe.

ANTON

leise zu Julian

Lassen der Herr. Er ist tiefsinnig worden über dem, was man ihm angetan hat.

Die Tür rechts öffnet sich ein wenig. Simon schiebt sich herein.

ARZT
Es ist hier unter diesem Saal ein Schlafgemach bereitet. Ich mit den Dienern werde wachen.

JULIAN
bemerkt Simon, tritt auf ihn zu
Wie kommst du herein? Wie hat dich die Wache durchgelassen?

SIMON
Wache ist nicht da. Kein Mensch im Vorsaal. Kein Mensch auf den Stiegen.

SIGISMUND
Ich werde schlafen. Morgen wird viel geschehen, und da werde ich nicht beiseite bleiben dürfen. Leb wohl, Julian.
Er geht, Anton geht ihm voran, öffnet die Tür rückwärts; Arzt folgt ihm.

JULIAN
Du kommst von drüben aus der Vorstadt?

SIMON
Hinüber bin ich leicht gekommen, herüber war es schon schwer.

JULIAN
Ich sehe einen starken Feuerschein. Aber das Schießen hat aufgehört.

SIMON
Der was hat, hat sich in ein Mausloch verkrochen. Das Gesindel tanzt und springt. Auf wen sollen sie schießen?

JULIAN
Die Schweizer halten die Brücke von der Vorstadt herüber?

SIMON

Die Schweizer sind abgezogen.

JULIAN

Abgezogen?

SIMON

Auf Befehl des Staatsrats, heißt es.

JULIAN
ruft

Jerzy!

Reitknecht tritt rechts ein mit Julians Hut und Degen.

JULIAN
zum Reitknecht

Meine Pferde sind unten bei der Schloßwache?

REITKNECHT

Die Pferde sind unten – aber Wache ist keine mehr da. Alles abgezogen in der Stille.

JULIAN

Die Schloßwache abgezogen?

SIMON

Das ist es eben. Sie haben die Losung verändert. Es ist überhaupt alles anders. – Vom neuen Herrn König ist keine Sprach. Von Euer Exzellenz ist keine Sprach. Der ohne Namen hat jetzt drüben alles in der Hand.

JULIAN

Der ohne Namen heißt Olivier und handelt auf meinen Befehl.

Reitknecht tritt näher.

SIMON

Sehr wohl. Der hat jetzt alles in der Hand. Die Geschütze und die Leut. Aber es schaut nicht aus, als ob der Befehl annehmen tät.

REITKNECHT

Euer Exzellenz haben einen Offizier zu ihm geschickt: er soll aufhören mit Schießen und Brennen. Das hat der ihm vorgehalten. Hat er geantwortet: er fängt jetzt erst an. Und was das betrifft, daß er herüberkommen soll und sich hier melden, so wird er schon kommen, aber mit zwanzigtausend hinter ihm. Darauf ohne weiteres den Offizier vom Pferd heruntergeschossen. Der Reitbursch ist ausgekommen und hats gemeldet.

JULIAN

Vor Morgengrauen ist das adelige Aufgebot in ihrem Rücken. Wo halten die Geschwader? Weiß man das?

SIMON

Die Herrn sind alle in die großen Wälder – da drüben. Aber sie gehen nicht heraus.

JULIAN

Wie? Sie gehen nicht heraus?

SIMON

Ihre Füß sind in der Luft. – Die rebellischen Bauern sind über sie und haben sie alle in die Bäum hineingehängt.

JULIAN

Ich habe die Hölle losgelassen, und jetzt ist die Hölle los. So muß ich ihr ins Gesicht schauen.
Schnallt den Degen um, setzt den Hut auf und geht schnell ab.
Reitknecht folgt ihm, Simon schleicht sich hinaus.

Vorhang

FÜNFTER AKT

Ein Vorsaal im Schloß, rechts ein eisernes Gitter, mit einer Tür darin gegen einen äußeren Vorraum. Links zwei Türen. Es ist Nacht, nahe am Morgen. An der linken Wand, unweit der hinteren Tür, ist ein niedriges Nachtlager.

ANTON

angekleidet, kauert auf dem Lager; erhebt sich dann, geht ans Gitter, späht hindurch

Herr Offizier! –
Sind Sie da? Niemand da? Gar niemand da?
Holt sich ein Feuerzeug, zündet ein Licht an, leuchtet durchs Gitter
Wo sind die Garden? Wo ist der Posten? Herr Doktor! mir ist entrisch!
Geht an die vordere Tür links
Hören mich der Herr Doktor?

ARZT
tritt heraus

Was ist, Anton?

ANTON

Kein Wachtposten mehr da – niemand. Was ist denn das, Herr Doktor?

ARZT

Schläft der König?
Horcht an der rückwärtigen Tür.

ANTON
im Hintergrund am Fenster

Unten laufen welche mit Laternen. Sie bringen wen! Sehr entrisch ist mir.

Julians Reitknecht
erscheint am Gitter

Unglück! Der Herr ist hin!

Arzt
läuft zu ihm.

Ruhig, nicht schreien – der König schläft.

Reitknecht

Heruntergeschossen vom Pferd. Gestochen auf den Liegenden mit Piken. Sie bringen ihn.

Anton

Wer bringt ihn?

Reitknecht

Unsrige. Aber Unsrige nicht allein. Auch solche Bloßköpfige, Bloßfüßige.

Sigismund tritt leise aus seiner Tür, sie bemerken ihn nicht.

Anton

Jetzt gehts ans Leben. Jesus Maria und Josef!

Arzt ab durch die Tür im Gitter mit dem Reitknecht.

Sigismund

Was beißt sich der Anton in die Fäust?

Anton

Verstecken sich! Sie schießen auf alles was herrisch ist.

Sigismund tritt ruhig ans Fenster, sieht hinab.

Anton
trippelt vor Angst

Wenn das alles nicht so schnell ging'! Zwanzig Jahr ist alles recht langsam gegangen!

Menschen nähern sich rechts außerhalb des Gitters. Fackelschein.

ANTON

Jetzt kommts: die Hand an die Gurgel, das Knie auf die Brust! — Wie bin ich denn in das vermaledeite Land hineingekommen? Ich kann mich auf gar nichts mehr besinnen!

STIMMEN
sehr nahe

Sigismund! Sigismund!

ANTON

Jetzt brüllen die Höllenteufel Ihren Namen! Verstecken sich doch um alles in der Welt, verstecken sich drin!

SIGISMUND

Hier bin ich. Geh ihnen entgegen, weise auf mich und schrei laut: Hier steht er, den ihr sucht. Dann werden sie dir nichts tun.

Der Arzt, der Reitknecht und Anton bringen Julian getragen. Er hat die Augen geschlossen und sieht aus wie ein Toter. Zugleich betreten den Raum Aufrührer, teils bewaffnet, teils unbewaffnet. Darunter sind etliche mit strengen Gesichtern und langem Haar, die Fackeln in den Händen tragen; etliche halbnackt und noch mit abgerissenen Ketten an den Füßen und Eisen um den Hals. Die meisten von ihnen bleiben außerhalb und sehen durch das Eisengitter herein. Man legt Julian auf das niedrige Bett, von dem früher Anton aufgestanden ist.

DER VORDERE

Sehet her, nackigte Brüder! erstgeborene Söhne Adams! Sehet: der Königssohn unter der Erde, mit Ketten geschmiedet an das fließende Gewölb! Dieser ist es!

EIN STELZBEINIGER
drängt sich vor

Dieser ist der Armeleute-König, und sie werden vor ihm das Schwert und die Waage tragen.

Sigismund sieht, ohne sich zu regen, auf Julian.

ANTON
leise zum Arzt

Muß unser Herr sterben?

EINER

Sprich zu uns!

EIN ANDERER

Rufet ihn bei seinem Namen!

EIN DRITTER

Die ihn beim Namen genannt haben, denen ist die Zunge stumm geworden.

JULIAN
schlägt die Augen auf, erhebt den Oberleib und blickt um sich. Zwei mit Fackeln stehen nahe seinem Bette.

Wo bin ich?

Er sieht im Kreise um sich, mühsam

Du – Gesicht einer Ratte! Du Schweinsstirn mit nach oben schielenden Augen! Du Schnauze eines Hundes! Klumpen ihr, wandelnde! Beim Licht dieser Fackel, ich will über euch lachen, ohne daß ihr mich kitzelt!

Er hebt sich ganz auf

Tut eure Spieße fort!

Sie geben Raum.

Ha, du Nichts mit tausend Köpfen, steh unter meinem Blick. – Solange ich dich mit den Augen bändige, werde ich das Gefühl meines Selbst nicht entbehren!

EINER MIT EINER FACKEL

Die Herde hat keinen Hirten. Die aber Stäbe und Schwerter in den Händen haben, sind Teufel. An denen vollziehen wir das Gericht. So bist du gerichtet.

JULIAN

Du hast mich gerichtet? Du Kehricht, das ich allein zusammengekehrt habe!

SIGISMUND
tritt einen Schritt näher zu Julian

Mein Lehrer, warum sprichst du zu ihnen? Was zu sagen der Mühe wert wäre, dazu ist die Zunge zu dick.

JULIAN
wendet sich ihm zu

Bist du auch da, mein Geschöpf? – Er ist, wie er dasteht, mein Werk und erbärmlich.

DER MIT DER FACKEL

Wir sind die Lichtträger, die Wiedertäufer im Feuer. Du bist unser Licht, und jetzt werden wir den Fürsten der Finsternis mit unsern bloßen Händen erwürgen.

EINER IN LUMPEN

Wir sind bei dir! uns Sprich zu, du unser König!

SIGISMUND
näher bei Julian

Mein Lehrer, ich bin bei dir.

JULIAN

Kehre dich ab von mir, du Kloß aus Lehm, dem ich das unrechte Wort unter die Zunge gelegt habe. Ich will dich nicht sehen.

SIGISMUND

Du hast mir das rechte Wort unter die Zunge gelegt, das Wort des Trostes in der Öde dieses Lebens – und ich gebe es dir zurück in dieser Stunde.

Julian legt sich wieder; er schließt die Augen.

Sigismund
Ich lächle dir zu in deine Einsamkeit. – Dein Gebet ist nicht ohne Kraft, wenn du auch die Fäuste ballst, anstatt die Hände zu falten.

Julian
öffnet die Augen und schließt sie wieder
Ich habe das Unterste nach oben gebracht. Aber es hat nichts gefruchtet.

Sigismund
Du quälst dich, daß eine Ader in dir aufgehe, von der du trinken könntest. In mir aber fließt es ohne Stocken, und das ist dein Werk.

Julian
öffnet noch einmal die Augen, als wolle er reden, schließt sie dann und sinkt hin mit dem einen Wort
Nichts!

Sigismund
blickt ihn an
Er ist tot.

Der mit der Fackel
Achte nicht auf den Toten; denn du wirst ewig bei uns bleiben.

Ein Greis
drängt sich vor
Sehet ihn an, unseren König, wie er dasteht. Wie im lebendigen Flußwasser gebadet, so glänzt er von oben bis unten.

Einer
Sprich zu uns!

Ein Anderer
Weckt ihn nicht auf. Wenn er schreien wollte, würde uns allen die Seele bersten wie ein Sack.

####### EIN FAST NACKENDER
mit einer Kette am Fuß
Wir kennen dich wohl. Du bist an uns vorbeigeführt worden, du Lamm Gottes, und jeden einzelnen von uns hast du gegrüßt mit deinen ersterbenden Augen!
Er bückt sich und küßt Sigismunds Kleid.

####### EIN ANDERER
Bleibe bei uns! harre aus bei uns!

####### SIGISMUND
halblaut, wie für sich
Ja, ich werde mit euch hinausgehen.

####### EINER
Er spricht zu uns. Er sagt, er wird mit uns hinausgehen.

####### EIN ANDERER
niederknieend
Daß wir nicht sterben, o Herr!

####### EINER
Machet eine Gasse, damit alle, die draußen stehen, ihn sehen können.

####### SIGISMUND
Ich spüre ein weites offenes Land. Es riecht nach Erde und Salz. Dort werde ich hingehen.

####### EINER
Wir wollen einen Wagen rüsten und zwölf Paar Ochsen vorspannen. Auf dem sollst du vor uns herfahren, und eine Glocke soll läuten auf deinem Wagen, als wärest du eine Kirche auf Rädern.

STIMMEN
drinnen und draußen
Bleib bei uns! harre aus bei uns!

EINER VON DEN NACKENDEN
mit einem Eisen um den Hals
Wir sind unbekleidet – aber dürfen wir bekleiden? Will unser König gestatten, daß wir ihn bekleiden mit einem goldenen Gewand?

EIN ANDERER
Wir haben es genommen vom Altar weg und wollen es mit Ehrerbietung dir umhängen.

SIGISMUND
betrachtet die Nackenden
Das sind unverzierte Menschen. Wir wollen im Freien miteinander wohnen, die in Häusern wohnen gefallen mir nicht.

DER EINE MIT DER FACKEL
Darum werden wir von den Kirchen keinen Stein auf dem andern lassen: denn Gott versteckt sich nicht in einem Haus.

EINIGE
Laß uns dich aufheben und hinaustragen, damit alle dich sehen.

ANDERE
weiter hinten
Herr, schütze uns! Harre aus bei uns!
Sie seufzen.
Ein scharfer Trommelwirbel außen, ziemlich nahe.
Sigismund erschrickt.

DER MIT DER FACKEL
Fürchte dich nicht, denn du bist eine Fackel, und niemand kann dich auslöschen.

SIGISMUND

Wer ist das, der jetzt zu mir hereinwill? Ich höre seinen Schritt auf der Treppe.

EIN ANDERER VON DEN FACKELTRÄGERN

Die Haare auf deinem Haupt sind gezählt, und es ist keiner, der gegen dich die Hand erhöbe.

SIGISMUND
sehr angstvoll
Wer sind denn aber die, die jetzt hereintreten?

DER EINE NACKENDE

Das sind die ohne Namen, die bis nun über uns den Befehl geführt haben. Dich aber setzen wir über sie. So komm auf unsere Schultern und sprich zu ihnen von oben.

SIGISMUND

Nein, jetzt tritt einer herein, dem muß ich mich stellen.

Ein kurzer Trommelwirbel außen.

Olivier tritt herein, ganz in Eisen und Leder, Pistolen im Gürtel, einen Sturmhelm auf, eine kurze eiserne Keule in der Hand. Hinter ihm Jeronim, der Schreiber, und der Lette Indrik, diese auch mit kurzen Piken bewaffnet.
Das Volk gibt Raum.
Olivier tritt auf Sigismund zu, betrachtet ihn.

EINER

Das ist der Erwählte! Er soll auf einem Glockenwagen vor uns fahren.

EIN ANDERER

Alles, was geschehen ist, ist um seinetwillen geschehen.

EIN DRITTER

Vor seinen Füßen werden sich alle küssen, und der Wolf wird

das Lamm umarmen. Darum muß er auf einem Wagen vor uns herfahren.

OLIVIER

Gut. Es wird so angeordnet werden.

Er gewahrt den toten Julian, tritt hin, das Volk gibt Raum
Ich kenne ihn. Er war dein Kerkermeister. Er hat dich gehalten, ärger wie einen Hund, und jetzt ist ihm vergolten.

SIGISMUND

Du bist irre. Er hat mich nicht gehalten wie ihm befohlen war, sondern er hat mich gehalten, wie er ausgesonnen hatte in der Erfüllung seines geistigen Werkes.

OLIVIER

Schafft den toten Jesuiten hinaus.

SIGISMUND

Nein, tragt ihn da hinein und leget ihn auf mein Bette.
Einige heben Julian auf und tragen ihn ins Nebenzimmer.

DER MIT DER FACKEL
zu Sigismund tretend

Wir sind immer bei dir! Wir bleiben rings um dies Haus und achten auf deinen Ruf.

OLIVIER

Vorwärts, gebt Luft hier.

EIN ZWEITER MIT EINER FACKEL
gegen Olivier gewendet

Wir kennen keine Obrigkeit! Wollt ihr ohne Namen euch aufwerfen – so wird man euch richten.

OLIVIER

Irrtum! Es ist keine Obrigkeit – aber es sind die, denen ihr auf-

erlegt habt, zu sorgen, daß getan werde, was getan werden muß. – Lasset mich jetzt allein mit diesem Menschen.
Aron, Jeronim und Indrik halten ihre Piken quer und drängen das Volk aus dem Saal. Trommelwirbel draußen. Das Volk weicht lautlos zurück, alle mit den Augen auf Sigismund.

SIGISMUND
deutet auf Anton
Der soll bei mir bleiben. Anton, mich dürstet. Bring mir zu trinken, Anton.
Arzt weicht als einer der letzten aus dem Zimmer, aber nicht mit den übrigen, sondern allein zur Tür rechts vorn.
Anton stellt einen Kerzenleuchter auf den Tisch.

OLIVIER
halblaut zu seinen drei Begleitern
Ihr bleibt in Rufweite, meine Adjutanten, alle drei.
Zu Aron noch leiser
Diese Brandstifter mit den Fackeln absondern im Hof. Mit verläßlichen Leuten umgeben, ohne Aufsehen.
Aron, Jeronim und Indrik treten ab.

OLIVIER
Ich habe mit dir zu reden, und du wirst mir Antwort geben.
Sigismund sieht ihn an, sieht wieder weg.

OLIVIER
Weißt du, vor wem du stehst?
Sigismund schweigt.

OLIVIER
Wir sind deine Helfer. Wir haben dich unter dem Beil hervorgerissen, als es schon durch die Luft sauste.

SIGISMUND

Ja, sie hatten meinen Kopf schon anderswo hingelegt. Dadurch, wie wenn einer einen eisernen Finger unter den Türangel steckt, haben sie vor mir eine Tür ausgehoben, und ich bin hinter eine Wand getreten, von wo ich alles höre, was ihr redet, aber ihr könnt nicht zu mir, und ich bin sicher vor euren Händen.

Er setzt sich

Anton, schau hinaus, wo sind denn jetzt die, mit denen ich Freundschaft geschlossen habe? Ist der Doktor auch bei ihnen?

ANTON

Achten lieber auf den Herrn da, der hat jetzt viel zu sagen.

OLIVIER

Sigismund! Es ist an dem, daß du entschädigt wirst für das was du ausgestanden hast. Du sollst ein großes Amt bekommen.

ANTON
leise

Bedanken sich!

OLIVIER

Du wirst, wenn wir jetzt marschieren, auf einem Wagen fahren, und sie werden zu Tausenden herbeikommen und Heil rufen über dir, daß du deinen Vater vom Thron gejagt hast. Auf die Weise wird das sprachlose Volk von uns durch eine Bilderschrift unterrichtet werden, und die Herren werden kopfunter in die Erde fahren. Dir aber wird wohl sein, statt aus einem irdenen Krug wirst du aus silbernen Humpen saufen, und Weiber werden dich in die Badstube führen und dir zu Diensten sein.

SIGISMUND
zu Anton

Alle, die mir freund sind, sollen beisammen bleiben und mich abholen.

Anton
Achten auf den Herrn, der vermag viel!

Olivier
Gibst du mir keine Antwort? Du hast es hinter den Ohren, Sohn des Basilius. Du witterst: jetzt muß Macht geübt werden, also willst du Macht und nicht Schein. Recht hast du! Die Klugen werden wir zu uns ziehen, auf den Dummen aber werden wir reiten. Also komm, und man wird sehen, wozu du verwendbar bist unter denen, die anordnen.

Sigismund
mit Verachtung
Wer ist das, der dir Macht gegeben hat, daß du sie unter andere austeilst?

Olivier
Siehst du dieses eiserne Ding da in meiner Hand? So wie dies in meiner Hand ist und schlägt, so bin ich selbst in der Hand der Fatalität. Das, was jetzt vor dir steht, das hast du noch nicht gekannt. Was du bis jetzt gekannt hast, waren jesuitische Praktiken und Hokuspokus. Was aber jetzt dasteht, das ist die Wirklichkeit.

Sigismund
Ich verstehe dich gut. Ich weiß, das Jetzt und Hier legt viele an die Kette. Aber mich nicht, denn ich bin da und nicht da. Also hast du mir nicht zu gebieten.

Olivier
Dazu habe ich dich und deinesgleichen, damit ich euch auferlege, wozu ich euch brauchen will.

Sigismund
Du hast mich nicht. Denn ich bin für mich. Du siehst mich nicht einmal: denn du vermagst nicht zu schauen, weil deine Augen vermauert sind mit dem was nicht ist.

OLIVIER
Das ist alles was du mir zu erwidern hast? Epileptische Kreatur, siehst du nicht, wer vor dir steht?

SIGISMUND
Ich sehe, du hast einen Stiernacken und die Augen eines Hundes. Also taugst du gut zu dem Geschäft, das dir aufgegeben ist.

OLIVIER
Das ist alles?
Anton faltet in Angst die Hände.

SIGISMUND
Solche, wie du bist, habe ich in meinem Kofen schon immer um mich sitzen gehabt.
Er steht auf, kehrt Olivier den Rücken und geht langsam bei der Tür links rückwärts hinaus, Anton folgt ihm.

OLIVIER
schüttelt den Kopf dreimal mit furchtbarer Drohung
Es ist genug. Es ist genug. Es ist genug. – Herein, meine Adjutanten, alle drei!
Aron, Jeronim, Indrik treten ein.

OLIVIER
Der Basilius ist abgetan?

JERONIM
Abgetan. Mit dem Glockenschlag sieben. An einer Kellerwand, einen Sack übern Kopf, und gleich dort vergraben.

OLIVIER
Allmählich die Höfe räumen.
Er sieht auf seine Taschenuhr
Um neun Uhr haben sie geräumt zu sein. Die äußeren Tore blei-

ben angelehnt, Geschütz dahinter, mit Kartätschen geladen. – Bis dahin aber –
Er tritt ans Fenster
drei ausgewählte Scharfschützen dort drüben. Sie sollen die Fenster hier im Auge haben. Dies sofort.
Jeronim ab.

OLIVIER

Schaut dort hinein. Was seht ihr?

ARON

leise

Den Sigismund, den Basiliussohn. Er steht beim Bett und bückt sich über den, der darin liegt.

OLIVIER

Prägt euch sein Gesicht ein. Notiert euch im Kopf die Maße, wie er gebaut ist, die Haarfarbe, alles.

ARON

Auf dem flachen Land geht sein Bild um, ein schlechter Kupferstich, und sie zünden Kerzen davor an wie vor einem Heiligenbild.

OLIVIER

Ebendarum. Ich brauche einen Kerl, ähnlich ihm zum Verwechseln und der mir pariert wie der Handschuh an meiner Hand.

ARON

Was brauchst du noch eine Konterfei, wenn du ihn selber hast?

OLIVIER

Er selber ist nicht verwendbar. – Wir gehen. Den drei Scharfschützen werde ich persönlich Instruktion geben. Geht.
Aron und Indrik treten ab.
Arzt öffnet leise die kleine Tür links vorne, kommt schnell herein.

OLIVIER
sieht ihn, richtet seine Pistole auf ihn
Wer da?
ARZT
hebt die Hände
Gebe der Herr mir eine Minute Gehör! Ich bin der Arzt des Königs.
OLIVIER
Der Mensch Sigismund ist bis jetzt nicht krank. Meint Ihr, er bedarf demnächst eines Arztes? Seid Ihr ein Wahrsager? – Ich weiß von Euch. An anderer Stelle wird man Verwendung für Euch haben. Meldet Euch beim Stadtkommando. Saget, ich habe Euch geschickt.
ARZT
Ich bin hier an meinem Platz. Ich habe alles gehört, was Sie geredet haben.
Faltet die Hände
Ahnen Sie, wen Sie töten wollen! Herr! Herr!

OLIVIER
Gebärdet Euch nicht. Die Pfaffen- und Komödiantensprache ist abgeschafft. Es ist ein nüchterner Tag über der Welt angebrochen.
ARZT
Ahnt Ihnen nicht, vor wem Sie gestanden sind? Ist Ihnen kein Organ gegeben für die Hoheit dieses Wesens?

OLIVIER
Der Mensch da ist soeben vor seinem Richter gestanden. Das ist die nüchterne Tatsache.
ARZT
Wer ist der Richter über die Reinheit? Wo hat die Unschuld ihren Richter?

OLIVIER

Ich habe gemeint, der Herr ist ein Doktor, aber ich sehe, er ist ein Pfaff. Die Begriffe, mit denen der Herr operiert, sind abgetan und liegen auf dem Schindanger. – Du stehst hier – Basilius und der Jesuit da drinnen, der Volksbetrüger, die haben dich gemacht, der eine leiblich, der andere geistig – so bist du schuldig, das ist dir eingezeichnet von der Fatalität, und am Leibe wirst du gestraft werden, denn wir haben nichts, dich zu fassen, als den Leib. Das ist unsere Gerichtsordnung.

ARZT

Erblicket die ganze Welt: sie kennt nichts Höheres, als in diesem Wesen uns entgegentritt.

OLIVIER

Ich sehe auf die Welt, die dergleichen hervorbringt, wie auf eine Possenreißerbude.

ARZT

Und die Menschen spüren es! Weit und breit, es bringt sie auf die Knie!

OLIVIER

Eben alle diese kriechenden Angelegenheiten werden beseitigt werden.

ARZT

Die Welt wird nicht vom Eisen regiert, sondern von dem Geist, der in ihm ist. Er ist ein gewaltiger Mensch. Hütet Euch!

OLIVIER

Jetzt habt Ihr sein Urteil ausgesprochen. Darum muß er kassiert, annulliert, ausgelöscht werden. Dazu stehe ich hier. – Denn ich und einige, wir haben uns aufgeopfert und nehmen dem Volk die Last des Regimentes ab, damit es nicht schwindlich werde.

Arzt

Dazu bist du hier eingetreten?
Er fällt vor ihm nieder.

Olivier

Jawohl! man sollte nach Recht vor uns liegen, für das, was wir auf uns genommen haben, aber wir verschmähen es, und auch mit unseren Namen soll kein Götzendienst getrieben werden, darum halten wie sie geheim. – Lasset mich los, Herr, oder ich mache mich anders frei.
Er stößt den Arzt weg und geht hinaus.
Arzt richtet sich auf. Es ist allmählich Tag geworden.

Sigismund
tritt aus seiner Tür

Ist der Mensch fort? Den habe ich schon an einem anderen Ort gesehen, aber jetzt habe ich ihn zum letztenmal gesehen.

Anton
ist hinter Sigismund eingetreten

Sollen wir fort? Hinunter? Soll ich Leut rufen? Zeichen machen?

Sigismund
bleibt stehen und blickt auf die Wand neben der Tür zu seinem Zimmer, die vom Widerschein der Morgensonne schwach erhellt wird

Der Bauer hatte ein Schwein geschlachtet, das war aufgehangen neben meiner Kammertür, und die Morgensonne fiel ins Innere, das war dunkel; denn die Seele war abgerufen und anderswo geflogen. Es sind alles freudige Zeichen, aber inwiefern, das kann ich euch nicht erklären.
Er setzt sich.

Stimmen
von außen

Sigismund!

ANTON
am Fenster
Jetzt kommen ihrer viele in den Hof herein. Sie schauen herauf.
Er hat das Fenster geöffnet, tritt jetzt zurück.

SIGISMUND
sitzend
Nicht wahr, sie werden mich abholen? Dann werde ich vorwärts gehen und mich nicht mehr umblicken.

STIMMEN
außen
Sigismund! Bleibe bei uns! Harre aus bei uns, verlasse uns nicht!

SIGISMUND
Ich bin allein und sehne mich verbunden zu sein.
Er steht auf.

STIMMEN
Sigismund! Verlasse uns nicht!

ANTON
Recht komödiantisch gebärden sich die. Das sind keine ehrlichen Leut.

SIGISMUND
Ich will zum Fenster und mit meinen Gefreundeten reden, sie rufen mich.
Er geht langsam gegen das Fenster.

ANTON
ängstlich
Gehen lieber nicht zum Fenster!

Arzt
vor sich

Eine Wendung, alldurchdringender Gott! – Oder laß mir die Herzader brechen und im Zusammenstürzen mich den Himmel sehen, darin ich mit diesem sein werde!

Stimmen

Komme zu uns, Sigismund!
Sigismund tritt ans offene Fenster. Von draußen fällt ein Schuß. Arzt und Anton sehen, daß Sigismund getroffen ist, fangen ihn in ihren Armen auf und bringen ihn ins Innere des Zimmers, wo sie ihn auf einen Stuhl niederlassen.

Anton
beißt sich in die Faust

Von unten geschossen! Herr Doktor! Solche Mörder! So niederzüchtige Mordbuben!

Sigismund
schlägt die Augen auf

Still, Anton, ich werde gleich sterben.

Anton

Solange Leben ist, ist Hoffnung. Das hab ich oft gehört. Sagen doch etwas, Herr Doktor!
Arzt hält Sigismunds Puls.

Sigismund

Mir ist viel zu wohl zum Hoffen.
Er schweigt.

Anton

Uns haben der Herr König nichts zu sagen?

SIGISMUND
sieht den Arzt an
Gebet Zeugnis, ich war da, wenngleich mich niemand gekannt hat.
Arzt und Anton knien nieder.
Sigismund fällt zurück, tut einen tiefen Atemzug und ist tot.

Vorhang

SZENE AUS EINEM UNVOLLENDETEN
»CHINESISCHEN TRAUERSPIEL«

Die Kinder des ermordeten Gouverneurs wandernd im öden Gebirge.

DIE KLEINERE TOCHTER

Kommt noch nicht der Paß?

Sie bleibt stehen.

DER ÄLTERE SOHN

Geht weiter.

DIE KLEINERE

Ihr habt gesagt, bevor Mittag wird, kommen wir zu einem Paß.

DER JÜNGERE SOHN

Es muß schon gegen Abend sein. Der Nebel wird immer dichter.

Ein Sausen in der Luft.
Die Kleinere schreit auf.

DIE GRÖSSERE

Was war das, Brüder?

DER ÄLTERE BRUDER

Ein Geier. Er ist da von dem Stein aufgeflogen.

DER JÜNGERE

Das ist kein Stein. Komm her. Das ist das Büffelgeripp, an dem wir diesen Morgen vorbeigekommen sind.

DER ÄLTERE

Leiser! – Wir sind im Kreis gegangen. – Warum weint das Mädchen? Gib ihr zu essen. Da.

DIE GRÖSSERE

Sie will nicht essen. Sie weint aus Verzagtheit.

Der Jüngere
Wir müssen sie rasten lassen.

Der Ältere
Hier. Nicht auf dem harten kalten Stein.
Er breitet seinen Mantel aus.

Der Jüngere
Und meinen darüber.
Wirft ihn über die Kleinere
Das war wieder der Geier. Jetzt kreist er tief unter uns.

Die Grössere
Komt her. Helft mir, sie wärmen.
Die Kleinere weint heftiger.

Der Jüngere
Nicht weinen! Weißt du nicht mehr, was das erste Wort war, mit dem unser Vater auf uns zugetreten ist? – Fürchtet euch nicht, meine Kinder, ich bin es. Ich bin zu euch gekommen.
Die Kleinere sagt etwas.

Der Jüngere
Was hat sie gesagt?

Die Kleinere
sagt es deutlicher
Woran haben wir ihn, der dastand, als unseren Vater erkannt, da wir den Vater doch nie gesehen haben?

Der Ältere
Ich habe ihn noch gesehen, wie ich drei Tage alt war!

Die Grössere
Und hättest du ihn wiedererkannt?

DER ÄLTERE
Er war ein anderer und doch derselbe.

DIE KLEINERE
in großer Angst
War denn unser Vater überhaupt da? – Ist denn schon einmal ein seit dreizehn Jahren Toter so zu seinen Kindern gekommen?

DER ÄLTERE
nimmt ihre Hand zwischen seine beiden Hände
Wenn er es nicht leibhaftig gewesen wäre – welche Macht der Erde hätte uns den Mut zu dieser Reise geben können? Er war bei uns, so wahr wir in diesen neun Tagen das Gebirge überschritten haben und jetzt eine Tagereise vom offenen Land sind und drei Tagereisen von der großen Stadt und von unserem Haus, das er uns geheißen hat wieder in Besitz nehmen.

DIE KLEINERE
Wenn wirklich unser toter Vater bei uns war und zu uns geredet hat –

DIE GRÖSSERE
Wie darfst du dich unterstehen, zu sagen: Wenn. Siehst du ihn nicht vor dir, wie eine Statue aus Alabaster?

DER JÜNGERE
Wie auf Seide gemalt sehe ich ihn vor mir, wenn ich die Augen schließe.

DIE KLEINERE
weint
Vater, warum hast du dein jüngstes Kind im Stich gelassen?
Sie will auf
Stoßt mich in den Abgrund. Ich bin zu nichts nutze!
Der Jüngere umschlingt sie und drückt sie sanft nieder.

ANHANG

DIE ÄGYPTISCHE HELENA

Die Handlung

Der erste Aufzug

Troja ist gefallen. Menelas hat Helena, seine geraubte Gattin, die Ursache eines zehnjährigen Krieges, zurückgewonnen und segelt mit ihr der Heimat zu. Abgesondert von ihr verbringt er die Nächte; für ihn steht es fest: sie muß als Sühnopfer verbluten, am Altar der heimatlichen Götter, oder schon hier auf dem Schiff, – und er selbst muß das Opfer vollstrecken, da oder dort, das fordert sein Gewissen: Sühne ist er unzähligen Toten schuldig, die für ihn dort vor der Feste gefallen sind.
Ein Sturm wirft das Schiff an den Strand einer Felseninsel. Hier herrscht eine Nymphe, eine ägyptische Königstochter, Aïthra, eine Geliebte des Meergottes Poseidon. Ihren Palast betritt Menelas, mit ihm Helena, die er schwimmend gerettet. Nun steht sie ihm hier in einem schön erleuchteten Saal gegenüber, schön wie immer und frevelhaft kühn. Er hat das Urteil über sie längst gefällt: hier und sogleich muß er es vollziehen, das fühlt er; er darf es nicht länger aufschieben, oder er vollzieht es nie und wird dadurch zum Frevler an den Göttern und Menschen. Er zieht sein krummes Schwert, es ist das gleiche, mit dem er Paris getötet; jetzt zückt er es gegen die Buhlerin.
Die Nymphe Aïthra, hinter einem Vorhang verborgen, ist voll Mitleid für die schönste und berühmteste Frau der Welt. Sie ruft ihre Elfen auf, lemurische Halbwesen, die im Mondschein auf den Felsen der Insel hocken, und heißt sie einen Trug ins Werk setzen, der Helena wenigstens für den Augenblick rettet. Die Elfen machen einen wilden kriegerischen Lärm. Menelas glaubt die trojanischen Signale wieder zu hören, Geklirr tro-

janischer Waffen. Er hört ganz deutlich die Stimme des Paris, der ihn zum Kampf herausfordert, und stürzt hinaus, den toten Paris noch einmal zu töten oder, wenn es ein Gespenst ist, das Gespenst zu erwürgen.

Die beiden Frauen sind allein. Aïthra hat einen wunderbaren Trank zur Hand, aus Lotos bereitet, »schnelles Vergessen jeglichen Übels«. Helena trinkt und wird ruhig wie ein Kind, sie hat fast vergessen, was ihr bevorsteht, wenn ihr Mann mit dem Dolch zurückkommt. Aïthra läßt von ihren Dienerinnen Helena auf ihr eigenes Bett zur Ruhe legen, dann tritt sie Menelas entgegen. Dieser stürmt jetzt herein, hochgeschwungen den Dolch, von dem er Blut herabträufeln sieht (während wir, die Zuschauer, sehen, daß der Dolch blank und trocken ist) – denn er hat ihn da draußen zwei Truggestalten in den Rücken gestoßen, von denen er meint, sie wären Helena und Paris. Und nun erzählt ihm Aïthra ein Märchen, das sie mit frauenhafter Schlauheit genau berechnet auf den Zustand, in dem er sich befindet, den Zustand eines von zu großen Aufregungen und Anspannungen Verstörten, der selber seinen Sinnen und seinem Kopf nicht mehr traut und dem nichts mehr unmöglich erscheint. Sie erzählt ihm, daß er seit zehn Jahren das Opfer eines Phantoms sei, und mit ihm alle Griechen; daß es ein Gespenst sei, welches er in jener Brandnacht aus der Stadt herausgetragen, ein Gespenst, das er eben auf seinem Nacken aus dem Meer gerettet habe – und zugleich gießt sie ihm von dem Beruhigungstrank ein, der das Bewußtsein in einen halbträumenden Zustand hinüberführt, und bittet ihn dann, leise zu sein: denn nebenan, auf ihrem Lager, schlummere eben Helena, die wirkliche Helena, welche damals vor zehn Jahren die Götter entrückten und hierher nach Ägypten trugen, in die Burg von Aïthras Vater, wo sie wohlbehütet, ohne zu altern, die Zeit durch schlummerte.

Das Nebengemach ist plötzlich strahlend erhellt, ein Vorhang teilt sich, auf einem breiten Lager schlägt Helena die Augen auf, steigt herab, völlig mädchenhaft lehnt sie den Kopf an Menelas' Schulter, und er kann dem Übermaß an unverhofftem Glück nicht widerstehen; er glaubt, was als herrliche Wirklichkeit vor ihm steht. Leise flüstert Helena zu Aïthra, sie möge sie und ihn durch Zauberkunst irgendwohin entrücken, wo der Name Helena unbekannt sei, von Troja und dem großen Krieg nie jemand gehört habe. Flüsternd sagt es Aïthra zu, die Wiedervereinigten überschreiten die Schwelle des Schlafgemachs und der Vorhang fällt.

Der zweite Aufzug

Sie erwachen miteinander in einem Palmenhain, am Fuß des Atlas. Der scheinbar gelungene Betrug aber hat Helena nur den halben Menelas zurückgegeben, ja weniger als den halben. Wie er jetzt erwacht nach dieser zauberischen Liebesnacht (denn sie haben die Reise durch die Luft im Schlaf zurückgelegt, getragen von Aïthras Zaubermantel), streift er die herrliche Frau mit einem scheuen Blick. Eigentlich hat er Angst vor ihr. Denn daran hält seine verstörte Einbildungskraft fest, er habe gestern nacht dort auf der Insel der Aïthra mit seinem furchtbaren Krummschwert doch die wirkliche Helena getötet, sie, die ihm so viel Leid zugefügt hat, um die er den Paris getötet hat – und diese da vor ihm, diese allzu junge mit der schuldlos lächelnden Miene sei nur ein Spiegelbild, eine Luftsirene, die ihm die ägyptische Zauberin zum Trost in die Arme gelegt. Er aber ist und bleibt Menelas von Troja, der Mörder und der untröstliche Witwer der trojanischen Helena. Die Wüste um den Palmenhain bleibt nicht lange einsam; Wüstenscheichs, herumziehende ritterliche Könige, durchschweifen sie, und einer von diesen, mit seinem Sohn und seinem Gefolge, stößt auf die zwei einsamen Fremdlinge, und sogleich stellt sich um die schönste Frau, ob man gleich ihren Namen hier nie gehört hat, die gleiche Situation her wie dort in der Heimat; man begehrt sie, der Vater wie der Sohn, man will sie dem Menelas entreißen, man ist bereit, sich um ihretwillen wechselseitig zu töten. Aber Helena bekümmert das wenig, sie hat einen Gedanken, Menelas ganz wieder zu gewinnen, sie versteht ihn und seinen Gemütszustand, tiefer als er sich selber versteht, und sie faßt den kühnsten und gefährlichsten Entschluß: ihn aufzuwecken aus dem Trance, dem Zustand der Zerspaltenheit, des halben Wahnsinns, in dem er sich bewegt – ihn dazu zu bringen, daß der Betrug ganz von ihm abfällt, daß er in ihr die Schuldvolle erkennt – die, welche zu strafen ihm auferlegt ist.

Und es gelingt ihr, denn sie hat eine dämonische Kraft des Willens. Auch Aïthra kommt ihr wieder zu Hilfe: diese besitzt den Trank, der die Wirkung jenes Vergessenheitstrankes aufhebt. Ihn kredenzt Helena dem Gatten, und wie er, voll bewußt geworden, nun den Blick auf sie wirft und, sogleich wieder strafender Rächer, den Dolch auf sie zückt, lächelt sie dem Dolch entgegen und dem Mörder entgegen, und er – – – so wie er sie erkannt hat, aber ganz erkannt, läßt er den Dolch sinken und fällt liebend und versöhnt in ihre Arme: Gatte der Gattin, Liebender der Geliebten – trotz allem. Vereinigt ziehen sie hin, in der Burg von Sparta als König und Königin zu thronen.

ZUR »ÄGYPTISCHEN HELENA«

Das Verhältnis der Dichtung zum weit kürzeren Opernbuch ist ungefähr dasselbe wie das der beiden Texte des ›Rosenkavalier‹. Die Dichtung ist wenig bekannt. –
Im Opernbuch heißt es in der Rede der Aïthra vor dem Auftreten der Helena (vgl. S. 218):

Mit der berühmtesten, der gefährlichsten, der herrlichsten Frau der Welt.
    Was wir sahen, da wir sehnten
    träumend uns aus uns hinaus,
    einmal kommt es, nächtig prächtig,
    unversehens uns ins Haus!
Sie zieht sich langsam zurück in ein Seitengemach nach rechts,

DIE RUINEN VON ATHEN

Ein Festspiel mit Tänzen und Chören
Neu eingerichtet – Musik von Beethoven

Bei herabgelassenem Vorhang ertönt ein Chor: er beschwört die Trümmer einer erhabenen Vorwelt zu neuem Leben.
Der Vorhang hebt sich. Ein kleiner Platz in Athen wird sichtbar. Dürftige Häuser; da und dort sind Trümmer von Säulen, ja von Statuen eingebaut. Ein Minarett dahinter. Im Hintergrund die Akropolis in ihrem Zustand von 1800, als mittelalterliches Bollwerk, mit dem Halbmond darüber.
Eine Alte, den Spinnrocken in der Hand, sitzt auf der Schwelle ihres niedrigen Hauses. Zwei Mädchen bieten Früchte feil, ärmlich auf Brettern ausgelegt, ein Mann stampft Reis in einem Mörser; seitwärts verzehrt ein Bettler seine dürftige Mahlzeit.
Vor einem alten Türken, der quer über den Marktplatz geht, verneigen sich alle untertänig. Es ist ein trauriges, eingeschränktes, fremder Gewalt unterworfenes Dasein, umschwebt von der Ahnung einer hohen Abkunft, einer fernen, strahlenden Vergangenheit. Dies drückt das Lied aus, das der Mann und das schöne Mädchen zusammen singen.
Ein Trupp Janitscharen unter kriegerischer Musik marschiert querüber. Scheu halten die Singenden inne, erst als die wilden Soldaten in der nächsten Quergasse verschwunden sind, wagt sich ihre Trauer wieder in Tönen hervor.
Aus einem Seitengäßchen indessen ist der Fremdling, der deutsche Künstler, hervorgetreten, von dem zwischen den Griechenmädchen mit ein paar Worten die Rede war. Er ist höchst einfach gekleidet, ein dunkler Reisemantel hängt ihm um die Schultern; sein Schritt ist scheu und melancholisch. Er blickt um sich, hinauf zur Akropolis, die im Schein der sin-

kenden Sonne strahlt. Sein Auge beseelt sich, eine geistige Schönheit verbreitet sich auf seinem Gesicht. Da gewahrt er, er sei nicht allein. Erschrocken, mit einer Gebärde des Grausens vor der Annäherung, die ihm die geheime Abendfeier stört, birgt er sich hinter einem zertrümmerten Säulenstumpf. Denn es sind Derwische, tanzende und singende, aus einem seitlichen Gebäude hervorgeschritten. Mißtönend seinem empfindlichen Ohr, fanatisch stark, schallt ihr Gesang an den Mauern, Verherrlichung ihres Propheten Mahomet. Zu seinem scharfen Rhythmus vollführen sie ihren Tanz, ihre Leiber drehen sich unheimlich, ihre Gewänder fliegen – wie ein Wirbelsturm verschwinden sie wieder dorthin, von wo sie gekommen sind.
Indessen sind auch die Mädchen davon, der Grieche, die alte Frau, der Bettler. Der Fremde tritt wieder auf den dämmernden Platz hinaus, scheu sich vergewissernd, ob er nun allein. Das strahlende Abendlicht fällt von oben herab und umspielt auch noch den letzten Winkel mit Leben. Alle Schatten werden durchsichtig in dieser zauberischen Luft, und dem Deutschen löst eine unstillbare Sehnsucht die Lippen zu einer Rede, halb Elegie, halb Gebet. Was er verlangt, ist schlechthin das Unerreichliche: denn die sehnsüchtigsten und geheimsten Wünsche sind ohne Grenzen. Daß er das Herrliche wahrnehme mit wachen Sinnen, ungebrochen, nicht einzelne Trümmer, sondern das Ganze; daß es sich um ihn zum Reigen schließe, ein göttlich Leben reiner Gestalten sich um ihn im Tanze rege, er in ihres Reigens Mitte, nicht aber als ein Zuschauer, sondern einer ihresgleichen, erscheine, »gesellt ihrem Kreis«: in einem solchen überkühnen Wunschgebet ist sogar noch Höheres notwendig inbegriffen, und die Worte, die er als ein Halbentrückter beschwörend ausspricht, offenbaren es: Verwandlung seines leiblichen Selbst, wie die mächtigsten Götter an ihren Lieblingen üben: daß er in einem verzauber-

ten Leibe außen so schön erscheine wie innen, als ein Halbgott unter Halbgöttern weile und wandle; an Spielen teilhabe, in denen die unschuldige, halb tierhafte Anmut der Natur sich mit der höchsten wissenden Schönheit der Götter begegnet; daß er der reinsten, herrlichen Göttin Pallas Athene, der Herrin der geistigen Welt, auf solchem Wege sich annähere, nach Vorbereitungen, Erhöhungen ihr in wunderbarer Weise als ein Auserwählter zugeführt werde. Stufenweise vollzieht sich das Erbetete, kraft der Gewalt, die aus dem Inneren aufs Äußere wirkt. Vor unseren Augen wandelt sich der halbtraurige enge Schauplatz in den heiligen, lebenbergenden Hain. Der schweren, dumpfen, allzu irdischen Gestalt, in der der Künstler, kein Jüngling mehr, vom fernen Deutschland sich an diese Stätte der Sehnsucht herangetragen, entledigen ihn Geisterhände wie einer unwürdigen Verkleidung.

Unter Hirten und Waldgöttern ist er der Schönste, der menschlich Freie, mit dem Zeichen der Auserwählung auf der hellen Stirn. Was immer sie mit ihm beginnen, alles deutet auf seine Hoheit hin, alles erscheint nur wie Vorbereitung auf eine noch höhere Feier. Der Fels wird zur glatten Marmorstufe, der dämmernde Hain zur strahlenden Halle. Man mag bei diesem Anblick an die säulengetragenen Feierhallen denken, durch die man den eigentlichen Tempelbezirk der Akropolis betrat; – bei dem, was sich nun vollzieht, an den Weihezug der Panathenäen – oder an benachbarte feierliche geheimnisvolle Versammlungen, bei denen ein auserwähltes Volk seinen Göttern sich selber darbot – den Anblick ihrer höchsten Geheimnisse als höchste Schau in sich nahm. Männliche und weibliche Chöre ordnen sich zu beiden Seiten der Halle. »Seid ihr geschmückt?« rufen sie einander zu. »Wir sind geschmückt«, tönt es zurück. – »Seid ihr bereit?« – »Wir sind bereit.« Auf den Rhythmen eines feierlichen Marsches, der höchste Erfüllung, ein seliges Genügen ohne Sehnsucht ausdrückt, nahen sich zwei Züge, hell und prunkvoll jeder; jeder geleitet eine auserwählte Gestalt. Es kann nicht anders sein, als daß sie Bräutigam und Braut einander entgegenführen; daß hier ein unausdrückbares Ereignis in dem Bilde einer heiligen Vermählung vorgeführt werde. Als Braut erscheint die Göttin selber, als Bräutigam jenes sehnsüchtigen Pilgers verwandelte Gestalt. Möge, wen Anklänge erfreuen, an Fausts Vermählung mit dem Phantom Helena denken. Hier wie dort waltet der Drang, was über jeden Sinn ist, allen Sinnen darzubieten: klassisch-romantische Phantasmagorie; dort ist höchste Dichterkraft an der Herrschaft, hier eine heroisch gesänftigte Musik, jenem dichterischen Aufschwung nicht unebenbürtig.

Beethoven schrieb »Die Ruinen von Athen« 1812 zur Eröffnung des Theaters in Pest. Die Unterlage war ein Festspiel des damals üblichen allegorischen Stils aus der Feder Kotzebues. Es endigte mit einer Huldigung: dem Schwur »alter ungarischer Treue« an Kaiser Franz. Der Grundgedanke war der: Minerva und die Musen finden in dem erniedrigten, Derwischen und Janitscharen preisgegebenen Athen keine Stätte, wohl aber in anderen, ehemals barbarischen Ländern; als ein solcher Zufluchtsort der Musen ist eben dies neuerrichtete Pester Theater anzusehen. Durch Beethovens Mitwirkung wird aus dieser platten Allegorie etwas wie Wahrheit. Er vermochte nicht anders zu komponieren, als indem er durch den unzulänglichen Text hindurch den tiefsten Gehalt ergriff und ihm sich unbedingt hingab. So entstand hier, da sich sein Geist mit dem Idealbild der Antike berührte, ein wunderbares »klassizistisches« Werk – reiner vielleicht, als die gleiche Annäherung an das Maß und selige Selbstgenügen der Antike den großen Dichtern derselben Zeit, unvergleichbar kraftvoller, als sie den bildenden Künstlern der Epoche gelang.

Wollte man die herrlichen Musikstücke und Chöre der Schaubühne, für die sie doch bestimmt waren, wiedergewinnen, aus der festlichsten Musik, die wir besitzen, die Spiegelung eines Festes und selber ein Fest, auch dem Augensinn, wieder herstellen, so stand ungezwungen in der Mitte die Gestalt jenes reinsten Philhellenen, des deutschen Künstlers um die Wende vom achtzehnten zum neunzehnten Jahrhundert. An einen Bestimmten, an Goethe, an Hölderlin, hier zu denken, hat keinen Sinn. Ein höheres Deutsches, ihnen allen gemeinsam, ist in der Gestalt des ungenannten gefährtenlosen Wanderers, des schweifenden, sehnsüchtigen, schöpferischen Einsamen verkörpert.

Die Musik zu den »Geschöpfen des Prometheus« einzubeziehen, erschien möglich, weil sie, obwohl aus einer anderen Lebensepoche Beethovens stammend, doch die gleiche Neigung zum Antikisch-Paradiesischen zeigt.

Die notwendige dramaturgische Einrichtung und Umgestaltung des Festspieles wurde Hugo von Hofmannsthal übertragen. Hierbei gebot die Ehrfurcht, an allen von Beethoven komponierten Stellen des alten Textes diesen fast unberührt zu lassen. Die Begleitung des Melodrams wurde von Richard Strauß aus Beethovenschen Motiven hergestellt. Die Gestaltung der Bühne und aller das Auge angehenden Elemente des Festspiels waren Alfred Roller anheimgegeben, alles Mimische dem Ballettmeister Heinrich Kröller in Gemeinschaft mit dem die Regie führenden Oberregisseur Turnau.

Für die Aufführung des Festspieles, seit Jahren geplant, ergab sich durch die großzügige Veranstaltung eines Theater- und Musikfestes seitens der Gemeinde Wien die erwünschte Gelegenheit.

AUFZEICHNUNGEN ZU »XENODOXUS«

I

Xenodoxus und Belimot
Xenodoxus und Casperl
Szenen des Bedienten
Szene der Wirtsleute
    der Blinden
Aufzug: Cardinal / nackender Märtyrer / Fahnenträger /
    Eremit /

Die Blinden
Der eine Blinde bemächtigt sich des Brüderchens als seines
Führers, der für ihn bettelt etc. Dafür verspricht er, ihn zu der
Schwester zu führen.
Er hat tatsächlich ein sehendes Auge: einen Schein. Seine Toilette etc., wobei ihm der Knabe behilflich sein muß.
Ein blinder Mann ein armer Mann!
    Wie können sie so kalt vorübergehen!
    Ach ja, sie könnens weil sie sehen!
Der Einäugige, der auch Bauchredner, betrügt die andern
Blinden um ein Geldstück, ohne welches der Eintritt zu dem
Arzt nicht zu erkaufen.

Xenodoxus (und der Teufel)
Erinnere dich an unser erstes Gespräch. Du wolltest: schnell,
schnell! So hab ich dich an das Bett des kaum noch Erkalteten
gebracht, dich die Papiere an dich nehmen lassen – das Hospital angezündet – du warst Doktor von Paris und hattest ein
schönes Reitpferd.

Gericht

Der, welcher ankämpft gegen Unterdrückendes und es in jedem Du erblickt... Wie er allen unerträglich wird und sie sich auf ihn werfen, findet er es höchst sinnvoll.

Die Stummen, nur Stöhnenden, mit den Gegenständen ihrer libido. Einer einen toten Weibsleib schleppend.

Lucifer durch sein melancholisches Denken der Schöpfer der ganzen Hölle: sicut Pater.

Gericht

Tochter: Angst! Mutter, ich bin deine Angst!
Mutter: Begier, alles körperlich zu erleben –
Geilheit und Hirntaumel alternierend
Cortège der Todsünden. Trauermarsch
Zähneknirschen
Der wütend Abstracte mit der Tendenz: Leibgewinnung nach Leugnung des Leiblichen.

                Erscheinung Lucifers

Xenodoxus und Asmodi

Teufel von ihm wegen seines halb-weibischen Aspektes geneckt, aufgefordert, als Frau zu ihm zu kommen: erscheint tatsächlich in der Schlafzimmerszene, wo ohnedies schon zwei eifersüchtige Weiber aufeinander losgehen, als drittes Weib, lockt den Xenodoxus durch begehrliches Anstarren beiseite und dreht ihm 's Genick...

	Todsünden
Das alte Weib	Geiz
der Ratsherr	Hochmut
der Bediente	Neid
Judith (Samonea)	Wollust
die Wirtin	Zorn

der Wirt	Fraß und Völlerei
Xenodoxus selbst?	Trägheit des Herzens
oder der Bediente –	Trägheit
und ein Aufstandsführer,	verbummelter Student: Neid.

Szene, wo der Bediente Casperl zum Trinken einlädt um ihm die Würmer aus der Nase zu ziehen –

Asmodius

Was braucht denn der Mensch? Nichts als Glück. Wenn man kein Glück hat, geht gar nichts, und hat man Glück dann geht alles.
Ich hab es mir in Kopf gesetzt, du sollst der Glücklichste auf Erden werden. Szene mit dem Bedienten –

Xenodoxus

zu seinem Teufel, vertraulich, introspectiv über sich selber: Ich habe solche Phasen – so viele als Ahnen im Blut – die gelüstige, wo ich keine Schranken meines Begehrens kenne, die zigeunerische: diebisch die machtbegierige, wo ich meine, jedes Wort richtig ausgesprochen überwältigt und genotzüchtigt müsse ein Schlüssel Salomonis sein.
Teufel interpretiert diese Phase als rot-grüne Blitze des Gestirns. Mars, Jupiter, Saturn
Teufel: Nie, auch bei keiner Stufe des Studiums darf der rechte Magier vom Genuß abweichen – – Jeden Moment genießen, um den Göttern gleich zu sein, lehrt Aristippus von Cyrene
ferner: die jähzornige

Szene mit den Wirtsleuten

Xenodoxus' (uomo singolare) rasender Hochmut. Er ist die ganze Monarchie. Er wird Papst werden. Er wird Gott sein. Dabei

schlampig Humoristisch-sein. im Humor bis zum Schmutzigen, findet er sein Ausruhen vom angespannten Ich-Teufel; dann entspannt sich auch sein Gesicht. – Sein großes Verbrechen: unaufmerksame Hast.
Was ihm nicht paßt, wird abgeschafft, umgeschaffen. Er hält tatsächlich nichts für unmöglich.
Er gibt vor, alles zu vermögen – glaubts dann selbst
Kühnste Inkonsequenz seiner Methode.

Xenodoxus

stärkerer höherer Teufel, hält mit ihm Schul: (cf. Veltheims Figur bei Borchardt) stellt ihm die Leerheit des Universums vor, bevölkert nur von Rasenden, Huren und gekrönten Schwachsinnigen, worunter ein Hastender und einer der sich fürchtet. der Hastende sammelt allerlei, Federchen u.s.f.
Teufel: Was Schönes an der Welt ist, kommt aus deinem machtvollen Inneren. Das auf Xenodoxus' Aufforderung, er solle die Welt in deutlichen Bildern vor ihn hinstellen.

Begegnung mit Asmodi

Die Schönheit des Teufels: geheimnisvoll zwischen Mann und Weib, zwischen Johannes Baptista und Bacchus schwebend.
Er will den Teufel in Weibskleidern sehen: Teufel sagt ihm zu: für die Todesnacht: jene schwarze Messe, Selbstanbetungs-, Vergötterungsorgie, an deren Ende er ihm 's Genick umdreht.
– Casperl zynisch ihn überbietend: will er, daß ich ihm den Fuß küss, werd ich ihm den A... küssen.
Casperl über Xenodoxus. Wenn Xenodoxus ihn anpackt und beutelt, kann er alles aus ihm herausbeuteln – nur hat Casperl oft Qual zu erraten, was er herausbeuteln möchte. Er würde auch schwören, er habe die Sterne bei Tage gesehen und die Sonne um Mitternacht. Xenodoxus ist rauschig ohne Wein.

Teufelspakt
O ja, aber mit dem G e d i n g , daß mir solche Dienste an meiner Seligkeit nicht schändlich seien.
Teufel: Hiefür will ich nach sieben Jahren einen solchen Kerl aus dir machen. Du Unflat!
Seine Haare wurden lauter Höllen Zöpf, die ihm um die Schulter herumhingen, wie indianische Schafschwänze.
Ein Gesicht voll Unflat, daß man hätte Rübsamen hinein säen können.

Xenodoxus II Verantwortung:
ich habe Freude verbreitet, Aufheiterung, Zutrauen:
Teufel (Asmodius) Gegenrede.
Xenodoxus: Hab Arme umsonst behandelt.
Teufel: Sag einen Fall, wo es reinen Herzens geschehen – und um Gottes, des Höchsten willen!
Xenodoxus: die Häuslerin
Teufel: Ha! um die Tochter zur Hur zu machen!

Asmodi sucht aus Xenodoxus auszureißen den kindisch ehrfürchtigen Glauben an den Symbolcharakter der Welt, dies ist der schamhafte Glaube – das andere: daß alles w i r k l i c h sei, ist der schamlose: dem alles nur ein Reagieren auf Reize. Lektion Asmodis an Xenodoxus bei verschlossenen Türen: Glaube, Liebe Hoffnung, richtig erkannt, sind eines Wesens. –

unmittelbar nach der Szene zwischen Engel und Teufel kommt Xenodoxus in der Stadt an: der Teufel (sein vorausgesandter Kurier und Sekretär) gibt ihm Auskunft, welcher Art die Stadt ... wieviel Pforten, welche Obrigkeit – dann sogleich, welche für Xenodoxus besonders geeignete Frauenperson hier sei: eine unzüchtige Jungfrau, Ratsherrennichte: von der Art, wie ihm Spaß mache, sie sich zu zählen, – desgleichen auch eine begehrliche Wirtin, eine Witwe –

Xenodoxus zu Casperl: Jetzt schaff mir eine junge Person, der Blut abzuzapfen ist.
Asmodi (tritt a tempo hinzu) Sie wird dir zugebracht werden. Dort kommt sie schon.
Alte (bringt Justina) hat ihr eingeredet, sie sei vollblütig, müsse zur Ader gelassen werden. Alte deduziert ihr Recht übers Blut ihres Dienstboten, als Ersatz für entgangene Arbeit.

Xenodoxus empfängt bei verschlossenen Türen seinen Famulus.
Asmodeus: er ist es, der ihm in anderer Gestalt den Rat gegeben, den Namen zu wechseln und fremde Papiere eines Verbrannten an sich zu nehmen, sowie die gutherzige fröhliche Magd zu verführen, um sich aufzuheitern. in diesem Augenblick betrat Justina die brennende Kammer. Er genoß ihrer beim Wasser.
Xenodoxus hofft durch ihn in so hohe Gesellschaft zu kommen als zu welcher Asmodeus eigentlich gehört, die ihm dieser schildert, als einen Feuerpalast bewohnend, einen goldenen König umgebend.
Asmodeus bringt ihn dazu, Gott in Taten zu lästern; denn er ist kein Philosoph sondern ein Praktikus.
Asmodeus – es wird vermutet, er salbe sich mit Schwefelsalbe gegen Krätze.

Xenodoxus' Frevel: er sucht immer die rechten wirksamen Verbindungen – aber erkennt nicht, daß jedes, damit es eine wirksame Verbindung eingehen kann, sich ganz hergeben muß.
Er entzieht sich Bedrängnissen, äugelt immer mit der anderen, möchte einen Mantel, der ihn verbirgt und überall das Aus- und Eingehen erlaubt, und das Lebenselixir.
Er packt den Asmodi an der Gurgel, daß er so viel Versprochenes, das Höchste (den Mantel, das Elixir) nicht gehalten.

Xenodoxus mit Asmodi
Die Tätigkeit des Dämons bringt ein magisches Element in den Gang der Handlung, daß sie einem Traum gleicht.
Xenodoxus fürchtet die Nüchternheit wie den Tod. Er fürchtet seine eigene Natur: er ist wie ein dumpfer, schwer erdgefesselter Sklave, der sich selber entfliehen will.
dazu hat er sich diesen erwählt. –
Asmodi: hab ich dich nicht vom ärgsten Druck befreit? durch Aufwecken, Suggestion: indem ich dich hieß, die Haut des andern anziehen. Und da kam diese Magd dazu.

Xenodoxus und Asmodi allein
»und im Genuß verschmacht ich nach Begierde«...
Xenodoxus' Vorwürfe: er habe keine Abenteuer. –
Asmodeus: was? eins nach dem andern?
Xenodoxus: ein...ist nicht die Seligkeit – sondern – das höhere – wie damals – warum hast du mich getrieben zu verlassen, mir das Pferd angeschirrt – was war das für ein frech wieherndes Roß? – und als der Einsiedel entgegentrat – warum warst du der stärkere.

Teufel: Xenodoxus' Hoffnung dem Teufel zu begegnen; an den glaubt er. Er hat ihn einmal gespürt, an seinem Bett stehend (als er mit der Wirtin drin lag)
Asmodi: das war ich!
vom Teufel zu erreichen die Euthanasie.

Justina: O Welt!
Sie hat ihn kennengelernt im Pestlazarett, wo ihre Eltern auf dem Stroh starben, er mit Drogen eingriff – vielleicht ärger als die Pest – aber sich beim Magistrat und beim Collegium einen großen Namen machte.

Die alte Geizige, bei der Justina dient.

Hab ich dich aufgeklaubt als eine Dienstlose, Ausweislose oder nicht? – Bist du vogelfrei oder nicht? Kannst du nicht gestraft werden für jeden Atemzug?
Die Bluttransfusion; die Alte hat davon Wind bekommen und bietet Justina für diesen Zweck an.

Casperl: um die Wirtsleute zu trösten.
Schau die Frau dazu – bedenk die Frau – zieh die Frau Hosen an, ruf die Frau ihre Lebensgeister zusammen! – – er herzt und küßt sie schließlich. Etwas von dem Übergang in jedes Mögliche. – Schließlich gewinnt der Wirt den Casperl lieb, will ihn nicht mehr von sich lassen.

Engel und Teufel
Des Teufels teuflische Geschicklichkeit, das Höhere als Betrug oder Dummheit zu nehmen – und als Ausfluß des L e i b l i c h e n. Er ist Psychoanalytiker par excellence.

Belimot – Xenodoxus
Belimot: sei wieder was du warest, der herabgebückte elende hungernde Bettler – wie ich dich vor zwölf Jahren, mit zerrissenem filzichten Kleide, vom Elend zusammengeschrumpft, vor der Schwelle eines Klosters auflas – (nach einem Typhus) – Es gelingt ihm nicht, ihn einem Laster zu unterwerfen. Xenodoxus ist immer wieder Herr darüber.

Wirtshaus
Mann, vergeßlicher Zornmütiger, ruft den Arzt, ihm von dem zu helfen, was ihn plagt – hat Mühe, seinen Arzt und den Verführer seines Weibes zu identifizieren: horcht überall, kommt überall dazwischen. Die rote Weste mit Pelzbesatz.
Xenodoxus: Vielfalt im jeweilig Neuen; naiv und voll Zutraulichkeit.

Xenodoxus: Natürlich ist es meine Absicht, abzureisen. zugleich aber auch hier noch etwas fortzutragen. Eine Abreise macht mich melancholisch, wenn kein gewinnbringender Streich damit verbunden ist. Mein bäurisches Blut – mein wälsches Blut – mein zigeunerisches Blut.
Seine Kraft, aus seiner gemütlichen Person die andere Person hervortreten zu lassen.
Melanchol[ie?].
Es muß mich rein der Teufel in diese Stadt gebracht haben.
Begegnung auf dem Kreuzweg mit dem Einsiedel und dem Teufel zu Pferd.
Casperl zum Bedienten über Xenodoxus
Xenodoxus negiert die Vergangenheit. Will sie aus ihrem Loch herausprügeln. Nur alle tausend Jahr ein solcher wie er.
Er ist sich selbst die coincidentia oppositorum.

II

Xenodoxus (Vorspiel) und erste Szene
Wachsen der Teuerung in den Sternen gelesen; verproviantiert mit War.
Xenodoxus (Ausrufer)
Er zieht einem halben Dutzend Bauern oder Bürgern die Zähn, mischt sie in einem Hut, bindet sich ein Tuch um, wählt die Zähn aus und gibt sie zurück und setzt sie wieder ein. (Anweisung: aus einer gebratenen und pulverisierten Ente Frösche, aus Frauenhaar Schlangen zu zeugen. Blitzstrahl und ein Kriegsheer bannen.)
Er reißt mit Zeigefinger und Daumen mehreren Edelleuten und Frauen die Augen aus, wobei sie herrliche Farben sehen, und setzt sie wieder auf die Augenstiele ohne jeden Schmerz.
Er läßt eine Kammerzofe oder junge Kuchelmagd ihre Finger in ein Glas mit einem reinen wasserhellen liquor stecken:

worauf sie verwelkt wie eine Vettel von Achtzig und an Bauch und Füßen anschwillt wie ein Elefant. Sodann läßt er sie den Finger in einen anderen liquor stecken und sie wird jung und sauber wie zuvor.

Teuerung. Es tauchen überall hungernde Kinder auf. Wirt verproviantiert sich; Angst, es könnte die Auszehrung über ihn kommen. Immer fressend: jagt das Brüderlein fort.
ipse philosophus, daimon, heros et omnia –

Disputation Engel und Teufel
Seine Theorie: die Funken der alles durchdringenden Weltseele werden durch die Strahlen der Planeten und Fixsterne – den Steinen und Metallen, Pflanzen und Lebewesen zugeführt.
Engel: die Bewegung und Kraft der Regenten kommt aus Gottes Hand.

Brüderlein der Justina
Casperl merkt sich diesen Knaben vor, zum Blutabzapfen.
Brüderlein voll Nestbaukenntnis; er weiß wie das bei Vögeln zugeht, sonst töricht.
Er sucht die Schwester, die geflohen von zuhaus.
Er ist bei ihrem Tod gegenwärtig, denunziert den Xenodoxus.
Er findet sie erst, wie sie sterbend ist.

Xenodoxus als der Mann ohne Zutritt, immer geheim, eilig, hastig, kaum sich gebend, bis an die Augen verhüllt.

Quer über die Bühne ein Melancholischer jenes Liedchen singend. »Das Angenehme dieser Welt hab ich genossen / die Jugendstunden sind, wie lang, wie lang verflossen / April und Mai und Junius sind ferne / ich bin nichts mehr; ich lebe nicht mehr gerne.«

und die Herrschaften mit vielen Titeln grüßend. Dann singt er ein unzüchtiges Liedchen.

Xenodoxus, Die Attraktion des Todes auf beide parallel zueinander als movens der Handlung: dies von Engel und Teufel als Pakt ausgesprochen: beide sind einig darin, daß der Tod Vollendung des Lebens.

Wirt verzagt; das Brüderlein; sieht Rattenhaus.
Nichte des Ratsherren, Caspar über ihre Beredsamkeit: ihre Augen, ihre Ellbogen, ihre Schultern und sogar ihre Fußerln reden recht schön. Xenodoxus macht ihr einen Reim.
Anfang: Marktschreier: ein Doktor ist von Augsburg herein... hat Mohren etc., als Dienerschaft Laffer, Haiducken – ist kaum zu sprechen. (die kommen nach)
Caspar: bewaffnet, stolziert vor der Tür: jetzt ist er der Trabant.
Nichte: verworrenes Gemüt: verschüttete Gewürzbüchsen.
Xenodoxus will ihrs auseinanderlegen – ihrs klarmachen. Psychanalyse.
später: Stell dich ein: Ermordung des Onkels. (Sie ist die Unzucht.)

Studenten: warum zeigt er seine Augen nicht her?
Xenodoxus' Hervortreten: Was beliebt? sieht jedem ins Auge.
Studenten: Macht den Schelmen allen Kragab!
Studenten als Blüte der Nation.

Xenodoxus mit dem Studenten. Mystik ist Inbrunst und sublime Machtsucht.

Casperl: Ankündigung
was hilft es einem, wenn er ein gekröntes Haupt ist und der

Schädel tut ihm weh – oder Keller voll Wein – er hat aber die Wassersucht – oder Stall voll Rindvieh – er aber die Auszehrung – oder er hat Trabanten und Leibwächter, aber Seitenstechen?
Vorgänger Salomon, der von der Ceder bis zum Hyssop alle Kräuter und Wurzeln ausgelegt. Hippokrates und Galenus.
Ein Schweißtuch oder Fazenett, mit dem der beängstigte Erlöser im Garten, allwo er häufig Blut geschwitzt, das heiligste Antlitz abgewischt.

Casperl (von seinem Herrn)
Er ist wie ein Wagen, der immer will geschmiert werden.
mein Herr sagt zu mir: gehe, so gehe ich, komme, so komm ich!
zu den Jungfrauen geht er immer selber, aus Sorgsamkeit für ihn, seinen Bedienten.
Anfang: Vorzeigen einer armen Haut, die ganz bucklet und elend dahingekrochen: erat inclinata, nec poterat sursum aspicere – und die jetzt heil und gerade.

Casperl: die Menschen halten gern das für Wahrheit, worüber sie einen Schein in Händen haben.

Die Frau ohne Auge vorgeführt
Xenodoxus. Ton (»Kampl«) Wo sind Eure Schmerzen, her mit ihnen, sie sind verloren wenn ich komm! Casperl hat angedeutet, der Trabant und der Sekretär seien bestechlich.
Casperl bringt wie zufällig die Hand in die Nähe, wenn er einen anmelden soll.
ein treuer verläßlicher Mann – wir wollen ihn Casperl nennen – – –

Anfang: Casperl geht zuerst auf und nieder, sieht die Bauern und Bürger grimmig an und schweigt. Einer droht ihn mit

Dreck vom Platz zu vertreiben: er droht seines Herrn Trabanten zu holen.
Studenten: in einer christlichen redlichen zwingenden Not und Gegenwehr.
Anfang. Studentenbummel, Lieder. Casperl: Platz für seine Hochgelahrt.
Studenten: Platz für unsere Senioren!
Ungern wollen dem fremden Doktor Vortritt zugestehen – oder den Weg auf dem Bürgersteig freihalten – Franken bestreitens, Schlägerei.

Kupplerin: sie sagt: sie möchte Euch mit allerfreundlichsten Sitten gewogen sein. Ihre Traurigkeit möchte durch Euren Zuspruch in freud- und friedensvolle Vergnüglichkeit verkehrt werden. – Fürwitz: sie will halt amal anders heiraten – Casperl (Fürwitz) als Kuppler. sein verliebtes Herz laben. Auf jeden Finger zehn, auf den Daumen gar zwanzig kann sie bekommen – Ihr Herz zerschmilzt ganz gegen Euch, ein so edles Geschöpf als die Natur an mich vorstellt

Anfang: Studenten wollen ihn als Ausländer und Charlatan verprügeln; seine Mannheit bezwingt sie – sie wollen alle seine Freunde sein, bringen ihm Fackelzug.
Seine (und Casperls) Dialektik mit ihnen, seine mit einem Klugen, Casperl mit einem Dummen: er geht mit dem Klugen ab, fordert den Dummen auf, mit Casperl weiterzudisputieren.
Bei den Straßen auf und ab mit dem klugen Studenten (Freundschaftsorgie) begegnet ihm an einem Kreuzweg Justina.

Himmel und Hölle – der Teufel und der Engel miteinander die Klingen kreuzend in Gestalt von zwei Studenten, die sich raufen über den angekommenen Zauberer – der in diesem

Hause wohnt. (roten und weißen Mantel abwerfend) Engel und Teufel als Motoren der Bewegung, Justina und Xenodoxus aufeinander zugetrieben – des Teufels scheinbar zermalmende Keule gegen das schwanke Rohr in der Hand des Engels –
Teufel: du mußt dein Rohrlein schonen
Engel: nein, ich spalte granitne Berge damit

Xenodoxus, während andere betäubt hinfallen, zu einem Studenten sanfte Worte

Xenodoxus und der Student
Student ihm zugestehend, den Drang, sich über andere Wesen zu erheben – vieles durch weniges zu erreichen – wenn man dürfte – Stufen zu überspringen – wenn man sichs zutraute – andere Existenzen in Staub zu treten – wenn man es wagte: sich als Ziel zu setzen, Lehrers Wort in Wind schlagen
Xenodoxus schmeichelnde Antworten: Du darfst – du mußt. (schmeichelt seiner Hoffart, Faulheit, Selbstsucht)
Jüngling: küßt ihm die Hände.
Teufel: nun zu Xenodoxus hinzutretend. Jüngling kehrt nochmals um, findet Xenodoxus nun in Gesellschaft.

Die zwei Studentengruppen
Unzüchtler! Selbstgöttler! Christologen! Pfaffenknecht! Heidenhund! Hie Genade! Hie Kraft! Lämmlein! Hie Stier!
Gerücht über Xenodoxus, er könne einen Heuhaufen bauen. Er kommt und alle stehen starr.

Brüderlein meldet, man habe die Schwester wegen Traurigkeit im Haus nicht mögen.
die Magd: alle wollen aus ihr herausbringen – schmähen sie wegen ihrer Traurigkeit – sie geht allem aus dem Weg vor Scham.

Sie versteckt sich hinter sprichwörtlichen Redensarten, gilt für tückisch, wird verdächtigt.
Das offene Gewissen hinter ihr her.
Xenodoxus' Mutter: Geiz
Justina weiß alles, Wort für Wort, was er zu ihr gesagt hat. Er belügt sie wieder, sie argwöhnt es nicht, macht sich auf in die andere Stadt.

III

Aufzugsanfänge: Tanz bei Fackellicht.
Auftritt des Rector magnificus
Aufruhr.

Casperl

eulenspiegelisch, hält jede Euphorie für Anzeichen künftiger Krankheit. Ihm ist sein Weib abhanden kommen, er glaubt sie immer wieder zu sehen. Es gefällt ihm nur die e i n e .
Eifersucht. Chrysostomus sagt: Ein beschwerliches Übel ist die Eifersucht und endet sich mit der Unsinnigkeit. –
Ein Weib liebt sich selbsten gar zu viel und dahero ist sie so eifersüchtig (eine Eifersüchtige muß Gezänk haben und sollte sie die Ursache vom Zaun reißen. – Eifersucht, setzt das f um – Feuersucht)
Der eifersüchtige Diener verwechselt absichtlich das vermeintliche Liebespulver mit dem vermeintlichen Brechpulver.

Xenodoxus Anfang

I. Volk sich herumtreibend. Marktschreier an einer Bühnenseite. Verkündet den Doktor. Die geringen Sachen besorge der Assistent. Casperl 1. Türhüter 2. Trabant 3. Assistent (als welcher Casperl dann auftritt). Casperl mit Kranken. Justina ist unter den Leuten, traut sich nicht heran. Verschwindet

wieder. Endlich kommt sie an Casperl. Bringt die Frag nicht heraus. (bezeichnet den Xenodoxus mit seinem wahren Namen: Geißmeier.)
Casperl verwirrt sie durch Fragen. Diener des Ratsherrn heran. Casperl läßt Justina stehen, meldet aber später: es habe eine junge Person nach einem Geißmeir gefragt. Xenodoxus bedeutet ihm, was es mit dem Namenswechsel auf sich habe.

Szene 4 Justina allein. Ihre Dienstherrin: geizige Alte. Die »fromme Magd« ihr vorgehalten. Sie fällt in Zweifel an sich selber. Gewissen: sie solle sich um den Verführer nicht bekümmern. Justina: singt, als wollte sie 's Gewissen einlullen. Gewissen stärker, schmerzender.
Justina schleicht sich ausm Haus, ihren Buhlen zu suchen. Betet, es soll ihr gelingen, ihn zu sich zurückzubringen ohne Hexerei. Er sei ihr verhext. Wiederholt sich sein Wort.
Die Alte keift hinter ihr drein.

Verleugnen des Höheren – darüber hinwegschwätzen – gegen den Engel, den er für einen ungeschickten Fremden ansieht.
Seine Waffen: die Relativität aller Dinge, die vulgäre Logik, der gewöhnliche Zynismus.
Er begreift nicht, **was** sie **noch** wolle, wenn er ihr gegen die Folgen hilft.
Seine Rede: die Frauen sind so und so – Sie: ich kenne die Frauen nicht – Er: das Welt-Urteil; wer das nicht achtet ist ein tamisch Vieh.

Xenodoxus Szene 5

Xenodoxus willens: der Justina aus dem Weg zu gehen, wegen Zeitmangel. und weil wichtigere Aussichten. Teufel Asmodeus kommt ihn zu verwirren: er solle doch der Nachtstunde damals vor der Abreise gedenken, wie das Mägdlein demütig und willfährig war – wie sie ihm gehuldigt ohne Maß: er solle doch überlegen, ob eine solche närrische Hingabe nicht etwas Süßes habe. Und überhaupt: je mehr je besser – man solle sich ausstopfen bis daher: weil man doch nur einmal lebe. Infolgedessen: will Caspar sie abweisen. Justina: naive Beharrlichkeit: Ja, aber ich will ihn sehen. Aha – also komme ich später. Xenodoxus, der sich verleugnen lassen hat, liegt indessen im Fenster auf der Lauer.

Xenodoxus kommt: in begieriger Laune: bezaubert sie – (die fast sprachlos ist) – bestellt sie zu sich: und gibt ihr das Pulver. (oder letzteres wie er sie aus der Tür läßt Szene 7). Da geht einer vorbei, macht eine leichtfertige Bemerkung. Leichtfertig Liedel. Sie drückt sich weg: auf einmal steht ihr Gewissen dort, schreit laut mit ihr. Aber die andern hören es nicht. Sie fällt zusammen, Casperl findet sie, schafft sie weg.

Caspar (lazzi) – – – über das Motiv: den Herrn verleugnen wenn Besuch kommt – jemand verleugnet einen andern: Du weißt nit wo er ist? – na so hol ihn nur heraus ausm Zimmer... er summt einen Reim der herpaßt: »Nur nie wegschmeißen, man kann alles brauchen.«
I. Schutzengel Justinas als ein Fremder gekleidet, stellt Xenodoxus zur Rede wegen des Pulvers und des Ganzen. Begriff der Verantwortung.
Xenodoxus redet ihn tot mit Galimathias und überläßt ihn, da er keine Zeit habe, dem Caspar zum Weiterreden.
Schutzengel: – in jedem solchen Ding schläft ein stummberedter Teufel
Caspar: ein stummer? ein aufs Maul gfallener? wie ein Fisch der aufm Land umhupft?

SZENE AUS DEM »BERGWERK ZU FALUN«

Das Innere des Berges. Höhlen und Gänge, die in einen hohen gewölbten Raum zusammenlaufen. Weiter rückwärts scheinen größere Höhlen hinzustreichen. Von dorther fällt durch Klüfte und Tore ein fahles dämmerndes Licht. Der vordere Raum ist fast völlig von Finsternis verhangen.

Elis steht, den Leib noch vom Herabsinken durchschüttert, an der Höhlenwand. Seine weit aufgerissnen Augen suchen das Dunkel zu durchdringen.
Im Vordergrund bewegt sich eine Gruppe von Gestalten gegen den rückwärtigen Ausgang der Höhle. Sie tragen das Gepräge von Menschen einer längstvergangenen Zeit. Ihre Kleidung und ihre harten einfachen Gesichter erinnern an das niedere Volk auf den Bildern früher deutscher und altniederländischer Meister. Ihre Tracht ist aus grobem Stoff; die meisten sind barfuß.
Sie gehen lautlos und fast alle mit eingebogenen Knien.

ELIS
vor sich ins Dunkel starrend
Ich hab geträumt. Jetzt lieg ich wach. Ich lieg
in meiner Koje. Nein: ich steh. Ich bin
ganz angezogen. Hier ist Hartes: Stein!
So bin ich blind. Ich fiel. Doch schmerzt mich nichts.
Ich fiel endlos durch rötlich schwarze Schlünde.
Ich bin nicht blind. Ich sehe meine Hände.
Ich bin in einem großen finstern Raum,
und noch welche sind da. Der alte Bergmann,
der hats getan! He! sprich zu mir: ich höre!
Die sieben oder acht über die Bühne Wandernden bleiben lautlos stehen. Es sind ältere Männer, dann zwei ältere Frauen, ein Bursch.

DIE WANDERNDEN
durcheinander flüsternd
Was hat er uns gefragt?

EINE EINZELNE STIMME
Was hat er uns gefragt?

ELIS
indem er seine Stimme übermäßig erhebt
Ihr dort! ist Tag? ist Nacht? wo bin ich? wo?

EINE STIMME
flüsternd
Laßt ihn! das ist von droben einer!
gebt ihm nicht Antwort!

ELIS
Wie sie lautlos gehn!
Die Gestalten wandern weiter. Der Bursch zupft den vor ihm Gehenden am Gewande, alle bleiben wieder stehen.
Neue Gestalten treten von links her auf: fünf Männer, vier jung und groß, einer weißhaarig. Alle mit bloßen Schultern, bloßen Füßen.

EINE STIMME
in der ersten Gruppe
Die Fischer kommen auch!

EINE ANDERE
unter den Neugekommenen
Da sind die Gärtner!

EINER UNTER DEN FISCHERN
Wer hat es euch gesagt?

Einer unter den Gärtnern
Seit wann wißt ihrs?

Ein Fischer
Es wissens alle. Hinter uns die Wege
sind voll von denen die noch kommen.

Ein Gärtner
                Niemand
weiß welchen Weg sie nehmen wird?
Auch von euch niemand?

Viele Stimmen
Niemand.

Der alte Fischer
Aber dort,
dort muß die Richtung sein. Das sagen auch,
die von den Bergeshalden niedersteigen:
das ist die Richtung!

Ein paar Stimmen
Also weiter, weiter!
Es kommen hinzu: zwei hochgewachsene Bursche, die eine Bahre tragen.

Ein Gärtner
Wo kommt ihr beiden her?

Der Ältere
indem sie die Bahre niederstellen
         Wir kommen weither.

Ein Fischer
Was bringt ihr da getragen?

                    DER JÜNGERE
                    Unsre Mutter.

                        DER FISCHER
Sie rührt sich nicht.

                    DER ÄLTERE
                    Ihr Leib ist bleich und starr
wie Helfenbein. Allein ihr Geist ist reg.
Sie hört das stete Wachsen der Kristalle,
und wie sies hört, so funkeln ihre Augen
vor Lust und Andacht.

                    DER JÜNGERE
                    Wenn die Königin
vorübergeht, so wollen wir die Mutter
an ihren Weg hinlegen, daß der Glanz
der Königin auf sie fällt. Meint ihr nicht,
daß sie dann springen wird als wie ein Junges?

                    EIN ALTER GÄRTNER
Das kann wohl sein. Allein wer weiß, wer weiß,
ob wir dort stehen werden, wo sie zieht!
Ihr Reich ist groß. Nicht sicher ist die Kunde.

Aus dem Geklüfte zur Rechten treten drei Alraunen, einander umschlungen haltend. Ihr Gang ist kühn, ihr Haar fällt wild über die entblößten Schultern.

                    STIMMEN
Da kommen drei!
            Seht die!
                    Die wissen viel!

Ein Fischer
zu den drei Alraunen
Ihr! wißt ihr, welchen Weg sie nehmen wird?

Die älteste Alraune
groß, verwittert
Wir saßen im Geklüft, da kam ein Hauch:
Die Nüstern blähten sich, wir sogens ein!

Die Jüngere
üppig-schlank
Das Erz in seinen Adern schwoll vor Sehnsucht:
Die Tiefe dröhnte und wir sprangen auf!

Die Jüngste
hager, mit kindischer Stimme
Wir fühlen, daß sie kommt! fühlt ihrs denn nicht?
Mir sprengts die Brust, vor ihrem Fuß zu liegen,
mich unter ihres Kleides Saum zu wühlen,
und tritt sie mich, so wein ich auf vor Lust!
*Sie reißt die mittlere mit sich fort, diese die Alte, nach rückwärts,
wo ein dämmernder Gang sich auftut. Das Schreiten der drei
gleicht einem wilden Tanz.*

Elis
Was ich erleb! was ich erleb! mir ist
so reich wie wenn ich am Ertrinken wär!

Stimmen
Seht welchen Weg sie gehen! bleibt bei ihnen!
laßt sie nicht aus den Augen!

Die Mutter auf der Bahre
sich jäh aufrichtend
Meine Söhne!

sie kommt! hört ihr denn nicht! hört ihr denn nicht!
Die Söhne tragen sie weg. Alle drängen lautlos nach dem rückwärtigen Ausgang.

ELIS
allein
Ich bin nicht tot und bin unter der Erde!
Mir graut nicht mehr, mir lacht das Herz im Leib!
Ob ich es bin?
Er fährt an seinem Leib herab
Wohl, meine Stiefel sinds.
Läßt den Blick auf dem Boden
Erzadern blühn im Boden! Amethysten!

Hinter ihm teilt eine Gestalt lautlos das aufglühende Gestein. Von oben, von unten, von rückwärts hat sich ein bebendes Klingen erhoben, wie die innerste Stimme der Metalle: schwellend und wieder abklingend.
Elis wendet sich, betrachtet das Näherkommen der Gestalt mit sprachlosem Staunen.
Die Königin steht im Geklüft, den Blick auf ihn geheftet. Sie ist in ein schleierhaftes Gewand gehüllt von Kopf zum Fuß. Von ihrer Gestalt geht ein Leuchten aus, schwellend und abklingend wie jener geheimnisvolle Ton. Auch ihr Gesicht ist verhüllt, nur ihr Scheitel blinkt wie glühendes Metall.

ELIS
So bist du dieses Reiches Königin!
Wie kam ich her? wie ich, gerade ich?
Droben sind Tausende! Daß ich es bin!
Wie kam ich her?

DIE KÖNIGIN
unter dem Schleier hervorsprechend
Du sprachst ein Zauberwort!

ELIS

Wie konnt ich das?

DIE KÖNIGIN
Es quoll dir aus der Seele.

ELIS

Darf ich dein Antlitz sehn?

DIE KÖNIGIN
Tritt her, mein Freund.
Elis zu ihr.
Königin schlägt ihren Schleier zurück, beugt sich über ihn. Doch bleibt ihr Angesicht dem Zuschauer unsichtbar.

ELIS
schreit bei ihrem Anblick auf

Ah!

Bleibt geblendet.

KÖNIGIN
verschleiert sich wieder, richtet sich leuchtend auf
Willst du in meinem Reich auf immer wohnen?
Elis blickt zu ihr auf wie betäubt.

KÖNIGIN
Mein Reich ist groß, es hat auch freie Räume,
Gelände hats und Seen, drin spiegelt sich
die Purpurfinsternis des herrlichen
Gewölbes, das uns statt des Himmels ist:
Abhänge werfen spiegelnd tausendjährig
geheimnisvollen Schein einander zu,
und was dir blüht und glüht, verwelkt dir nie:
erkennst du deiner stillen Sehnsucht Land?

ELIS
Wie kam ich her, wie konnte mirs geschehn?

KÖNIGIN
In Tausenden der Tausend lebt nur einer
der so gemischt wie du.
ELIS
Was hast du, Herrin,
an mir?
KÖNIGIN
Dein lieber Mund sprach Zauberworte.

ELIS
Wann denn?
KÖNIGIN
Als dir das Leben schal erschien,
das Leben droben. Als du nicht mehr Lust
an Liebe hattest und nicht Lust am Freund.
Als du dein Schiff verschmähtest und die Unke
erhobest, die in Höhlen lebt; als du
die Blicke wühltest in den Grund, mein Reich
zu spüren mit der Seele.
ELIS
Weißt du alles?
und kanns dich freuen, dich, was unsereinem
vom Munde fällt?
KÖNIGIN
In meiner Einsamkeit
hab ich mich hundert Jahr nach dir gesehnt!
*Rings an den dämmernden Wänden der Höhle, von rückwärts,
von den Seiten, von oben, aus allen Spalten und Klüften drängen sich spähende Gestalten, aufgerissene Augen, atemlose
Gesichter.*

ELIS

Ich sah dich schon: du kamst weither, langsam:
auf einmal warst du da: träum ich denn nicht?

KÖNIGIN

Hier gilt nicht nah, nicht fern.

ELIS

Ich fiel herab
durch jähe Schlünde. Andre wären tot,
nicht wahr? Doch ich blieb ganz und heil. Wer ich?
Der Elis Fröbom. Dieser Name schließt
die ganze Welt nun ein. Der luftige Hauch
trägt auf durchsichtgen Flügeln mir vorüber
Vater und Mutter und die Häuser droben,
das weite leere Meer, und Schiffe drauf,
und alles! Wenn ich ihn vergessen könnte,
dann wär der alte Elis Fröbom hin, der nun
hier kniet und atmet, und nicht einmal schaudert!
Welche von den Gestalten kommen tiefgebückt lautlos nähergekrochen; der vorderste ist der alte Torbern; sein Kopf ist am tiefsten gebückt, sein weißes Haar hängt in wirren Strähnen.

ELIS

Sieh alle die! Die Wände starren rings
von aufgerissnen Augen!

KÖNIGIN

Acht sie nicht,

mein Freund.

ELIS
flüsternd
Das ist der Alte!

DER ALTE TORBERN
wagt sich näher, fast zur Erde gebogen
Königin!
Sprich nur ein einzig Wort zu deinem Knecht!
Ein Wort! ich seh dich nicht! ein einzig Wort!
Ich kanns nicht länger tragen.

VIELE STIMMEN HINTER IHM
Königin!
Königin schweigt, in ihrer verhüllten Gestalt liegt etwas Drohendes.
Elis sieht angstvoll zu ihr auf.
Eine kleine Pause. Die Gestalten entfernen sich demütig und lautlos. Überall verschwinden die spähenden Gesichter.

ELIS

Nun sind sie fort.

KÖNIGIN
hart
Frag nichts!

ELIS
Ich kann nicht denken.
Dein Antlitz funkelt noch vor meinem Aug.
Wann werd ichs wiedersehn?

KÖNIGIN
sanft
Ei, wenn du kommst.

ELIS
Wie, bleib ich nicht? bleib ich denn nicht bei dir?
Ich kann nur atmen wo du bist. Das Droben
war nur ein wüster Traum. Bei dir zu sein,
das ist das Leben. Heute fing es an.

Wie, oder hätts auch anders kommen können?
Wenn ich das denk, dreht sich mein Hirn herum.
Sag, daß es mußte, da 's geschah, und daß
es nun auch bleiben muß!

     KÖNIGIN
   indem ihr Schein blässer wird
Wenn du so sprichst, so mußt du ja den Weg
auch wieder finden.
      ELIS
    Bin ich denn nicht da?

     KÖNIGIN
Du mußt hinauf, und wiederum herab:
den rechten Weg! den Weg, der Menschen ziemt!
o geh ihn schnell!

      ELIS
   Du wirst mir bleicher, Herrin!
Die Gestalt der Königin hängt nur mehr wie ein fahler Schatten
   zwischen ihm und der Felswand.
Erbarmen, welchen Weg?

     KÖNIGIN
   fast unsichtbar
   Du wirst ihn finden!
Nur hab nichts allzu lieb, was du auf ihm
begegnest, sonst versagen deine Augen
   Ihre Stimme dringt aus dem Felsen
und dann wirst du die Pforte nicht erkennen!

      ELIS
    taumelnd
Die nackte Felswand spricht mit mir Unseligem!

   Schnelle Verwandlung

ANMERKUNGEN

Von den dramatischen Dichtungen aus Hofmannsthals letztem Jahrzehnt liegt das Trauerspiel »Der Turm« gedruckt in drei Fassungen vor, deren erste und dritte wir in diesem Band nebeneinander stellen. Die zweite, die als Buch der Bremer Presse erschien, unterscheidet sich von der früheren, in zwei Heften der »Neuen deutschen Beiträge« veröffentlichten, durch Kürzungen (nur der dritte Akt wurde fast unverändert übernommen) und dadurch, daß die Zigeunerin im fünften Akt nur in *einer* Gestalt erscheint. Die letzte, noch knappere Fassung ist in den beiden Schlußakten völlig anders geführt. Der Stoff hat den Dichter früh beschäftigt; vergleiche »Das Leben ein Traum« (1902) in »Dramen III«.

S. 13, Remassuri: Unordnung. – S. 83, Sotek: Tollpatsch; Spirifankerl: Irrwisch, Teuferl; schiech: bös. – S. 141 und 437, Schlachta: polnischer Adel. –S. 145, entrisch: nicht geheuer. – S. 149, Passauersegen: schützt gegen Verwundung. – S. 173, Gschwuf: Liebhaber, hier »Kerl«.

»Die ägyptische Helena«: s. a. »Prosa IV«

»Cenodoxus, der Doktor von Paris« (1609), von dem bayrischen Jesuiten Jacob Biedrmann, das Drama von dem Scheinheiligen, der um seiner Selbstliebe willen verdammt wird. – Hofmannsthal ist über der Neugestaltung gestorben. Sein »Xenodoxus« war für Salzburg geplant. Die Notizen sind meist aus den Jahren 1922-1925.

S. 492, »Das Angenehme dieser Welt«: Spätverse Hölderlins.– S. 494, »Kampl«: Lustspiel von Nestroy. – S. 498, tamisch Vieh: großes Vieh.

Wir tragen hier die Frühfassung der Bergszene im »Bergwerk zu Falun« nach, der einzigen, die in zwei Fassungen vorliegt (vergleiche den Band »Gedichte und lyrische Dramen«).

BIBLIOGRAPHIE

Der Turm. »Neue deutsche Beiträge« 1923, 1925; Bremer Presse 1925; Gesammelte Werke (in 3 Bänden) S. Fischer 1934. – Neue Fassung: S. Fischer 1927 (Teilabdruck: »Neue Zürcher Zeitung« 1927).

Die Ägyptische Helena. Insel 1928; das Opernbuch Fürstner, Berlin 1927.

Die Ruinen von Athen. Fürstner 1925. – Einführung, »Berliner Tageblatt« 1924; Wallishauser, Wien (ohne Jahr).

Achilles auf Skyros. (Anonym). Universal-Edition, Wien 1925.

Szene aus einem unvollendeten »Chinesischen Trauerspiel«. Österreichische Dichtergabe 1928; »Inselschiff« 1929.

Aufzeichnungen zu einem »Xenodoxus«. »Neue Rundschau« 1954.

Szene aus dem *»Bergwerk zu Falun«.* »Neue Rundschau« 1950.

INHALT

Der Turm (1925)	7
Die ägyptische Helena (1926)	209
Die Ruinen von Athen (1924)	305
Achilles auf Skyros (1925)	315
Der Turm (Neue Fassung, 1927)	321
Szene aus einem unvollendeten »Chinesischen Trauerspiel« (1928)	465
Die ägyptische Helena [Die Handlung]	473
Zur »Ägyptischen Helena«	477
Zu »Die Ruinen von Athen«	478
Aufzeichnungen zu »Xenodoxus«	483
Szene aus dem »Bergwerk zu Falun« (1899)	500
Anmerkungen	511
Bibliographie	513